应用型教育数智化财会专业“十四五”系列教材
校企合作精品教材

财务素养

主　编　王　芳　苏重来　刘　霞
副主编　李鸿雁　包媛玮　杨　帆

華中科技大學出版社
http://press.hust.edu.cn
中国·武汉

图书在版编目(CIP)数据

财务素养/王芳,苏重来,刘霞主编. —武汉:华中科技大学出版社,2023.2
ISBN 978-7-5680-9188-6

Ⅰ.①财… Ⅱ.①王… ②苏… ③刘… Ⅲ.①企业管理-财务管理 Ⅳ.①F275

中国国家版本馆 CIP 数据核字(2023)第 025037 号

财务素养
Caiwu Suyang

王 芳 苏重来 刘 霞 主编

策划编辑:聂亚文
责任编辑:段亚萍
封面设计:孢 子
责任监印:朱 玢
出版发行:华中科技大学出版社(中国·武汉) 电话:(027)81321913
武汉市东湖新技术开发区华工科技园 邮编:430223
录 排:武汉创易图文工作室
印 刷:武汉科源印刷设计有限公司
开 本:787mm×1092mm 1/16
印 张:16.75
字 数:429 千字
版 次:2023 年 2 月第 1 版第 1 次印刷
定 价:58.00 元

华中出版

本书若有印装质量问题,请向出版社营销中心调换
全国免费服务热线:400-6679-118 竭诚为您服务

前言

本教材贯彻落实《中华人民共和国职业教育法》提出的职业教育是“使受教育者具备从事某种职业或者实现职业发展所需要的职业道德、科学文化与专业知识、技术技能等职业综合素质和行动能力而实施的教育”这一根本定位，在调研区域财经类职业岗位（群）能力与素养要求的基础上编写而成。

本教材紧扣“具备基本财务知识、财经技能、财务思维是后续进行财经商贸类专业学习的重要基础”这一认知，立足培养财经类高素质复合型技术技能人才的核心目标，采用“模块＋项目＋任务”的活页式教材设计模式，通过任务内容、任务实施、任务反思、任务检测等环节将财务知识、财务技能和财务思维进行融合，为学生搭建基本的财务认知框架，培养财务底层逻辑，奠定职业综合素质和行动能力基础。

本教材共分为三篇，分别为走进企业、走进职业，走进企业财务，走进税收，各篇内容均由基本任务和拓展任务构成。第一篇走进企业、走进职业的内容包括：企业与现代企业制度、企业经营基础知识、职业和职业规划、企业发展中的中国精神（拓展任务）。第二篇走进企业财务的内容包括：企业财务数据生成和呈现、财务报表阅读分析、现代财务技术、财政数据中的中国自信（拓展任务）。第三篇走进税收的内容包括：我国的税收制度、企业常涉税种（增值税、企业所得税和个人所得税）、税收改革中的中国力量（拓展任务）。

本教材注重教学互动，全篇采用活页式，内容可以根据教与学的需要进行选择和组合，各学习模块均设计了明确的学习任务和目标，注重引导学生逐步掌握相应的知识、技能和素养，并配套案例、数字化资源和习题等多样化的教学资料，实现培养学生应对不同职业情境的综合性财务品质。

本教材落地课程思政，从企、业、财、税四个维度全面融入家国情怀、新发展理念、职业道德、财经文化素养、工匠精神等思政元素，盐溶于水般地把思政教育融入每一个学习模块，推动价值塑造、知识传授和能力培养紧密融合，致力于培养既懂财商基础知识、会财商基础应用，又有财商素养和家国情怀的新时代社会主义建设者和接班人。

本教材采用校企合作编写模式，由成都工业职业技术学院财经商贸学院王芳、成都工业职业技术学院对外合作处苏重来（原成都工业职业技术学院财经管理学院院长）、成都工业职业技术学院财经商贸学院刘霞担任主编，成都工业职业技术学院财经商贸学院李鸿雁、包媛玮，广州市福思特科技有限公司杨帆担任副主编。苏重来负责整书构思和思政设计，王芳负责设计知识框架和编写大纲，并对全书进行修订、统稿、定稿。各篇编写分工如下：第一篇的基本任务由马伟、杨帆（广州市福思特科技有限公司）编写；第二篇的基本任务由王芳、李鸿雁、邹杉杉、刘浩（广州市福思特科技有限公司）编写，第三篇的基本任务由苏重来、包媛玮、庞偌依编写；各篇拓展任务由刘霞编写，刘霞完成教材课程思政内容的整理完善。

历经一年多的探讨和修改，本教材终于要面世了。广州市福思特科技有限公司团队为本教材的编写和资源制作付出了辛勤的劳动，成都工业职业技术学院团队对教材内容设计和实施付出了宝贵的经验，在此一并感谢！同时，我们深感教材在各方面还存在不足，在后续教学实施过程中，编者还会持续完善教材内容，更新案例、阅读材料、知识点，拓展典型工作场景模拟训练，努力实现培养和提升财经商贸类学生综合财务素养的目标。欢迎大家给我们提出意见和建议。

编者

二〇二二年十月

目录

第一篇

走进企业　走进职业

项目一

认知企业

•项目导读

在经济全球化持续发展的背景下，企业在经济社会发展中的重要性日益凸显。本项目介绍企业本质、现代企业制度核心特征以及企业常用经营策略选择等内容，培养理解企业及其运营，感悟现代企业制度在经济社会发展中的重要作用与深远意义的能力。

•学习目标

（一）专业能力

1. 能够理解企业的本质和现代企业制度的核心特征；
2. 能够结合企业经营环境理解企业经营策略；
3. 能够理解财务工作与企业运营活动的关系。

（二）专业素养

1. 养成结合企业发展目标理解经营策略的意识，培养基本的创新思维；
2. 理解法治是现代企业生存的土壤，培养契约精神。

（三）思政目标

1. 理解现代企业制度在经济社会发展中的重要作用与深远意义；
2. 感悟我国企业发展对世界经济的巨大贡献；
3. 培育民族品牌自豪感，增强爱国主义情怀。

•学习指导

1. 课前通过阅读教学平台学习资料或案例，掌握相关背景知识；
2. 课中积极参加分组学习和讨论，完成课堂教学与互动；
3. 课后通过任务检测，巩固掌握专业知识，养成相关素养；
4. 完成推荐资料学习。

任务一　企业与现代企业制度

任务描述

本任务通过企业认知及对现代企业制度的学习，使学生能够理解企业的本质以及现代企业制度的核心特征，并能理解法律在社会经济活动中的重要保障作用，培养树立法治精神。

思维导图

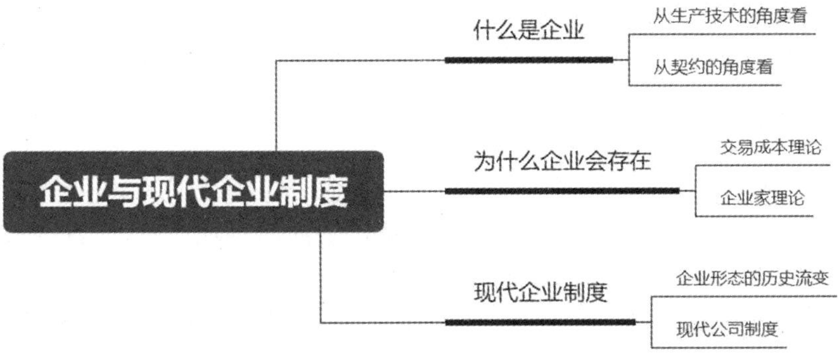

任务内容

引例

通过企业看中国经济

截止到2018年，中国民营企业贡献了中国经济的“56789”：50%以上的税收、60%以上的GDP、70%以上的技术创新成果、80%以上的城镇劳动就业、90%以上的企业数量，未来还将进一步上升。

2021年8月2日《财富》世界500强企业排行榜发布：中国上榜143家企业，连续第二年超过美国，位居榜首。

前十强中国有3家：中国国家电网、中石油、中石化。上榜企业2020年平均利润约35.4亿美元，高于500强的平均利润(33亿美元)，与美国企业的平均利润(51亿美元)的距离进一步缩小；平均销售收入661亿美元，超过500强的平均销售收入(634亿美元)；平均净资产390亿美元，接近500强平均净资产(392亿美元)；平均销售收益率5.4%，500强为5.2%；平均净资产收益率为8.7%，500强为8.4%。这与2020年中国率先克服疫情复工复产以及中国企业在全球贸易体系的重要影响日益加深是分不开的。

(资料来源：《财富》2021全球500强排行榜)

思考

企业对国家宏观经济的发展有什么作用？

素养提升

中国何以能居世界500强之首

在新冠疫情肆虐全球之际，世界500强上榜公司中，中国企业数量连续第二年居首，企业经营状况在横向对比中有所提升；同时，2020年中国还是全球唯一实现贸易正增长的主要经济体，全年进出口规模均创历史新高。这与中国政府积极作为，及时有效地遏制新冠疫情，加快推进现代企业制度建设，加大对企业的调控、扶持力度离不开，也与中国倡导对外开放与合作、构建人类命运共同体的大国理念息息相关。在中国共产党的正确领导下，中国企业在逆境中进行战略重组与整合，快速恢复和扩大生产，持续将民族品牌做大做强，取得了举世瞩目的成就。

一、企业的概念和特点

（一）从生产技术的角度看

企业是为了实现利润最大化所采用的投入与产出之间的技术关系，即：投入各种生产要素，进行组织生产，以获得产出，实现预期利润目标。

例如，钢铁冶炼企业就是把一定数量的铁矿石，结合一定数量的其他各种投入品，经过一系列的加工，变成各种型号的钢材，通过对外销售取得收入，赚取利润；造纸企业则通过对原木的加工生产出各类纸品，再将纸品进行销售，获得利润。这两类企业都需要在经营过程中将货币资金、机器设备、人力资源等资源进行组合，通过收入弥补发生的各类支出，实现一定的利润目标。

从这种意义上讲，企业确实反映了投入与产出之间的变化关系。投入得越多，一般来说产出也就越多；为了能得到更多的利润，企业就应该努力提高生产效率。

为了提高生产效率，我们必须实现技术上的效率与制度上的效率。也就是说，要采取先进的技术，尽可能地降低生产成本；采用先进的管理形式，实现高效的管理。

思考

餐饮企业为了解决高峰期洗碗的问题，是雇佣更多的洗碗工，还是购买洗碗机呢？为什么？

如果你是某一餐饮企业的经理，应如何激励工作不积极的员工呢？请列举一些措施。

(二)从契约的角度看

从契约的角度看,企业就是一系列契约的集合,其本质是一份合约安排。

如果我们只从生产的角度看企业,就不能深入考察企业的内部,只是把企业看成一个“黑箱”。但是如果我们将企业看成是契约的联结点,我们就在试图打开这个“黑箱”,将视角从企业与外部的市场关系转向企业内部人与人之间的关系,比如企业经理与下属员工之间确定相互的权利与义务关系,签订契约之后,企业就出现了。我们可以从以下几点理解契约观视角下的企业。

素养提升

契约精神

早在2014年,中共十八届四中全会通过的《中共中央关于全面推进依法治国若干重大问题的决定》就要求,“加强公民道德建设,弘扬中华优秀传统文化,增强法治的道德底蕴,强化规则意识,倡导契约精神,弘扬公序良俗。”

契约是基于双方(或者多方)主体地位平等对话、协商和意见的一致,是双方(或者多方)的合意,因此契约本质上具有平等观念、权利观念、自由意志观念(或自愿观念)、义务责任观念、诚实信用观念以及法律约束观念等,其特色是民主。社会主义核心价值观中的“法治”内涵本身表明,在现代中国进行法治建设中,从公民、社会到国家层面我们都需要树立及培养契约意识和精神,也就是双方(或者多方)平等沟通、达成共识、遵守并执行规则,在契约的维系下保持良好、稳定的协作关系,从而推进社会和谐稳定发展。

(1)签订契约时参与人的地位是平等的,因此企业应该是自愿形成的。

课堂讨论

1. 劳动、资本这两种生产要素在企业内部的强弱地位如何?
2. 经理与员工,谁的技能更通用?
3. 经理与员工,谁更难被监督?

请讨论以上三个问题,思考为什么在企业里是经理有权指挥员工,而不是相反呢?

(2)人们之所以愿意加入企业,是企业必须保证所有参与者(企业家、投资者、雇员)能从企业得到的要比自我雇佣得到的更多。

课堂讨论

请举例说明企业家、投资者、雇员加入企业能获得什么。

(3)企业的目标不是个人目标的加总。

事实上也不可能加总,因为个人目标往往是冲突的。公司治理结构要解决的一个主要问题就是将这些不同的目标变成一个可操作的决策目标,在满足所有人参与约束的条件下,使得企业总价值最大。

思考

投资者、股东的目标：______

企业家的目标：______

雇员的目标：______

(4)由于是契约，企业的参与者必须对自己的付出拥有产权。

我们无法交易不属于自己的东西。

思考

企业的各参与方都是拿自己的什么东西参与到企业中的呢？

______

______

(5)产权并不是企业所有权。

产权即财产所有权，包含财产的占有权、使用权、收益权、处分(转让)权。

企业的所有权实际是指企业的剩余控制权与剩余索取权。其中，剩余控制权是指合约中无法事先规定的，对企业资产与经济活动的指挥权；剩余索取权是指企业总收益扣除税、费以及合同中注明的利息、工资等应付费用外，剩下的那部分收益的索取权。

企业所有权安排决定了在每种可能的情况下，究竟由谁说了算，获得的利润如何分配，因此它对各参与方的努力程度有决定性的影响，很大程度决定了企业的效率。这两项权利应该是对应关系：拥有剩余控制权的人也应该获得剩余索取权，这也是公司治理与公司制度的关键。

课堂讨论

契约精神必然要求法治社会！你是如何理解法治的？请思考并谈谈法制(rule by law)与法治(rule of law)的区别。

______

______

知识拓展　走近《法治中国建设规划(2020—2025年)》

2021年1月，中共中央印发了《法治中国建设规划(2020—2025年)》，并发出通知，要求各地区各部门结合实际认真贯彻落实。《法治中国建设规划(2020—2025年)》主要内容如下：

法治是人类文明进步的重要标志，是治国理政的基本方式，是中国共产党和中国人民的不懈追求。法治兴则国兴，法治强则国强。为统筹推进法治中国建设各项工作，制定本规划。

总体目标：

建设法治中国，应当实现法律规范科学完备统一，执法司法公正高效权威，权力运行受到有效制约监督,人民合法权益得到充分尊重保障,法治信仰普遍确立,法治国家、法治政府、法治社会全面建成。

到2025年,党领导全面依法治国体制机制更加健全,以宪法为核心的中国特色社会主义法律体系更加完备,职责明确、依法行政的政府治理体系日益健全,相互配合、相互制约的司法权运行机制更加科学有效,法治社会建设取得重大进展,党内法规体系更加完善,中国特色社会主义法治体系初步形成。

到2035年,法治国家、法治政府、法治社会基本建成,中国特色社会主义法治体系基本形成,人民平等参与、平等发展权利得到充分保障,国家治理体系和治理能力现代化基本实现。

二、企业理论

为什么我们在经济活动中,不能自我雇佣,或独自参与经济活动,而是要通过企业来开展经济活动呢?我们将从两个理论视角来解释企业为什么存在。

(一)交易成本理论

交易成本理论可以上溯到1937年科斯发表的论文《企业的性质》。他认为,企业之所以出现,是因为它可以节约交易成本。

交易成本是一个比较笼统的概念,它包括交易过程中出现的寻找交易伙伴、谈判交易条件的成本,还包括签订、执行合同的成本以及违约后处罚的成本。企业可以节约交易成本,主要表现在以下四个方面。

1. 合同数量的减少

在不存在企业的个体经济中,为了达到生产目的,个体之间必须双双签约,就使得合同数量非常庞大。用公式计算,对于一个涉及 N 人的生产活动,可能的合同数量为 $N(N-1)/2$ 份,当 $N=5$ 时,合同的数量为10份。当企业存在时,情况就大不一样了,这时许多人只要和企业签约就行了,剩下的事交由企业内部处理,这样一来,就大大减少了合同的数量(见图1-1)。

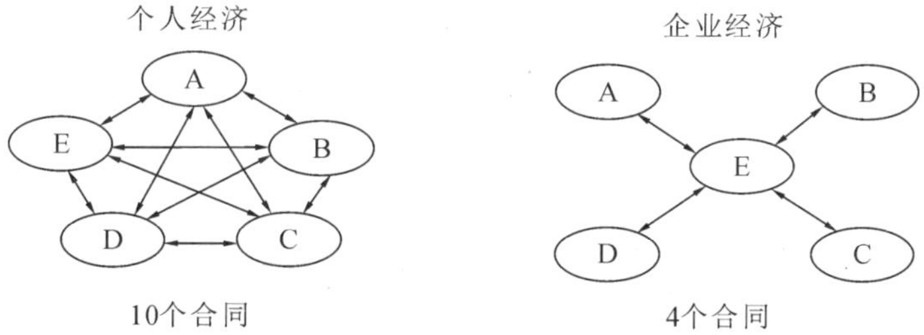

图1-1 合同数量减少示意图

2. 长期合同替代短期合同

产生交易成本的一个重要的原因是员工偷懒的威胁,由于企业与员工签订相对较长的长期合同的存在,随着工龄的增长,员工的工资在持续增长,这样就可以减少因劳动生产率下降被企业解雇的顾虑。相反,如果偷懒,有可能失去得到高工资的机会,从而也就降低了员工偷懒的动机。

3. 定价次数的减少

由于企业的存在，不需要像以前没有企业时，个体经济的众多交易方，相互之间双双签约，订立价格，大家只需要和企业签约，订立一个价格就可以了，这样也就降低了定价的次数。

4. 应对不确定性事件的能力的上升

由于企业规模以及经营涉及的范围比个体经济较大，在应对市场风险等不确定性时，有了相对较大的应对缓冲能力，能够消化掉这些风险。

（二）企业家理论

经济活动一般可以分为两种：经营活动，也就是做出决策——决定干什么、如何干，其本质是预测未来；生产活动，也就是执行决策——将投入变成产出。我们需要企业这个组织来实现具有不同企业家能力的人之间的合作。按照企业家理论的代表人物约瑟夫·熊彼特的观点，企业家能将自己的经营观点与企业的资源进行组合，使企业现有的资源得以更加合理和更加有效地运用，企业家在企业发展中最核心的功能是创新。现代的企业家理论认为，企业家具有预测未来、识别机会、优化配置资源的职能。

课堂讨论

请举例说明企业家职能。

经济活动需要企业家，但个人之间的企业家素质分布是有显著差异的，毕竟像任正非那样杰出的企业家是非常稀缺的；具有不同的企业家素质的人进行分工与合作是可能的，并且这种分工合作可以提升效率，而企业就是提供这种可能性的一个组织。

课堂讨论

请举例说明不同素质的人相互协作以提升工作效率。

思考

为什么不同素质的人之间的合作不能指望通过市场交易来实现，而必须通过参与到企业这个组织里来实现呢？

三、现代企业制度

案例

企业并不等于公司

《三言二拍》对于商业世界的描写是非常生动写实的，其中有一个当铺老板，他的当铺有一天收了一个大理石屏风，他看着喜欢，顺手就把屏风放到自家门厅了。黄宏生是创维公司的老板，也是创始人，在2004年底，黄宏生在香港被捕，罪名之一是盗取公司资金超过5000万港元，最终被判刑6年。

同样是老板往家拿东西，为什么黄宏生就被抓了呢？这个创维公司不就是黄宏生的吗？怎么拿自家的钱还是盗取呢？而且，就算书中那位明朝的当铺老板今天还这么干，也不算犯法，没人会抓他，为什么呢？因为明朝的当铺是企业，而黄宏生的创维是公司。

企业在公司产生之前就存在很久了，但是企业并不等于公司。

思考

企业为什么不等于公司？

（一）企业形态的历史流变

随着市场交易的扩大与深入，社会协作的拓展，企业逐渐开始产生，最早的企业形式可以追溯到古罗马时期的“税收合伙人”。具体来说，当时为了更有效地实施国家治理，罗马政府把几乎所有的公共服务都“外包”出去，包括军队的给养、装备供应，还有城市街道、城墙、剧院的修建维护，还有政府对人头税、土地税的征缴。所有的国家治理项目，他们都采取项目招标租赁，由税收合伙人这种社会组织来竞标，然后通过它来完成这一系列的国家治理活动。

从过去到现代，主要有古典时期的个人独资企业、合伙制企业以及现代公司等三种主要企业形式。从古典企业（firm）到现代公司（corporation），从有限空间到无限可能，通过制度创新，利用创新现代公司制度，极大地拓展了社会协作的深度与广度，加速了社会经济的发展。可以说现代公司是人类社会最伟大的发明之一！

1. 古典时期的个人独资企业

个人独资企业是企业发展历史中，较早出现的一种形态。企业的所有者就是企业的经营者，经营权与所有权是合二为一的。

2. 合伙制企业

合伙制企业这种形态，在企业的发展历史中，出现得也比较早。它是一种所有参与人共享权利与剩余的一种所有权安排。在合伙制企业里，每个人既是委托人，又是代理人，每个人都要为他人的行为承担剩余责任。在小型的高技术企业以及人力资本占重要地位的行业中，合伙制企业是比较流行的组织形式，比如我们常见的律师事务所、会计师事务所等。

3. 现代股份有限责任公司

现代股份有限责任公司在企业发展的历史中出现得比较晚。现代公司真正兴起的典型标志就是分别诞生于1600年和1602年英国和荷兰的东印度公司。它们是源于远洋贸易的巨大风险与巨额资金需求，而采取的一种企业制度创新形式。

其创新主要表现为两点：一是公司经营所需巨额资本是从公司外部的社会公众那里募集筹措而来，社会公众因所出资金的份额而持有相应的股份，成为公司大大小小的股东，股东们以其认购的股份对公司承担有限而非无限的责任；二是现代公司与古典企业中的个人独资企业、合伙制企业相比，具有了法人资格，它使公司这种组织像自然人一样，可以成为一个享有法定权利并承担法定义务的主体。

思考

古典时期的个人独资企业、合伙制企业与现代公司，这三种形式的企业组织各自有什么优缺点？

(二)现代公司制度

1. 什么是现代公司制度

现代公司制度是指以完善的公司法人制度为基础，以有限责任制度为保证，以公司企业为主要形式，以产权清晰、权责明确、政企分开、管理科学为条件的新型公司制度。其主要内容包括三个方面：现代企业产权制度，即公司法人制度；现代企业组织制度，即公司组织制度；现代企业管理制度，即公司管理制度。

其中，公司法人治理结构是公司制度的核心，其要点可以概括为两权分离与三权分立。

两权分离是指，为了应对基于现代企业参与方的信息不对称而出现的委托代理问题，企业在其发展中形成并为现代大多数企业所采取的公司所有权与经营权相分离的一种制度安排，以此来激励企业经营者的积极性，使得企业经营者与所有者的激励变成相容，从而提高企业盈利水平。

现代公司法人治理结构的三权分立是指通过股东大会行使决策权，董事会、经理行使经营控制权，监事会行使监督权，三者形成相互协调、相互监督、相互制衡的机制。在公平及可持续发展理念下，实现股东利益、利益相关者利益及社会公共利益的均衡与共赢。

2. 现代公司制度的两个核心特征

1)公司的法人资格

法人是具有民事权利能力和民事行为能力，依法独立享有民事权利和承担民事义务的组织。按照我国公司法的规定，公司成立后就获得了一个人格化的主体资格，能够独立地以法人的名义来签订契约，享有权利和承担义务，而不会随着公司参与者成员的死亡而消亡，只能依据法律程序注销。也就是说，公司不是任何一个人可以控制的。对于公司而言，其存续、行为意志等独立于公司的成员，这是公司法人制度的核心所在。

法人本质上就是一份合同，是当事人为了合作而通过合同，人为地创造了一个独立的“虚拟存在”，它像我们自然人一样拥有法定的权利与义务，有资格参与市场交易与社会协作。

思考

法人制度有什么优点？

2)股东的有限责任

法人资格只是保证了公司的独立性，将股东与公司的意志分离开来，它保证了公司日常经营的方便与效率。而有限责任则是公司法的基础性原则，它使得各方对公司的责任能力有了明确的预期，从而使多赢成为可能。

有限责任是指股东以其出资额为限承担责任，公司(法人)以其全部资产对公司的债务承担责任。对此有两层意义的理解：一是无论公司实际经营如何，负债多少，股东仅仅以其出资额度为限承担有限的责任，不能要求股东承担超出出资额以外的债务或赔偿责任，对于股东而言最大的损失也就是自己先前的出资金额全部赔光而已；二是虽然股东只承担“有限责任”，但是公司(法人)要承担“无限责任”，它是以其全部资产对外承担责任的，一直到破产为止。

课堂讨论

有限责任制度有什么优点？

任务实施

以小组为单位，调研某行业中一家有限责任公司和一家股份有限公司，了解两家公司的现代企业制度内容。

(1)调研所选定行业的两家公司；

(2)了解该公司所处行业的背景及其现状，公司的细分市场及目标客户，公司的经营规模及组织架构，公司相应的规章制度等内容；

(3)根据调研结果撰写现代企业制度调研报告；

(4)进行组间交流与讨论。

任务反思

请分析和总结本任务的学习情况，写出你的收获和经验。

任务检测

一、单项选择题

1. 企业的根本目标是(　　)。

A. 利润最大化　　B. 服务客户　　C. 提供就业机会　　D. 实现共同富裕

2. 企业的参与方不包括(　　)。

A. 投资者　　B. 企业家　　C. 雇员　　D. 政府机关

3. 雇员加入企业是为了得到(　　)。

A. 投资收益　　B. 工资收入

C. 剩余控制权　　D. 剩余索取权

4. 拥有剩余控制权的人也应该获得(　　)。

A. 剩余索取权　　B. 使用权

C. 处分权　　D. 转让权

5. 企业家的职能不包括(　　)。

A. 预测未来　　B. 识别机会

C. 社会慈善　　D. 优化配置资源

二、多项选择题

1. 企业可以节约交易成本的主要表现是(　　)。

A. 合同数量的减少　　B. 长期合同替代短期合同

C. 定价次数的减少　　D. 应对不确定性事件的能力的上升

2. 现代股份有限责任公司的制度创新主要体现在(　　)。

A. 公司具有独立的法人资格　　B. 股东只承担有限责任

C. 股东要承担全部责任　　D. 公司的经营权与所有权高度统一

3. 现代公司制度的主要内容包括(　　)。

A. 劳动保障制度　　B. 公司法人制度

C. 公司组织制度　　D. 公司管理制度

4. 以下对法人的理解正确的是(　　)。

A. 法人拥有人格化的主体资格

B. 法人的本质是一份合约

C. 法人具有民事权利能力和民事行为能力

D. 法人随着公司创始人的死亡而消亡

5. 以下对合伙制企业描述正确的是(　　)。

A. 由参与人共享权利与剩余的一种所有权安排

B. 每个合伙人既是委托人,又是代理人

C. 每个合伙人都要为其他合伙人的行为承担剩余责任

D. 律师事务所、会计师事务所等常采用合伙制形式

三、判断题

1. 企业就是一系列契约的集合,其本质是一份合约安排。(　　)

2. 企业的目标就是投资者、企业家、雇员等人的个人目标的加总。(　　)

3. 公司(法人)要承担“无限责任”,它是以其全部资产对外承担责任的,一直到破产为止。(　　)

4. 个人独资企业的经营权与所有权是合二为一的。(　　)

5. 企业的所有权就是产权。(　　)

任务评价

任务名称：

项　　目	内　　容	自 我 评 价
基本概念		A. 能识记知识点 B. 能理解知识点 C. 会应用知识判断分析实际问题 D. 能总结应用心得或进行经验分享
知识点		
技能		
重难点		

说明：根据本任务的内容进行填列，并完成自我评价。

任务二　企业经营及管理

任务描述

本任务学习现代企业经营的基本知识，通过对典型企业经营案例的探讨与分析，使学生了解企业及现代公司制度、企业经营策略、企业如何创新并培养创新精神。

思维导图

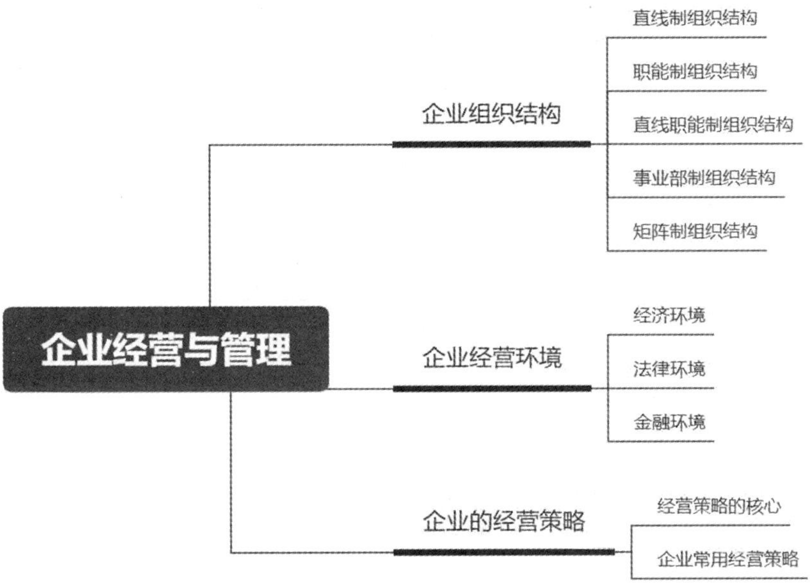

任务内容

引例

某公司于2022年初成立，股东们对公司采取何种组织结构产生了分歧，有的股东认为公司应采用直线制进行管理，理由是这种方式下，各级单位采取从上到下的垂直领导，下属部门只接受一个上级的指令，管理责任分明，管理统一；有的股东则认为应采用职能制，在各级单位外还应增设一些职能部门，以满足公司精细化管理的要求。

思考

如果你是股东，你支持公司采用何种组织结构呢？

一、企业的组织结构

一般来说,企业组织结构的类型有以下几种:直线制组织结构、职能制组织结构、直线职能制组织结构、事业部制组织结构、矩阵制组织结构。

(一)直线制组织结构

直线制组织结构也称为单线制组织结构,是最早使用,也是最为简单的一种组织结构类型。直线制组织结构最初广泛在军事系统中应用,后来逐步推广到企业管理工作中。

"直线"是指在这种组织结构中职权从组织上层"流向"组织的基层。直线制组织结构中的各级管理者都按垂直系统对下级进行管理,指挥和管理职能由各级管理者直接行使,不设专门的职能管理部门,层次分明。命令的传送和信息的沟通只有一条直线渠道,完全符合命令统一的原则,是一种集权式的组织结构类型。直线制组织结构如图 1-2 所示。

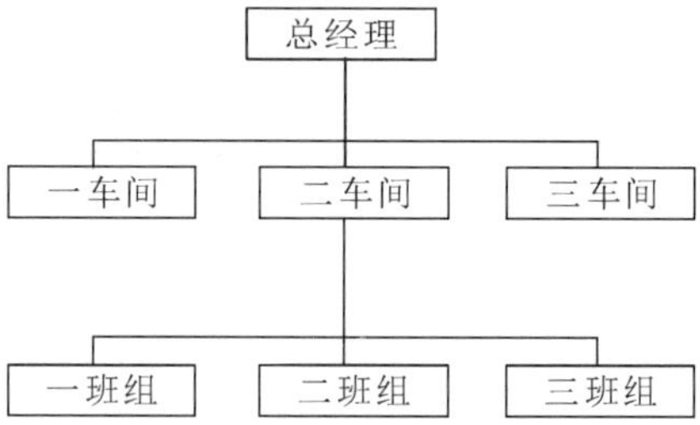

图 1-2 直线制组织结构

(二)职能制组织结构

职能制组织结构与直线制组织形式恰好相反,它的各级管理者都配有通晓各种业务的专门人员和职能机构作为辅助者直接向下发号施令。在职能制组织结构中,采用按职能分工实行专业化管理的办法来代替直线制的"全能"管理者。组织内除直线主管外还相应设立一些组织机构,分担某些职能管理的业务,有权在自己的业务范围内向下级单位下达命令和指示。各级单位负责人除了要服从上级行政领导的指挥外,还要服从上级职能部门在其专业领域内的指挥。职能制组织结构如图 1-3 所示。

(三)直线职能制组织结构

直线职能制组织结构以直线制结构为基础,并将职能制结构的优点融入其中,既设置了直线主管领导,又在各级管理者之下设置了相应的职能部门,分别从事职责范围内的专业管理。在直线职能制组织结构中,两类人员的职权必须是十分清楚的:一类是直线主管领导人员,他们拥有对下级的指挥和命令的权力,承担着实现所管理的部门的业务目标的任务;另一类是职能部门的职能管理人员,他们只能起参谋和助理的作用,对下级机构可以进行业务指导、提出建议,但无权向下属机构及其管理人员发布命令。直线职能制组织结构如图 1-4 所示。

(四)事业部制组织结构

事业部制组织结构最初由美国通用汽车公司总裁斯隆于 1924 年提出。事业部制组织结构是在总公司领导下设立多个事业部,各事业部都有各自独立的产品和市场,实行独立核算,事业

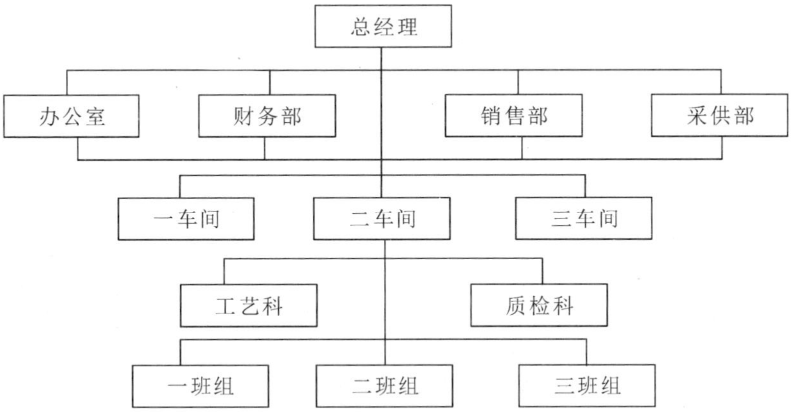

图 1-3　职能制组织结构

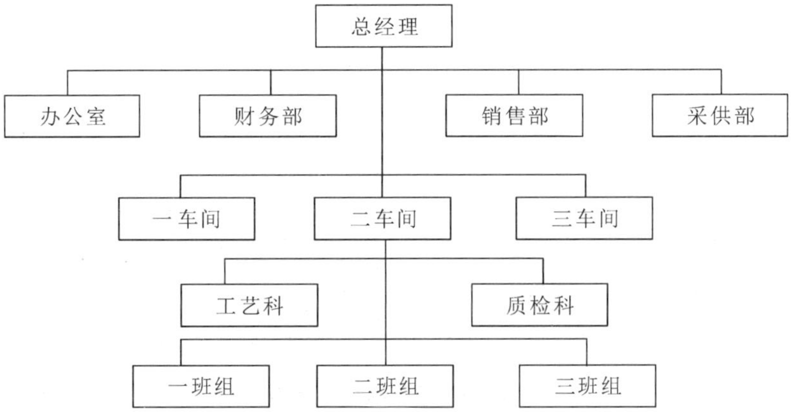

图 1-4　直线职能制组织结构

部内部在经营管理上拥有自主性和独立性。

事业部制组织结构在总公司下按产品、地区、销售渠道或顾客分设若干事业部或分公司，使它们成为自主经营、独立核算、自负盈亏的利润中心。总公司只保留方针政策制定、重要人事任免等重大问题的决策权，其他权力尤其是供、产、销和产品开发方面的权力尽量下放。这样，总公司就成为投资决策中心，事业部是利润中心，而下属的生产单位则是成本中心。这样，总公司最高决策机构能集中力量制定公司总目标、总方针、总计划及各项政策。事业部在不违背公司总目标、总方针和总计划的前提下，可以充分发挥主观能动性，自主管理其日常的生产经营活动。事业部制组织结构如图 1-5 所示。

（五）矩阵制组织结构

矩阵制组织结构是在直线职能制垂直指挥链系统的基础之上，再增设一种横向指挥链系统，形成具有双重职权关系的组织矩阵。矩阵制组织结构是为了完成某一项目，从各职能部门中抽调完成该项目所必需的各类专业人员组成项目组，配备项目经理来领导他们的工作。这些被抽调来的人员，在行政关系上仍旧归属于原来所在的职能部门，但工作过程中要同时接受项目经理的指挥，因此他实际上拥有两个上级。项目组任务完成以后，便宣告解散，各类人员回到原所属部门等待分派新的任务。此时，原项目组不复存在，但新的项目组随时都可产生，所以矩

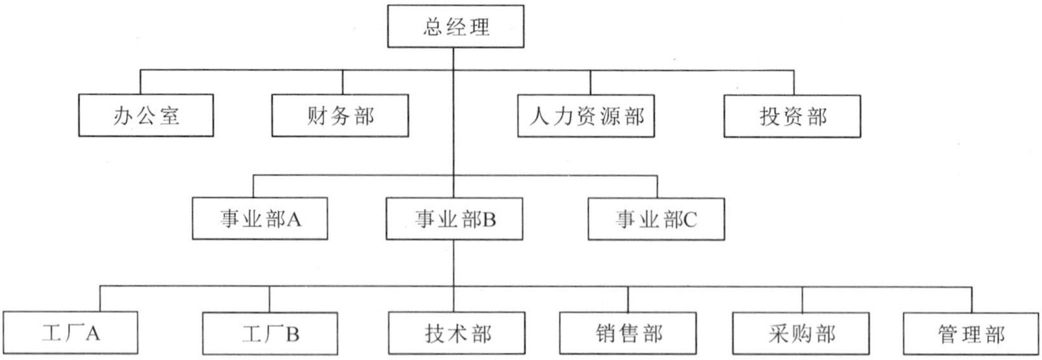

图 1-5　事业部制组织结构

阵制组织通常亦被称为“非长期固定性组织”。矩阵制组织结构如图 1-6 所示。

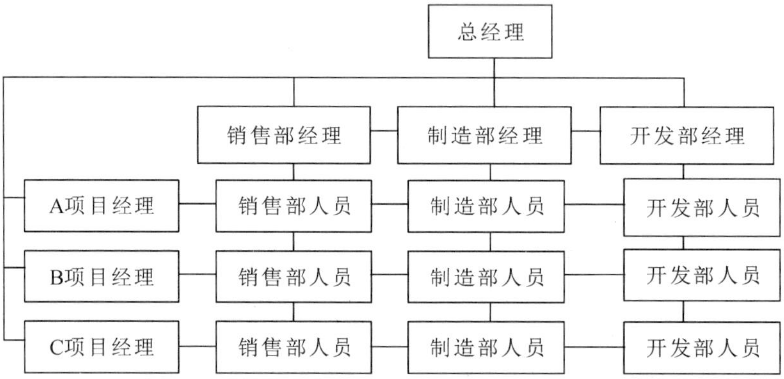

图 1-6　矩阵制组织结构

将以上五种常见的企业组织结构各自的特征及其优缺点进行归纳比较，如表 1-1 所示。

表 1-1　五种常见的企业组织结构特征及优缺点比较表

结　构	特　征	优　点	缺　点
直线制	每个管理者直接管辖其直接下属，每个人也只能向直接领导报告，没有专门的职能机构	简单，权力集中，责任明确	管理者负担过重，对管理者要求较高
职能制	按职能分工，实行专业化管理，下级员工除了受直线管理者的领导外，还必须接受上级各职能部门的领导	管理分工较细，便于深入工作，能促进职能部门任务的专业化，减轻了管理者的负担	容易出现多头领导，造成管理混乱
直线职能制	在直线型结构的每一领导层中设置必要的职能部门，以协助该层次的管理工作	既保持统一指挥，又加强专业化管理，从而提高管理效率	下级缺乏自主性，各职能部门不易协调，信息传递慢，灵活性不足

续表

结　构	特　征	优　点	缺　点
事业部制	分权制的组织形式。在公司总部下设置相对独立的事业部，各事业部有较大的自主权	自主性强，利于调动积极性，利于培养管理人员，利于最高管理层脱离日常事务	对管理能力要求较高，增加了管理层次及成本，事业部之间的协调欠缺，容易形成本位主义，整体性较差
矩阵制	围绕专门任务成立跨职能的专门机构，既有按职能划分的垂直领导系统，又有按产品或项目划分的横向领导系统	机动灵活，可随时成立或解散，任务明确，目的性较强，效率较高	成员从各职能部门调配，有双重领导的特征，管理起来比较困难

知识拓展　数字化工具——飞书，怎样让组织协作以“事”为中心？

任何一个组织，都是将人聚集在一起，围绕一个特定目标展开协作，改变业务对象的状态。比如：把货物从一个地点运送到另一个地点；把一个软件从无到有做出来；对一个新员工进行培训，让他掌握业务技能，等等。这些大大小小的事组合起来，就是一个企业运转的主要方式。也就是说，企业只有把事做好、做成，才能生存、发展。

那怎样才能让一家企业、一个组织更好地做事呢？字节跳动公司开发了一款数字化沟通交流工具——飞书，它的解决方案就是让人关注到事，以事为中心展开高效协作。

没有数字化工具做辅助的时候，组织要想真正做到以事为中心有什么障碍呢？很明显，这个世界上其实没有一个东西叫作“事”，“事”本身是无影无形的。这就要求参与协作的每一个人必须有能力把它想象出来、识别出来。小事还好，稍微复杂点的事情就没那么容易了。有了飞书这样的数字化工具，就可以把“事”具象化，把事映射到数字空间中。拿飞书工具里的飞书文档来说，就是让人围绕文档转，通过文档推动“事”往前进。在这样一个数字空间中，做事的人“身在其中”，相互协作、聚焦任务、达成目标，以事为中心。

要想做到以事为中心，还需要解决一个问题，那就是信息的流通。做事的过程，其实就是透过信息的杠杆来指挥资源。如果想要资源围绕事情转，那信息流通的效率就至关重要。以往的协作中，因为缺少数字化解决方法，只能通过线上沟通、线下开会等方式来交换信息。也就是说，事在这儿，但我们在另一个地方讨论，然后再回到事上来，信息虽然也在流通，但不是高效地围绕着事转。这个问题怎么解决？

飞书文档的界面右边是评论区域，任何一个获得这个文档阅读权限的人都可以选中文档中的一段文字添加评论，也可以看到其他人在这个文档上的评论内容。这样一来信息就不是在组织架构里来回传递了，也不是靠临时群聊会话，所有沟通的路径都被归拢在文档这一个目的地上了，让信息围绕着事来流通。

当一个组织利用数字化工具，把事映射到数字空间，让任何人都能成为事的发起者、贡献者，而不必受到层级制度的干扰，还让信息的流通紧紧围绕着事展开，就会自动产生一个“副作用”，那就是对人的激发。每个人的贡献都被清晰地摆出来，做了什么，贡献度如何，能力怎样，这一切都是公开的。进而在组织协作中发挥更大的效能。

字节跳动公司利用数字化工具飞书，打破原有的组织结构，排除干扰，高效协作，真正以事为中心，提升了组织运营效率。

（资料来源：得到 App，梁宁《增长思维 30 讲》，有改动）

课堂讨论

为了完成组织目标，组织内各部门必须互相配合，团结协作，组织成员要有全局观、整体思维、协作精神。请你谈谈，你是如何理解的？

二、企业经营环境

任何企业的经营活动都会受到各种条件和因素的影响，通常把影响企业经济活动的各种条件和因素的集合称为企业的经营环境。本书所介绍的企业经营环境主要包括经济环境、法律环境和金融环境。

（一）经济环境

企业的经济环境是指影响企业进行财务活动的宏观经济因素，主要包括经济周期、经济政策和经济发展状况等。

1. 经济周期

经济周期是指市场经济国家存在的经济扩张和紧缩交替的周期性波动现象。经济发展的周期性波动对企业的经营活动会产生重大的影响。在经济繁荣时期，市场需求旺盛，整个经济都处于扩张阶段，企业就会扩大经营规模，增加投资；而在经济衰退时期，由于宏观经济不景气，需求萎缩，企业就会压缩生产，甚至会出现停业停产的情况。所以说，看懂宏观经济周期对企业经营和发展有着非常重要的作用。

2. 经济政策

经济政策是指国家或政府为了增进社会经济福利而制定的解决经济问题的指导原则和措施。总的来说，一个国家的经济政策包括财政、税收、金融、价格以及社会保障等各方面的政策。影响企业经营活动的经济政策一般主要是财政政策和货币政策，积极和扩张的财政政策和货币政策可以提供更多的货币供应量、增加投资机会，如降低利息、减少税收等政策能帮助企业获得更多低成本的资金以扩大经营规模，获得更多的发展机会；而紧缩的财政政策和货币政策往往是在经济过热的时期采用，政府会采用升息、增税等政策抑制经济发展，企业的投资机会因此减少。经济政策往往代表了国家对经济发展和行业支持的态度，对企业的经营活动影响非常大。

3. 经济发展状况

经济发展状况也是影响企业经营活动的重要因素。一个国家经济的快速发展能提供更大的经济活动空间，有利于企业扩大经营规模、拓展市场空间、提升发展质量。据天眼查数据显示，我国改革开放40多年来，我国企业总数从1979年的不足20万发展至2021年突破1.5亿，企业的经营环境、产业结构和管理模式等都在不断地优化升级，对国民经济发展的贡献度日益提高，实现了国家财力和社会财富的稳定增长。

（二）法律环境

企业的法律环境是指影响企业经营活动的各种法律、法规的集合，主要包括企业组织法规、税收法规和财务法规。

1. 企业组织法规

按照我国的法律规定，企业必须依法成立。组建不同的企业必须遵循一定的法律规范。我国的企业组织法规主要包括《中华人民共和国公司法》《中华人民共和国个人独资企业法》《中华人民共和国合伙企业法》《中华人民共和国外资企业法》等。这些法律规范规定了企业组建、从事经济活动必需的遵循。

2. 税收法规

税收法规是税收法律制度的总称，是调整税收征纳关系的法律规范。我国的税收法规可以分为程序法和实体法两大类，程序法主要包括《中华人民共和国税收征收管理法》，实体法主要包括《中华人民共和国企业所得税法》《中华人民共和国个人所得税法》《中华人民共和国增值税暂行条例》等，税收法律法规是企业经营活动中进行税收缴纳的法定依据，企业必须遵守税法的规定。

3. 财务法规

财务法规是规范企业财务活动、协调企业财务关系的行为准则，主要包括企业财务通则和行业财务制度。企业财务通则是企业开展财务活动的基本原则和规范，是财务制度体系中最基本的法规；财务制度是财政部根据财务通则，结合某类单位的性质和特点制定的，是各类单位从事财务活动必须遵循的行为规范和原则。作为财务人员，应清晰地了解各类财务法规的相关内容，熟悉法条的具体规定，养成主动遵纪守法的职业意识，坚决杜绝工作中出现违法事项。

思考

你了解哪些财务法规呢？请举例说明。

____

____

____

（三）金融环境

金融环境是企业资金融通的重要环境因素，主要包括金融机构、金融市场、金融工具和利息率等。

1. 金融机构

目前我国的金融机构主要包括银行、证券公司和其他金融机构。

银行主要包括中国人民银行、商业银行和国家政策性银行。中国人民银行是全国最高金融机构，代表政府管理全国的金融机构和金融活动，经理国库；商业银行是以经营存款、放款和办理转账结算为主要业务，以盈利为目标的金融企业；国家政策性银行是由政府设立、以贯彻国家产业政策为目的的金融机构。

课堂讨论

你知道的商业银行有哪些？在经济中起什么作用？

你知道的国家政策性银行有哪些？在经济中起什么作用？

证券公司主要承担证券的推销或包销、已上市证券的代理买卖经纪业务，可以为企业融通资金提供服务。其他金融机构则主要包括信托投资公司、保险公司和租赁公司等。

2. 金融市场

金融市场是资金供求双方借助金融工具融通资金的市场。金融市场按交易对象可分为外汇市场、资金市场和黄金市场，其中资金市场又可按期限分为货币市场和资本市场，货币市场是指资金偿还期限在 1 年以内(含 1 年)的市场，资本市场是指资金偿还期限在 1 年以上的市场。

3. 金融工具

金融工具是指在信用活动中产生的能够证明债权债务关系或所有权关系并据以进行货币资金交易的合法凭证。金融工具按发行和流通的场所分为货币市场证券和资本市场证券。常见的金融工具包括股票、期货、保单等。

三、企业经营策略

经营，从根本讲就是运用组织有限的资源创造一个尽可能大的附加值，以满足组织所服务的用户的需求。优秀的企业和企业家就在于他能把尽可能大的附加价值创造出来。而经营策略是指企业为了达成上述目标，所采取的一系列行动方案。

(一)经营策略的核心

在今天新商业、新消费与新生活三级联动消费升级的时代背景下，面对传统线下商业、互联网电子商业与数字化智能商业三浪并发的商业变迁潮流，企业在做经营策略选择时，应注意三个核心要素：发展机会、发展空间以及顾客价值。

1. 发展机会

企业经营策略的制定并不是简单地判断经营环境，而是需要积极寻求发展的机会。经营者应该认真思考，对企业而言，尽可能大的附加值从哪里来？

在经营过程中，公司附着于产业，产业附着于国际分工，国际分工附着于国家战略，国家战略的背后则是整个世界的协同方式。企业的管理者要用“点—线—面—体—生态”的思维框架，在时代背景、技术与商业变迁潮流的大视角下，思考企业发展的机会在哪里。

知识拓展　了解数字时代

从 2012 年移动互联网的普及开始，最大的外部环境变化因素就是技术，现代信息技术正引领我们走向数字时代。数字时代具备如下特点：

第一，技术创新的速度很快，快到超过想象，并且技术创新的普及速度更快。在数字化赋能的技术创新加持下，所有东西都在不断迭代升级。典型的比如从微信到抖音——文字升级图像、图像升级声音、声音升级视频！在这些快速升级里，蕴含着大量的机会。

第二，一切行为都正在转换为数据。从数据到信息到知识再到智慧，这是一个不断递进并进化的过程。过去传统商业里的所有动作都值得在今天“重新”做一次。这就有了两个方向的创新机会。一个是创新商业模式，另一个是提升效率。比如，数字出版和音频出版正在冲击传统出版社，就是源于改变了效率，改变了成本结构。再如，对于服装业来讲，过去最厉害的是裁缝，接下来是设备，再来是设计，接着是品牌。但是，现在的核心变成了你拥有多少客户的数据、板型数据库，把数据库匹配起来，就可以为顾客定制服装。

第三，数字时代大多数的创新都是现有事物与资源的重组。网络打车就是用数字化技术重新组织了出行资源，协调出一种新的出行需求与出行资源的匹配模式，获得了巨大的增长；蔚来、小鹏、理想等一众造车新势力，顺应了环保潮流，将新能源汽车加上移动互联网，利用数字化赋能，实现了动态数据化—场景系统化—商业逻辑算法化—交付服务化的“智能闭环四化”，在日趋饱和的传统汽车产业里开出一片新天地，演化成一个新物种。

第四，深度互动和深度学习。虚拟现实 VR、人工智能 AI、大数据、区块链、无人机、“云”等等领域都是通过深度学习和深度互动不断迭代和升级。

第五，数字时代的核心是协同。区块链为什么如此值得关注？原因就在于区块链的底层技术逻辑是以协同为主，交易以分布式出现，可以实现整个网络的交易，使大规模的合作与协同成为可能。

（资料来源：北大国发院微信公众号，有删减和改动）

2. 发展空间

机会很多，哪一个才是企业的生存空间呢？如果企业管理者不能确定自己的生存空间，即使判断出机会，它也跟企业无关。在数字化时代，企业持续发展的空间在哪里呢？这就是从比较优势到满足需求到顾客价值再到创造需求。

在工业时代，企业的生存空间来源于“比较优势”和“满足需求”。只要一家企业比别人优势多一些，满足顾客需求做得好一点，就胜出了。其背后的逻辑是竞争逻辑。

在数字化时代，企业的生存空间来源于“顾客价值”+“创造需求”。数字时代的战略空间当中，“创造需求”的空间比“满足需求”的空间更大。如今企业间的竞争很难，很大原因就是并不知道对手是谁，其根本在于对手不需要满足需求和预测需求，直接“创造需求”就可以了。一旦把机会转向创造需求的空间时，战略思考的起点就要从行业转移到顾客。企业的存在与发展取决于对顾客价值创造的贡献，所以真正属于企业的空间一定是企业的顾客。其背后的逻辑是共生逻辑，是去思考如何与他人共生，以获取生长空间。

比如餐饮行业，除非把菜标准化，像汉堡，规模才可能是巨大的，否则只开餐馆，提供堂食，很难实现巨大规模，企业发展的空间就很小。如果餐饮品牌要获得大规模的发展，有更大的空间，一定是要有能力做好堂食的同时，还有能力离开堂食提供“产品”，那样才有更大的空间。比如“美团”外卖，它利用自身强大的中台系统提供了更多的产品，联合众多参与方（食物供应链、餐饮店、配送系统）创新出一个全新的共生模式，为顾客创造更大价值的同时，也获得了自己的持续生长空间。

3. 顾客价值

阅读材料：
"美团"的后发先至

知道了机会在哪里、空间在哪里，第三步是寻找顾客价值。寻找顾客价值应该从可能性上面找。也就是说，企业的重点必须从"挖掘确定性"转向"探索可能性"，这可以从两个维度展开。一个维度是洞见/远见，称之为"需求态"，远见是指看得深远，洞见就是说你能够一下就找到顾客的需求；另一个维度是渐进/激进，称之为"技术态"，也就是在采用激进的技术还是采用渐进的技术之间进行选择。

企业在寻找顾客时，可以关注以下 4 个问题：

(1)顾客的期待是什么？

(2)企业能给顾客带来想象吗？如果能够把顾客的想象做出来，而且这个想象顾客又能接受，那么，企业也就找到了顾客价值。

(3)未来有哪些技术进步能够对企业的经营领域产生影响？在领域内的技术变化，就叫作渐进。如果企业能把这个问题回答得非常清楚，就代表企业在持续跟踪技术的更新，并不断将其应用于自身的产品，使其对顾客创造更大的价值。

(4)企业有突破常规、应用激进技术的决心和能力吗？是否有决心与能力，其中一个最重要的判断就是企业有没有那么多钱、那么多人来做。如果对这个问题的答案是"有"，说明企业具有追求突破性技术的准备，并已经为此进行了投入，在可预期的未来一定能为顾客创造更大的价值。

从顾客的需求出发，再通过技术的应用，创造性地加以实现，这就是顾客价值的发现与实现。

总而言之，企业经营策略的选择就是回答三个问题：想做的、能做的和可做的。

工业时代的企业经营战略在这三个问题的回答上，使命初心决定了想做的，资源能力决定了能做的，产业条件决定了可做的。通过这三个组合起来就是一家企业的战略选择。所以制定战略需要确定企业的梦想和愿景，进行内部资源和能力分析、外部环境分析等，展开这些分析的核心出发点都是企业，企业自身拥有什么资源、能力，想做什么，在哪个产业里，最后做出战略选择。

在数字时代的今天，企业经营战略的核心出发点在于顾客，而非企业。想做什么，要看如何为行业重新定义；能做什么，不在于企业有没有资源和能力，要看经营者可以链接什么资源和能力；可做什么，不受行业限制，可以跨界。

素养提升

数字经济时代的企业经营管理创新

数字经济是驱动传统经济转型升级和高质量发展的动力引擎，其核心是新一代信息技术与实体经济的深度融合。党的十九大提出建设网络强国、数字中国、智慧社会，推动互联网、大数据、人工智能和实体经济深度融合，发展数字经济、共享经济，培育新增长点、形成新动能，按下中国数字经济发展"快进键"。数字经济赋能下，O2O、平台经济、社区电商、移动支付、智慧服务等新业态、新模式层出不穷，倒逼企业从根本上改变工业时代所形成的思维惯性和发展范式，以"数字＋"为导向，从经营方式、领导决策、商业模式、组织形态、资源配置等领域进行探索和创新，构建起适应数字经济的新的企业范式和发展模式，为企业发展注入新动力。

面对数字经济浪潮，面对企业经营管理数字化变革与创新，我们作为数字经济的建设者、作为行业产业领域的从业者，也必须要加强学习和锻炼，有意识地培养自己的创新意识、创新思维及创新能力，努力成长为能创新、会创造的高素质复合型技术技能人才，为中国经济社会建设贡献应有力量。

（二）企业常用经营策略

一般来说，企业常用的经营策略主要有两大类，分别是总成本领先型策略和差异化策略。

1. 总成本领先型策略

总成本领先型策略是指企业通过做大规模，降低产品单位成本，压制竞争对手。

什么是成本呢？概略地说，成本是指完成一件工作或事项所付出的代价，可以分为总成本和单位成本。如企业为购进某一种商品所支付的买价、运费、保险费都构成商品的取得成本，具体地，比如企业买了 1 000 件 A 商品，每一件的买价为 500 元，共支付了 2 000 元的运费、800 元的保险费，在验收入库时又支付了质检费 500 元，那么一共支付的 503 300 元就是取得这 1 000 件 A 商品的总成本，算下来一件 A 商品的单位成本就是 503.30 元。现实经营活动中，企业研发产品、购买原材料、发生服务等，都会发生相应的成本，在竞争环境中如何将成本控制在合理的范围之内，对企业的利润有很大的影响，可以说成本直接影响企业的生存！

公司可以通过提升销售规模，降低单位成本来提升自己的竞争力。假设某公司生产智能手环，固定成本（生产线、模具等）是 1 000 万元，单位变动成本（芯片、电池等）是 60 元，市场销售量预计为 1 000 万个，那么 1 000 万元的固定成本，平均每个手环就分摊 1 元钱，加上每个手环 60 元的变动成本，只要定价超过 61 元，公司就不亏。

如果公司的市场份额为 100 万个，定价应该是多少才能保本呢？

____

____

____

2. 差异化策略

差异化策略也就是错位竞争。有些企业实在没办法做大规模，应该怎么办呢？对于市场后进者，面对市场领先者，找到被行业头部企业忽视的空白市场，满足被忽略的小众的差异化需求，做精做细，错位发展，形成自己独特的优势，也能够在市场竞争中脱颖而出。

例如，当大家都在强调方便面“味美汤浓”，你可以强调“非油炸，更健康”；当大家都在强调面膜“补水美白”，你可以强调“抗衰老，留住青春”；当大家都在强调手机“拍照更美”，你强调“字大，屏大，更适合老人”。

总而言之，企业可以依据自身的生命周期，以及所处的市场竞争环境，灵活运用这两大类策略。当企业发现一个空白市场，在市场竞争还不十分激烈时，可以采取总成本领先型策略，迅速做大规模，降低单位成本，占领市场，排斥竞争对手，建立市场领先地位；相反，当企业想要进入一个市场竞争十分激烈的行业，就不得不采取差异化策略了，找到被这些头部企业忽视的空白市场，满足被忽略的小众的差异化需求，精耕细作，形成自己独特的优势，错位发展，以此来规避市场领先者，并树立自己的市场地位。

案例

传音手机的经营策略

在非洲市场卖得非常好的，被称为非洲手机之王的一款手机，是在国内名不见经传的品牌——“传音”。“传音”避开国内竞争激烈的手机市场，转战非洲，挖掘非洲用户的特点及需求，深耕细作，实行差异化策略。“传音”具体是怎么做的呢？

针对黑人皮肤太黑，一般摄像头都难以捕捉，成像效果差的情况，“传音”做了硬件和软件上的全面优化，使得这款手机成为当地群众喜闻乐见的“拍照利器”。

针对电池续航能力，“传音”推出容量更大的电池功能机。

针对本地电信基础设施薄弱，网络信号覆盖面小的现实，“传音”推出双卡双待，甚至四卡四待手机。

针对非洲人民热爱音乐和跳舞，“传音”就专门开发了“Boom J8”等机型，把手机音响变成低音炮，即使在很嘈杂的大街上，也能让他们随着手机的歌曲起舞，“传音”还贴心地为手机配备了头戴式耳机。据悉，该款手机发布的时候，尼日利亚知名的 18 位巨星一起为其站台，创造了巨大的轰动效应和万人空巷的奇效。

针对非洲部分地区经常停电、早晚温差大、天气普遍炎热等问题，“传音”还针对性地开发了低成本高压快充技术、超长待机、耐磨耐手汗陶瓷新材料和防汗液 USB 端口等。

根据非洲市场的消费现状，“传音”在非洲市场推出的产品均价不足 1 000 元人民币，而且，廉价功能机较多，即便是智能机平均售价也在 500 元以下，而同期小米手机平均售价为 959 元。好用还便宜，成为“传音”手机突出重围的“关键一招”。

截至 2020 年，“传音”手机，占据着整个非洲大陆 50 多个国家和地区近半市场份额，高居 2020 年全球手机销量排行榜第四位。

课堂讨论

从传音的案例你得到什么启发？请从市场定位、产品、定价、渠道、促销策略等角度进行分析。

四、企业职能部门

为了开展正常的生产经营活动，企业需要根据业务发展需要设置不同的职能部门开展工作。通常情况下，企业的职能部门包括市场营销部、人力资源部、产品研发部、综合行政部、财务部以及后勤保障部，各部门通过职能分工完成不同的工作。本书只对财务部的职能进行简要介绍。

微课：财务部门的职能

财务部是企业的核心管理部门之一，负责组织规划企业的各项财务工作，总体上可以分为财务规划和日常财务工作两类。财务部门应熟悉公司的各项业务，参与公司生产经营的各个环节，把财务管理、税务筹划等核心职能发挥在业务开始之前，为公司决策提供依据。从财务规划的角度来说，财务部门要结合公司的经营状况和战略目标制定财务规划并组织实施，主要包括财务制度设计、财务管理模式设计、财务分析体系建设、税务研究与筹划等；财务部门完成的日常财务工作包括进行资金管理、开展会计核算、财务分析、进行税务管理、实施预算管理等。财务部处在企业管理的中心环节，企业经营的各环节都会经过财务部转化为具体的财务数据信息，为企业进行战略规划、预算管理、经营决策等提供全面支持。

为了保证企业财务活动的正常开展，财务部需要与企业外部的很多机构和单位打交道，以顺利完成企业的各项财务工作。企业财务部与其他外部部门的关系如图 1-7 所示。

图 1-7　企业财务部与其他部门关系图

思考

企业其他职能部门的工作职责是什么？请列举 1～2 个部门的工作职责。

任务实施

了解企业经营及经营策略。

(1)收集某企业经营环境和经营策略的相关资料,包括企业所处的行业状况、企业的市场定位、产品、定价、销售渠道、促销策略等;

(2)根据收集的资料,从行业发展趋势、企业市场定位、产品、定价、销售渠道、促销策略等角度进行分析,确定该企业的差异化经营策略;

(3)撰写调研报告;

(4)进行组内或组间分享。

任务反思

请分析和总结本任务的学习情况,写出你的收获和经验。

任务检测

一、单项选择题

1. 每个管理者直接管辖其直接下属，每个人也只能向直接领导报告，没有专门的职能机构，这是(　　)的典型特征。

A. 直线制组织结构　　B. 职能制组织结构

C. 直线职能制组织结构　　D. 事业部制组织结构

2. 我国的企业组织法规不包括(　　)。

A.《中华人民共和国公司法》　　B.《中华人民共和国民法典》

C.《中华人民共和国合伙企业法》　　D.《中华人民共和国外资企业法》

3. 中国的中央银行是(　　)。

A. 中国银行　　B. 国家开发银行　　C. 中国人民银行　　D. 中国建设银行

4. 常见的金融工具不包括(　　)。

A. 股票　　B. 期货　　C. 保单　　D. 银行存折

5. 企业通过做大规模，降低产品单位成本，压制竞争对手，这是采取的(　　)。

A. 总成本领先型策略　　B. 差异性策略

C. 跟随策略　　D. 集中化策略

二、多项选择题

1. 事业部制组织结构的优点是(　　)。

A. 自主性强　　B. 利于调动积极性

C. 利于培养管理人员　　D. 利于最高管理层脱离日常事务

2. 我国的金融机构主要包括(　　)。

A. 银行　　B. 证券公司　　C. 保险公司　　D. 信托投资公司

3. 企业在做经营策略选择时，应注意的核心要点有(　　)。

A. 政策　　B. 机会　　C. 空间　　D. 顾客价值

三、判断题

1. 差异化策略满足被忽略的小众的差异化需求，做精做细，形成自己独特的优势，错位发展，以此来规避市场领先者。(　　)

2. 直线型组织结构的特征是在直线型结构的每一领导层中设置必要的职能部门，以协助该层次的管理工作。(　　)

3. 货币市场指资金偿还期限在 1 年以上的市场。(　　)

4. 经营，从根本讲，就是运用组织有限的资源创造一个尽可能大的附加值，以满足组织所服务的用户的需求。(　　)

5. 紧缩的财政政策和货币政策往往是在经济过热的时期采用。(　　)

任务评价

任务名称：

<table>
<tr><th>项　　目</th><th>内　　容</th><th>自 我 评 价</th></tr>
<tr><td>基本概念</td><td></td><td rowspan="4">A. 能识记知识点
B. 能理解知识点
C. 会应用知识判断分析实际问题
D. 能总结应用心得或进行经验分享</td></tr>
<tr><td>知识点</td><td></td></tr>
<tr><td>技能</td><td></td></tr>
<tr><td>重难点</td><td></td></tr>
</table>

说明：根据本任务的内容进行填列，并完成自我评价。

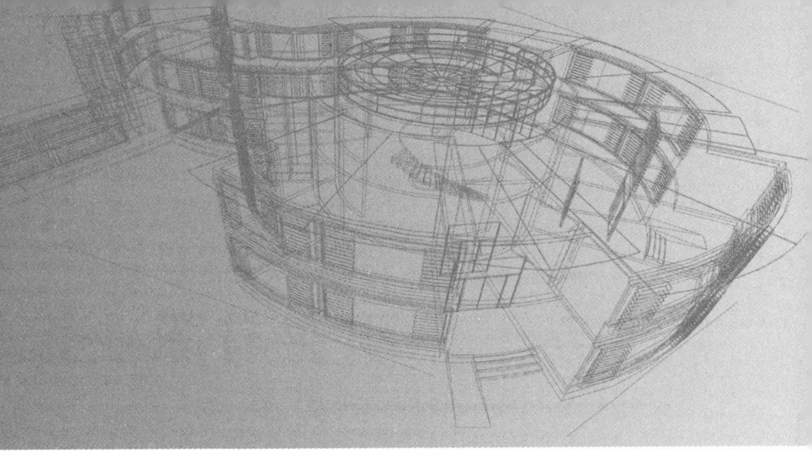

项目二

认知职业

•项目导读

正确认知职业及职业规划是走进社会、从事专业工作并明确自我职业发展方向的重要环节。本项目主要介绍职业与职业的特征和分类、职业素养的内容及表现以及职业规划的内容，培养了解职业并进行职业规划的意识，养成持续提升职业素养和终身学习的习惯。

•学习目标

(一)专业能力

1. 能够理解职业的特征；
2. 能够理解基本职业素养对职业发展的重要性；
3. 能够对个人职业发展进行基本规划。

(二)专业素养

1. 养成关注行业、职业发展的意识，培养和提升个人基本职业素养；
2. 养成诚实守信、团结协作等职业品质。

(三)思政目标

1. 培养持续提升职业素养和终身学习的意识和习惯；
2. 树立做匠人、守匠心的匠心精神。

•学习指导

1. 课前查阅与职业发展有关的资料；
2. 课中通过学习、讨论、练习等掌握职业相关知识；
3. 课后完成学习任务清单，制定个人职业发展规划。

任务一　职业与职业素养

任务描述

本任务通过学习职业的概念、职业的特征与分类、职业素养的相关知识，使学生掌握职业的内涵，了解职业的主要特征、分类及职业素养的构成，形成对职业和职业素养的基本认知。

思维导图

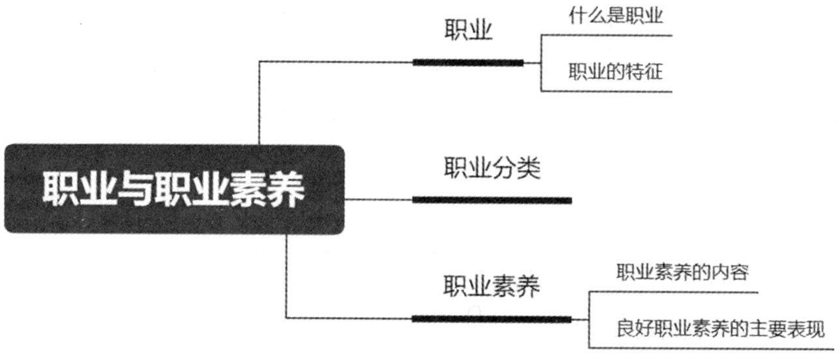

任务内容

引例

小李高三毕业时给自己定的职业目标是找到一份轻松、高薪的财会类工作，于是在选择大学专业时果断选择了财会类专业。2022 年 9 月，她成功进入一所职业学院的财会类专业学习，但是她进校后发现她所理解的财会工作跟专业认知学习中了解到的是有差异的，她并不是真的了解财经行业的发展现状及趋势，更不知道该行业都有哪些职业岗位、作为一个财会类职业人需要做好哪些准备，陷入了迷茫，甚至怀疑自己选错了专业。

思考

1. 你是否有过跟小李一样的困惑？
2. 关于职业和工作，你是怎么看的？
3. 对于小李的情况，你有什么建议？

一、职业

（一）什么是职业

职业是指人们为获取主要生活来源和满足社会需求而从事的相对稳定、有经济收入、具有一定社会职能、有专门类别的社会劳动。根据中国职业规划师协会的定义，职业是指性质相近的工作的总称，通常指个人服务社会并作为主要生活来源的工作。

职业是社会分工的产物，也是现代人生存和进行社会活动的根本所在，绝大多数人都需要通过在一定行业和岗位上的劳动来获取生活来源，对于职业和职业发展，每个人的认识和要求都不相同，但是具有必备的职业知识和职业技能是获得职业岗位的基本要求。

（二）职业的特征

一般来说，职业必须同时具备下列特征：

1. 目的性

职业的目的性是指人们从事职业的目的是获取现金或报酬，或者是为了实现自我价值、为社会做贡献等。

2. 社会性

职业的社会性是指职业是从业者在特定的社会生活环境中，从事的一种与其他社会成员相互联系、相互服务的社会活动。

3. 规范性

职业的规范性是指职业必须符合国家法律和社会伦理，符合相关的职业要求和职业规范。

4. 稳定性

职业的稳定性是指职业是在历史发展过程中随着社会经济的发展和社会分工而逐渐形成的，具有相对的稳定性。虽然随着人类社会的进步，一些职业正在消失，新的职业不断出现，但任何一个职业都有其相对的稳定性。

思考

你知道有哪些传统的职业已经消失了？消失的原因是什么？

____

____

____

5. 组群性

职业的组群性又称群体性，是指职业必须具有一定的从业人数，带有一定的组群特点，形成一定规模的职业群体。如经济业务人员中包含了统计、财会审计和国际商务人员。

二、职业分类

职业分类，是指按一定的规则、标准及方法，按照职业的性质和特点，把一般特征和本质特征相同或相似的社会职业，分成并统一归纳到一定类别系统中去的过程。我国自春秋开始，就有仕、农、工、商的职业分类，新中国成立以后，逐步在人口普查、劳动力管理和劳动力市场调查领域形成了四种应用范围不同又彼此关联的职业分类体系。

按照《中华人民共和国职业分类大典》，我国的职业归为 8 个大类，79 个中类，449 个小类，1636 个细类（职业）。8 个大类分别是：

第一大类：党的机关、国家机关、群众团体和社会组织、企事业单位负责人。
第二大类：专业技术人员。
第三大类：办事人员和有关人员。
第四大类：社会生产服务和生活服务人员。
第五大类：农、林、牧、渔业生产及辅助人员。
第六大类：生产制造及有关人员。
第七大类：军队人员。
第八大类：不便分类的其他从业人员。
职业类别示例说明：
第二大类的专业技术人员包括：

2-01 科学研究人员
2-02 工程技术人员
2-03 农业技术人员
2-04 飞机和船舶技术人员
2-05 卫生专业技术人员
2-06 经济和金融专业人员
2-07 监察、法律、社会和宗教专业人员
2-08 教学人员
2-09 文学艺术、体育专业人员
2-10 新闻出版、文化专业人员
2-99 其他专业技术人员

其他大类的具体分类可以查询《中华人民共和国职业分类大典》进行了解。

三、职业素养

（一）职业素养的内容

职业素养是职业人对社会职业了解与适应能力的一种综合体现，体现在职业兴趣、职业能力、职业个性、职业道德、职业情操等方面，本书将其归纳为思政素养、专业素养、心理素养、学习素养四个维度。

1. 思政素养

思政素养主要指的是思想觉悟、政治立场、政治信念与信仰、思想方法等方面的素质。思政素养是职业素养的灵魂，对其他素养起着统帅作用，规定了其他素养的性质和方向。职业人的思政素养是其世界观、价值观在生活和工作中的反映，较高的思政素养具体表现为以下方面：①具有底线意识，在大是大非面前立场坚定；②具有大局意识，能从公司或单位的大局出发考虑问题；③具有担当精神，在工作中勇于担当，不推卸责任；④具有奋斗精神，在工作中能坚持努力奋斗，不断进步；⑤工作思路、策略等具有前瞻性、科学性和可持续性。

2. 专业素养

专业素养主要指的是专业知识、专业技能、组织管理能力等方面的素养。专业知识是建立在一般科学文化的基础上，与其所从事的职业密切相关的知识，如财会类工作人员应该具备的专业知识主要包括财政经济、财务管理、财务信息化、税收管理、经济法律法规等。专业技能是在领会专业知识的基础上，经过反复训练而形成的技术能力，如财会类工作人员应具备业财处理能力、业务核算能力、信息化能力等。组织管理能力则是指灵活地运用各种方法把各种力量合理地组织和有效地协调起来的能力，包括协调关系的能力和善于用人的能力等。

素养提升

张定宇：秉承医者专业素养，带病坚守“抗疫一线”

长期以来，我国广大医务人员响应党和国家的号召，弘扬敬佑生命、救死扶伤、甘于奉献、大

爱无疆的医者精神，全心全意为人民的健康保驾护航，在疾病预防治疗、医学人才培养、医学科技发展等方面发挥了重要作用、取得了丰硕成果，涌现出一大批医学大家和人民好医生。2020年新冠疫情暴发期间，武汉市金银潭医院院长张定宇隐瞒自己日益严重的渐冻症病情，仍然坚持带领医院全体医护人员日夜坚守抗疫一线，“步履蹒跚与时间赛跑，只想为患者多赢一秒；身患绝症与新冠周旋，顾不上亲人已经沦陷！”张定宇在抗疫过程中始终胸怀大爱，敢于担当、决策果断、处理得当，为战胜疫情赢得了宝贵时间，鲜活、生动地诠释了医者专业素养和职业操守，被评为感动中国2020年度人物！

3. 心理素养

心理素养主要指的是认知、记忆、想象、情感、意志、性格等方面的素养，即个体心理品质的状态和水平。心理素养是一个人的遗传素养和人类在历史发展过程中所创造的文明成果相互作用及内化的结果，在个体素养中占有独特的地位，是与外部世界互相联系、互相作用的中介。职业人要以积极乐观的心态面对人生、同事、家人和朋友。一个人的心理素养高低可以表现为心理适应能力的强弱、内在动力的大小。

4. 学习素养

学习素养主要指的是个人在学习能力、信息能力等方面的素养，包括好奇心、进取心、求知欲和毅力等。在当前知识快速更新迭代的背景下，职业人只有养成终身学习的习惯，不断更新完善个人知识储备，提升拓展专业技能，才能适应职业岗位的需求。如在数字经济时代，人工智能、大数据、云计算、区块链等新技术改变了财经行业生态，对从业人员提出了新的技能要求。

思考

除以上四项主要素养外，你认为职业素养还包括哪些方面？

（二）良好职业素养的主要表现

1. 诚信

诚信是日常行为中诚实和正式交流的信用的合称，即处事真诚、老实、讲信誉、一诺千金。诚实守信是中华民族的传统美德。孔子曰：“人而无信，不知其可也。”诚信既是个人道德的基石，又是社会正常运行不可或缺的条件。诚信包含“诚”“信”两个内涵。“诚”的内容是真实、诚恳；“信”是要说话算数，对自己的承诺负责，言必信，行必果。诚信是一种道德规范，是一种法律原则，在职场中，坚持诚信是获得他人信任的基本条件。

2. 敬业

敬业是一个人对自己所从事的工作负责的态度。敬业是中华民族的传统美德，中华民族历来有“敬业乐群”“忠于职守”的传统。早在春秋时期，孔子就主张人在一生中要勤奋刻苦，为事业尽心尽力，曾提出“事思敬”“执事敬”“修己以敬”等主张。作为职业人，要具有主人翁精神，具有强烈的责任心和事业心，坚持爱岗敬业、精益求精。

3. 协作

协作是在目标实施过程中，部门与部门之间、个人与个人之间的协调与配合，协作各方为了实现共同的目标，应充分利用组织资源，依靠团队力量共同完成某一项任务。协作的内容是多方面的，包括人员、资源、技术、信息等，在一个组织或部门之中，团队协作精神显得尤为重要。只有善于协作，把自己融入团队，依靠团体的智慧和资源，才能取得更好的工作成效。正如雷锋所说，“一滴水只有放进大海里才永远不会干涸，一个人只有当他把自己和集体事业融合在一起的时候才能最有力量。”

知识拓展　持续推进会计诚信建设

诚信是会计职业道德的重要内容，也是对会计行业的最基本要求。“十四五”时期将通过完善法律、建立机制、加强教育等手段，全面提升会计人员诚信意识和行业诚信水平。

(1)加强会计法治建设。通过修订会计法律制度、制定会计人员职业道德规范，修订完善注册会计师职业道德守则等，强化会计诚信意识，支持会计人员依法履职尽责，保护会计人员合法权益；完善会计法律责任体系，提高会计违法成本。

(2)建立涵盖事前、事中和事后全过程的会计诚信体系。建立会计人员信用信息管理制度，规范信用信息归集、评价、利用，探索诚信积分管理机制，加强与有关部门合作，实现信用信息的互换、互通和共享，将会计人员信用信息作为会计人才选拔、培养、评价、使用的重要依据。支持会计相关行业协会建立健全信用承诺制度，加强行业自律。

(3)加强会计法治教育、会计诚信教育和思政教育。将会计职业道德作为会计人才培养教育的重要内容，推动财会类专业教育加强职业道德和课程思政建设。加大会计诚信宣传，组织开展先进会计工作者评选表彰，健全评选表彰机制，宣传先进事迹，鼓励会计人才主动担负起时代赋予的使命责任；加强对典型失信案例的警示教育。

(资料来源：《会计行业人才发展规划(2021—2025年)》)

4. 创新

创新是以现有的思维模式提出有别于常规或常人思路的见解为导向，利用现有的知识和物质，在特定的环境中，本着理想化需要或为满足社会需求，而改进或创造新的事物，包括但不限于各种产品、方法、元素、路径、环境等，并能获得一定有益效果的行为。创新有三层含义：一是更新，二是创造新的东西，三是改变。创新是以新思维、新发明和新描述为特征的一种概念化过程，是人类特有的认识能力和实践能力，是人类主观能动性的高级表现，是推动民族进步和社会发展的不竭动力。

素养提升

事业坚守者：“杂交水稻之父”袁隆平

“杂交水稻之父”袁隆平一生致力于杂交水稻技术的研究、应用与推广，发明“三系法”籼型杂交水稻，成功研究出“两系法”杂交水稻，创建了超级杂交稻技术体系，确保了中国的粮食安全、解决了全世界几亿人的生计。2018年12月18日，党中央、国务院授予袁隆平改革先锋称号，颁授改革先锋奖章，获评杂交水稻研究的开创者。他的第三代杂交水稻的综合优势，推动了我国的水稻生产向更加优质、高产、绿色和可持续方向发展。2019年9月17日，国家主席习近平签署主席令，授予袁隆平“共和国勋章”。2020年11月28日，袁隆平当选2020中国经济新闻人物。

(参考资料来源：百度百科—袁隆平)

思考

你认为良好的职业素养还能够表现在哪些方面？

任务实施

结合你对职业素养及所学专业的认知，思考应如何培养个人职业素养。

第一步：收集整理与你所学专业相关的职业素养资料。

第二步：收集行业或专业的代表人物事迹资料。

第三步：列出他（她）值得你学习的职业素养。

第四步：制订个人提升职业素养的计划并实施。

任务反思

请分析和总结本任务的学习情况，写出你的收获和经验。

任务检测

1. 查询与专业对应的职业岗位和入职要求，对照列出你认为目前最需要学习的知识和技能。

所学专业：

职业岗位	入职要求	专业知识	专业技能

职业发展路径：

任务评价

任务名称：

<table>
<tr><th>项　　目</th><th>内　　容</th><th>自 我 评 价</th></tr>
<tr><td>基本概念</td><td></td><td rowspan="2"></td></tr>
<tr><td>知识点</td><td></td></tr>
<tr><td>技能</td><td></td><td rowspan="2">A. 能识记知识点
B. 能理解知识点
C. 会应用知识判断分析实际问题
D. 能总结应用心得或进行经验分享</td></tr>
<tr><td>重难点</td><td></td></tr>
</table>

说明：根据本任务的内容进行填列，并完成自我评价。

任务二　职业规划

任务描述

本任务通过学习职业规划的知识，使学生掌握职业规划的内容，了解影响职业规划的主要因素，从而培养制定个人职业发展的目标与路径的能力。

思维导图

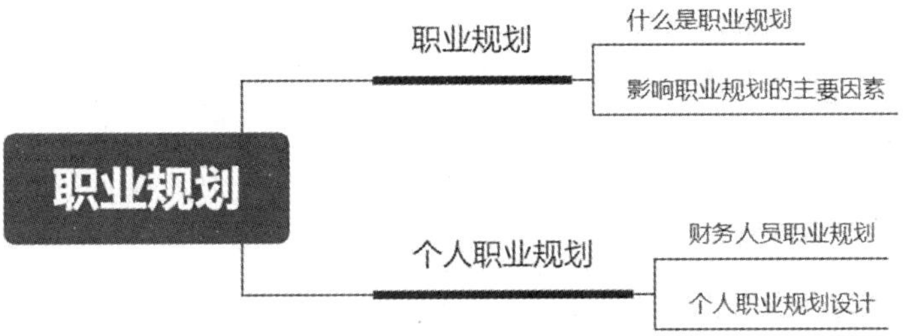

任务内容

引例

肖婷是某职业院校的学生，母亲是一家公司的财务经理，自高中时期了解到职业规划方面的知识后，她就确定了以后从事财务工作的理想。为了能顺利地进入财务工作领域，肖婷向导师了解到很多财务行业发展的信息，并结合自己的实际情况制定了职业规划。

思考

如果你是肖婷，你会如何制定这份职业规划？

一、职业规划

（一）什么是职业规划

职业规划又称职业生涯规划，是指围绕个人的职业发展和人生进行持续、系统的计划的过程，是在对影响个人职业生涯的主客观因素进行分析、比较的基础上，确定职业发展目标，选择实现目标的职业，编制相应的教育、培训和工作计划的过程。完整的职业规划包括个人职业定位、职业目标设定和通道设计三个主要方面，这是一个持续和长期的过程。

（二）影响职业规划的主要因素

进行职业规划首先要选择职业道路，进而考虑能否成功，是否能够实现个人的职业发展目标，这一过程受到个人、社会、家庭等多方面因素的影响。

1. 个人因素

个人因素主要是指个人的兴趣、特长、个性特征、性别以及心理需求等因素。在进行职业规划的过程中，个人因素非常重要。首先，不同个性特征的人适合不同的工作，比如从事财会类工作的人员要严谨细致、思维敏捷、勤奋努力，而性格开朗、热情活泼、富有幽默感的人就比较适合导游工作；其次，兴趣和特长是影响个人职业发展的主要因素，如果一个人对某类职业不感兴趣，自然也不会投入时间和精力去把工作做好；最后，个人心理需求也会影响职业规划，大多数人在年轻时喜欢尝试不同的工作，但在经历过职业实践和工作阅历后，会趋向于现实和稳定。

2. 社会环境因素

社会环境包括社会的政治经济形势、社会文化与习俗、职业的社会评价以及职业工作环境和工作方式的改变等。在职业规划中，社会环境因素的改变将影响人们对职业的选择，新的工作方式、新的组织运营模式以及经济全球化进程，都在方方面面对职业选择和职业规划产生影响。比如，随着互联网技术的发展，电子商务逐渐替代传统商业模式，机器人的出现也使得一些工作不再依靠人力来完成，弹性工作制、线上办公等也给人们带来不同的工作体验。只有主动适应环境的变化，发现并利用社会环境中的有利因素，客观地对待环境中的不利因素，磨炼个人意志，才能避免对环境的依赖，促进个人成长，拥有良好的职业发展道路。

3. 教育因素

教育奠定了人的基本素质，对个人的职业规划有着巨大的影响。良好的教育能够赋予个人丰富的知识，培养优良的品质，塑造正确的世界观和人生观。除家庭教育、学校教育、社会教育外，自我教育也是非常重要的教育形式。不同教育程度的人在进行职业选择时，具有不同的能量，用人单位通常都会选择具有专业特长的从业人员。在选择相应的职业后，还应随时关注职业发展演进的趋势和方向，主动进行专业知识和专业技能的提升。

素养提升

树立职业理想，铸就精彩人生

职业理想是人们对未来职业活动和职业成就的追求，即个人渴望达到的职业境界，是人们实现个人生活理想、道德理想和社会理想的手段，与个人的世界观、价值观、职业期待、职业目标密切相关。当今世界正经历百年未有之大变局，我国正处于实现中华民族伟大复兴关键时期，当代大学生亦正处在人生成长重要阶段，树立正确的职业理想十分必要。

当代大学生应树立职业生涯规划意识，实事求是地从自身知识能力水平、兴趣爱好、渴望实现的社会价值、职业发展前景等多个方面去综合考虑，找到自己的职业理想。首先，要了解自己：我喜欢什么、我适合做什么？我的人生追求是什么？其次，要了解外界：我想从事的行业发展到什么程度了、未来会走向何方？我想从事什么岗位的工作？如果要得到工作机会，我需要做哪些准备？最后，为自己做一个职业生涯规划，不断学习、尝试和改进，逐步构建自己的职业竞争力，为实现职业理想而不懈奋斗，铸就精彩人生。

二、个人职业规划设计

进行个人职业规划设计，是确定个人职业发展方向和路径、实现职业发展目标的重要方法。通常，我们需要对个人拟从事的职业进行充分的调查，在了解该职业要求的知识、技能、入行所需的职业资格证书、职业发展趋势等多方面信息资料基础上，结合个人的专业、个人发展目标进行制定。以财务人员为例，通常情况下，财务人员的职业发展路径如下，其中，每一个岗位对专业知识和专业技能的要求都有不同。

会计助理 → 会计 → 会计主管 → 财务经理 → 财务总监 → 首席财务官

课堂训练

1. 分组收集、整理财务人员各职业发展阶段的工作内容和岗位要求，完成下表。

职业发展阶段	工作内容	岗位要求
会计助理		
会计		
会计主管		
财务经理		
财务总监		
首席财务官		

要求:3～5人一组,分组完成。

2.分享。

如果我选择了财务工作,我的岗位目标是什么?如何实现?

我的岗位目标:________________________________

实现路径:________________________________

____

任务实施

请结合个人实际情况，完成个人职业规划设计任务单。

职业规划设计任务单

班级：　　　　　　　　　　　　姓名：

任 务 内 容	完 成 日 期	资 料 来 源	任务完成情况
确定你感兴趣的职业			
找一位朋友或导师进行咨询			
了解职业			
与从业者进行沟通			
完成对职业的描述			
找出你和职业最匹配的特长			
确定应具备的职业技能			
确定你的职业发展路径			
其他(可自行添加)			

任务反思

请分析和总结本任务的学习情况，写出你的收获和经验。

任务评价

任务名称：

项　　目	内　　容	自我评价
基本概念		A. 能识记知识点 B. 能理解知识点 C. 会应用知识判断分析实际问题 D. 能总结应用心得或进行经验分享
知识点		
技能		
重难点		

说明：根据本任务的内容进行填列，并完成自我评价。

拓展任务　企业发展中的中国精神

任务描述

本任务通过梳理改革开放以来中国特色企业的发展、变革历程，讲好中国特色企业发展的故事，引导学生积极思考和总结，从企业发展历程和故事中认知中国特色企业的价值追求，探讨寻找蕴藏在企业发展更迭中的“中国精神”，培养匠心精神和爱国情怀。

思维导图

任务内容

引例

华为的诞生与发展

华为技术有限公司创立于1987年，最初是一家生产用户交换机(PBX)的香港公司的销售代理，1989年自主开发PBX，1990年开始自主研发面向酒店与小企业的PBX技术并进行商用，1992年开始研发并推出农村数字交换解决方案。

1994年推出C&C08数字程控交换机，1995年成立知识产权部、北京研发中心，1996年推出综合业务接入网和光网络SDH设备，成立上海研发中心。1997年推出无线GSM解决方案。

1998年，将市场拓展到中国主要城市，与Texas Instruments、Motorola、IBM、Intel、Agere Systems、Sun Microsystems、Altera、Qualcomm、Infineon和Microsoft成立联合研发实验室。产品数字微蜂窝服务器控制交换机获得专利，成立南京研发中心，把触角探向世界的核心市场欧美。

1999年，在印度班加罗尔设立研发中心，成为中国移动全国CAMEL Phase Ⅱ智能网的主要供应商，该网络是当时世界上最大和最先进的智能网络。2000—2001年，在瑞典首都斯德哥尔摩、美国硅谷和达拉斯等地设立7个研发中心，加入国际电信联盟(ITU)；10 Gbit/s SDH系统开始在德国的柏林进行商用，其光纤系列产品稳居亚太地区市场份额的第一名。

2002年，通过TL9000质量管理系统认证，为中国移动部署世界上第一个移动模式WLAN。2003年，与3Com合作成立合资公司，专注于企业数据网络解决方案的研究。2004年，与西门子成立合资企业，针对中国市场开发TD-SCDMA移动通信技术，赢得中国电信的国家骨干网优化合同。2005年，作为英国电信21世纪网络供应商中的唯一一家中国厂商，入围"八家企业短名单"。

2006年，与摩托罗拉合作在上海成立联合研发中心，开发UMTS技术，推出新的企业标识，新标识充分体现了聚焦客户、创新、稳健增长和和谐的精神。2007年，与赛门铁克合作成立合资公司，开发存储和安全产品与解决方案。与Global Marine合作成立合资公司，提供海缆端到端网络解决方案，并成为欧洲所有顶级运营商的合作伙伴。

2008年，被《商业周刊》评为全球十大最有影响力的公司。2009年，无线接入市场份额跻身全球第二，率先发布从路由器到传输系统的端到端100G解决方案，获英国《金融时报》颁发的"业务新锐奖"，入选美国*Fast Company*杂志评选的最具创新力公司前五强。

2010年，成为全球仅次于爱立信的第二大通信设备制造商，在英国成立安全认证中心，与中国工业和信息化部签署节能自愿协议，加入联合国世界宽带委员会。获英国《经济学人》杂志2010年度公司创新大奖。2011年，入选首批"国家技术创新示范企业"，推出华为Honor荣耀手机。2012年，当时最薄智能手机华为Ascend P1 S发布，厚度6.7 mm。发布第一款搭载自研的四核心移动中央处理器K3V2的手机"Ascend D Quad"，成为国内第一家推出自研手机移动中央处理器的手机厂商。

2013年，全球财务风险控制中心在英国伦敦成立，监管华为全球财务运营风险，确保财经业务规范、高效、低风险地运行；欧洲物流中心在匈牙利正式投入运营，辐射欧洲、中亚、中东、非洲国家。华为手机销量跃升至全球第三位，仅次于苹果和三星。

2014年，创新地推出全球最小的运营级路由器——原子路由器(Atom Router)，仅手指大小，可在现网任意节点、任意设备部署，零改造现网即可实现IP网络的可视化、可管理，提供实时的每用户、每业务高精度性能检测，助力传统网络实现网络增值。

2015年，发布全球首个基于SDN架构的敏捷物联解决方案，发布全球首款32路X86开放架构小型机昆仑服务器。同年，在比利时鲁汶成立华为欧洲研究院，在松山湖基地启动了全球认证检测中心(GCTC)新实验楼绿色建筑试点，在印度开设了新研发园区。

2016年BrandZ全球最具价值品牌百强榜公布，华为排名上升20个位次，至第50位。2017年，首次超越长期霸占核心路由器市场全球首位的思科，占据核心路由器市场的全球第一份额。2018年初，华为发布2017年年报，并发布新的愿景与使命：把数字世界带入每个人、每个家庭、每个组织，构建万物互联的智能世界。

思考

从华为的发展历程中，你看到了中国企业的哪些精神和品质？

一、中国特色企业向史而新(1978—1983 年)

(一)乡镇企业:最早出现的企业形式

1978 年前后,我国有一个非常清晰的概念,就是以经济建设为中心,实施改革开放,开创了中国特色社会主义现代化建设新局面。由于改革率先从农村展开,社队企业(后改称为“乡镇企业”)成为最早出现的企业形式。这些企业大多因为种种原因而解散,而其中的佼佼者在饱经磨难之后,成长为具有标杆意义的著名企业,如横店集团、美的集团、TCL 集团、长虹电器等。

素养提升

改革开放:伟大实践创造伟大成就

改革开放是我国在 1978 年前后提出的一个国家发展方略,其核心要义是对内改革、对外开放。其中,改革,是从农村发动,以“包田到户”承包制为突破口,解放农民的劳动生产积极性;开放,则是试图以特区和沿海城市搞活的方式,引进国际资本,实现制造业的进口替代。改革开放是一次伟大的思想解放、是一次伟大的意识觉醒、是一次伟大的创新实践,它既是对计划经济和阶级斗争的告别,也是中国向史而新、振臂崛起的重要起点。习近平总书记指出:“改革开放是决定当代中国命运的关键一招,也是决定实现‘两个一百年’奋斗目标、实现中华民族伟大复兴的关键一招。”改革开放 40 多年来,我国各领域发展取得巨大成就,经济实力、科技实力、综合国力和人民生活水平跃上新的大台阶,创造了世所罕见的经济快速发展奇迹和社会长期稳定奇迹,人民群众的获得感、幸福感、安全感显著增强。继往开来,我国各族人民在以习近平为核心的党中央的带领下,高举新时代改革开放伟大旗帜,不忘初心,牢记使命,全面深化改革,自主深度开放,将改革开放进行到底,不断实现人民对美好生活的向往,在下一个 40 年,创造出中华民族新的更大奇迹,创造出让世界刮目相看的新的更大奇迹;在历史的宏大叙事中,精彩演绎中国共产党成立一百年、中华人民共和国成立一百年、改革开放一百年三部曲,使中华民族巍然屹立于世界民族之林。

(参考资料:1.秦宣.改革开放取得伟大成就的密码[N].人民日报,2021-05-27(13).2.林建华.新时代推进改革开放的伟大成就和历史地位[EB/OL].http://news.cri.cn/20181220/7b4bdfab-4e82-612a-2fdd-dfad2379b1dd.html.)

(二)国有企业:传承中创新崛起

由于连接中国与世界的需要,中央企业(国企)应运而生,它们或是新建,抑或是在源远流长的发展中传承、不断创新崛起,如中信集团、光大集团、中国银行、华润集团、招商局集团、中化集团、中粮集团、中国盐业、宝钢集团等。

二、现代工厂管理启蒙并引领风骚(1984—1991 年)

(一)民营企业:逐步引领中国商业潮流

1984 年,邓小平南下,改革开放的方向基本确定,珠三角从山高皇帝远的蛮荒之地变成了风险与机遇并存的淘金之地,苏南浙北的乡镇企业、浙南的私营企业得到快速生长,北京出现了高科技企业扎堆生长的“中关村”。典型企业有联想、华为、京东方、万科、万达、海尔、格力、长虹、康佳、娃哈哈、健力宝、李宁、安踏等。

(二)国有企业:成长为以垄断性行业为主营业务的企业集团

在改革开放的放长中,国有资本也纷纷投入到产业风口上,寻找新的机遇,比如华能集团抓住 20 世纪 80 年代初中央政府推行的“以煤代油”政策，就以煤代油改造国内大量存在的燃油电厂、窑炉，并将用节省下来的石油出口换汇的构想向当时的国务院总理赵紫阳写了一份报告，报告很快得到回应，以煤代油工作随即取得重大成效。随后，先后成立了 9 个统一以华能为名的公司。背靠以煤代油的充沛资本，华能系公司的市场化思维不断强化，围绕发电铺开的各条业务都得到了长足发展。其他典型企业还有工商银行、太平洋保险、广州越秀集团、中国国航等。

三、商业时代推动品牌百花齐放(1992—1997 年)

从某种意义上来讲，我国社会主流人群的创业经商运动，是从 1992 年开始的。

知识拓展 “92 派”和“大学生下海派”

“92 派”：特指那些在大学院校、中央及省级党政机构就职的知识分子，在 20 世纪 80 年代末期，积极参与了经济体制改革的顶层设计，1992 年之后纷纷下海经商，其内心有着强烈的社会改造情绪。比如国务院发展研究中心研究人员陈东升，放弃了铁饭碗，成立了泰康人寿保险。

“大学生下海派”：20 世纪 60 年代生人，更带有经商的主动性和纯粹性，并没有政治上的抱负。比如王传福，在广东深圳创建了比亚迪公司，最开始做充电电池，现在已经发展为电动汽车领域的行业标杆。

（一）民营企业：百花齐放、各显神通

整个 20 世纪 90 年代中后期，民族品牌大规模崛起，短缺经济迅速向过剩经济转化，企业的核心竞争力从生产能力向营销能力和公司治理能力迭代，在家电、服装、饮料等领域都取得了很大成功。典型企业有康恩贝、步步高、青岛啤酒、四通利方、华谊兄弟、新东方等。同时，一些创业者通过渠道模式的创新变革，成为“革命者”，并且在接下来的十年里成为新的主导型力量，如国美、苏宁、红星美凯龙、顺丰、“三通一达”等。

（二）国有企业：迎来疾风骤雨般的大改革

在民营资本百花齐放、各显神通的映衬下，国有企业因体制机制而造成的迟钝、臃肿更加明显，深陷亏损泥沼，1998 年前后，中央以“壮士断腕”的决心实施了疾风骤雨般的大改革。主要做法包括建立市场经济体制，推动国有企业改革沿市场化方向深入推进；对国有经济进行战略性调整，加快国有企业战略性改组步伐。

四、全面景气时代造就非凡成绩(1998—2008 年)

1998 年，改革开放 20 周年，也是我国经济发展中极具标志性的一年。这一年，亚洲金融危机席卷而来，为了对抗危机，中央政府以降低赋税、放开住房消费贷款、停止福利分房等措施，全面激活住房消费市场，自此开启中国房地产行业以及高速城镇化的黄金时代，而由此带来的民间财富迅速爆发和商贸活动日趋频繁，也带动了一大批产业以及资本市场的繁荣，我国进入全面景气时代。

（一）混合所有制企业成就“中国企业”

20 世纪 90 年代末，为了拯救国有企业，涉及产权制度的国企改革大刀阔斧地推行，竞争性领域的“国退民进”成为常态，数年之后，国资委成立，国有资本所退守的上游垄断行业伴随着经济发展而快速膨胀，赚得钵满盆满的央企风头升起，开始集群式地冲击世界500强，令全世界瞩目。因产权让渡而出现的“混合所有制”企业，逐渐成为国企改革的主流，也正因为如此，国有企业和民营企业之间的界限逐渐模糊，出现了领域相互渗透、股权相互持有的趋势。这代表着，在未来的国际竞争中，“中国企业”将逐渐取代“中国国有企业”或“中国民营企业”，成为众人关注的焦点。典型企业有中石油、中石化、中国移动、中国电信等。

（二）新经济崛起、产业格局向高技术领域挺进

在这段时间里，还有一个亮点，就是具备互联网特征的新经济开始崛起，如新浪、阿里巴巴、百度、京东等，这些企业逐步成长为这个时代最具颠覆性和统治力的商业力量。同时，我国逐渐成为世界制造业中心，被冠以“世界工厂”，但是我国产业格局并没有龟缩于低端制造业，而是沿着产业链、价值链进行纵向扩张，向高技术领域演进，典型企业如比亚迪、福耀玻璃等。

五、经济新常态和新技术催化新兴企业蓬勃生长（2009—2018年）

2008年，美国次贷危机爆发，引发了全球性金融危机，重创欧美金融和经济体系。我国迅速做出应对，提出了“保增长扩内需”的宏观政策，再加上我国金融体系因管制相对严格而受的冲击较小，经济快速止跌回升，在全球经济格局中的地位迅猛提升，并且在经济新常态和新技术的催化下，一大批新兴企业得到蓬勃生长。典型企业有：

移动互联相关：蚂蚁金服、聚美优品、美团、滴滴、乐视等。

新能源：协鑫、天合光能、晶科能源等。

新零售：盒马鲜生、永辉超市等。

细分科技领域：华大基因、大疆科技等。

物流快递行业：顺丰、德邦、“三通一达”等。

任务实施

从我国改革开放以来的企业发展历程中，总结你看到的“中国精神”。

(1)了解并整理改革开放以来我国的企业类型；

(2)分析改革开放以来我国企业发展特征及里程碑；

(3)剖析推动我国企业发展的力量，辨别其中蕴含的“中国精神”；

(4)完成总结报告。

任务反思

请分析和总结本任务的学习情况，写出你的收获和经验。

第二篇

走进企业财务

项目三

认知财务

•项目导读

在日常的工作生活中，我们都需要与财务打交道。对企业而言，财务工作是帮助企业降低风险、控制成本、提升业绩的主要手段；对个人而言，财务理念是进行个人财务管理、投资决策的重要底层逻辑。本项目介绍基本的财务概念和财务思维，包括资产、负债、资金周转、货币的时间价值等内容，为后续的专业知识学习和职业能力培养奠定基础。

•学习内容

1. 基本财务概念；
2. 资金及资金周转；
3. 基本财务思维。

•学习目标

(一)专业能力

1. 掌握资产、权益等基本财务概念；
2. 掌握企业资金的内容和资金的来源；
3. 掌握货币时间价值的含义和基本的计算方法；
4. 了解风险的含义及其种类；
5. 了解预算管理的作用和内容。

(二)专业素养

1. 具备基本的财务知识储备；
2. 形成基本的财务思维；
3. 养成利用财务知识分析和解决工作问题的综合能力。

(三)思政目标

1. 培养诚信客观、严谨细致、爱岗敬业的职业道德品质；
2. 培养对我国经济建设成就的自豪感，增强爱国情怀和民族自信心。

•学习指导

1. 课前通过阅读学习资料或案例，收集与财务相关的知识；
2. 课中积极参加分组学习和讨论，完成课堂训练；
3. 课后完成项目作业，巩固掌握专业知识和技能。
4. 完成推荐资料学习。

任务一　基本财务知识

任务描述

本任务介绍基本的财务知识，包括资产和权益、收入和利润、现金和现金流量等财务常识，使学生形成基本的财务知识储备。

思维导图

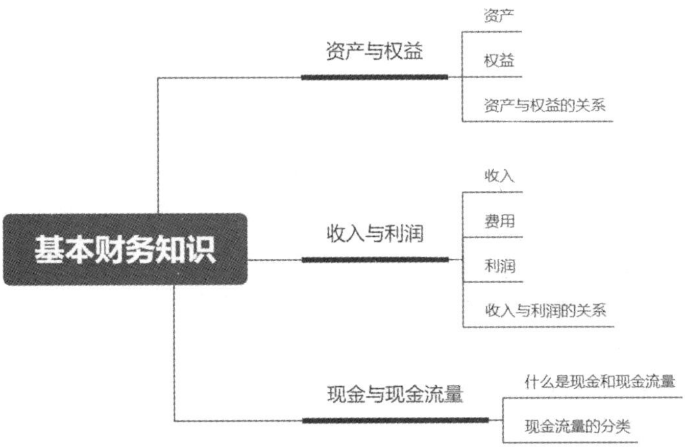

任务内容

引例1

小李是一名刚从学校毕业的大学生，应聘到一家企业从事销售工作。在任职的第一个月，他的主要工作是统计企业的销售数据，并且销售主管将与公司财务部门对接的工作分配给了他。小李心想："我需要学习一下与财务有关的知识了！"

思考

1. 你认为小李应该学习哪些方面的财务知识呢？

2. 销售部门可以通过财务部门获取哪些数据呢？

引例2

张晓阳和孙岚打算自主创业，在通过一段时间的调查和考虑后，决定先开一家奶茶店，经测算后一共需要资金20万元，张晓阳出资8万元，孙岚出资6万元，但是目前两人还有6万元的资金缺口。

思考

1. 奶茶店的资金缺口怎么解决？

2. 如何管理和使用资金才能使奶茶店正常运营并逐渐盈利呢？

任何一家企业要正常地开展经营活动，都必须具备相应的人、财、物等资源，对企业而言，财务是指企业的财务活动和财务关系，其中：财务活动是指在企业生产经营过程中涉及的资金活动，比如企业资金的筹集、资金的使用、资金的回收；财务关系则是指企业在财务活动中与各有关方面形成的经济关系，如企业与供应商、企业与投资人、企业与工商税务部门等都会在经营活动中产生财务关系。

在现代企业经营中，可以说无时无刻不在发生与财务有关的活动，任何一个工作岗位的员工，也随时随地都可能和财务打交道。现代财务工作不仅需要管理企业的各类能用货币计量的经济资源，还需要为企业进行战略规划、风险管理、价值增值提供服务，全面助力企业的高质量发展。下面，让我们首先来了解基本的财务知识。

一、资产与权益

（一）资产

1. 资产及其特征

资产是指企业过去的交易和事项形成的、由企业拥有或控制的，预期会给企业带来经济利益的资源。不论任何形式的企业，无论其规模大小，如果需要开展正常的经营活动，就必须要拥有资产，企业资产的形式多种多样，包括厂房、建筑物、机器、设备、各种材料、库存现金、银行存款、应收账款、无形资产等。

资产的主要特征之一是资产是由过去的交易和事项形成的，比如晓岚奶茶店（合伙企业）准备购买一台萃茶机，经过市场询价、比价后，决定购买一台5 000元的某某牌萃茶机，请问这台萃茶机是奶茶店的资产吗？答案是否定的，因为还没有购买的设备只是一个可能的结果，并不能算是企业的资产。

资产的主要特征之二是资产必须由企业拥有或者控制，如奶茶店租赁的小货车就不属于奶茶店的资产，原因是该辆小货车不是企业拥有的。

资产的主要特征之三是资产预期能给企业带来经济利益，即直接或间接地导致现金和现金等价物流入企业。如晓岚奶茶店购买的奶茶粉，如果已经过了保质期，就不能算作企业的资产了。

2. 资产的分类

一般情况下，资产都是按照流动性进行分类，可以分为流动资产和非流动资产。

流动资产是指预计在一个营业周期中变现、出售或耗用，或者主要为交易目的而持有的资产，如企业的货币资金、应收账款、存货等；非流动资产是指流动资产以外的资产，如固定资产、无形资产。

思考

晓岚奶茶店开业后，购置的萃茶机、封口机等属于哪一类资产？为什么？

____

____

晓岚奶茶店拥有的现金、银行存款，购买的奶茶粉等属于哪一类资产？为什么？

____

____

同学们还能列示出企业其他的流动资产和非流动资产吗？

____

____

素养提升

绿色资产助力实现“双碳”战略目标

2020 年 9 月，中国在第 75 届联合国大会上正式提出 2030 年实现碳达峰、2060 年实现碳中和的目标，即“双碳”战略目标。简单来讲，就是在 2030 年前，二氧化碳排放量不再增加，达到峰值后再缓慢减少；到 2060 年，所有的二氧化碳排放将通过植树、节能减排来抵消，实现碳中和。习近平总书记在中央政治局第二十九次集体学习时强调，要坚持不懈推动绿色低碳发展，建立健全绿色低碳循环发展经济体系，促进经济社会发展全面绿色转型。

实现“双碳”战略目标，推动绿色发展，离不开绿色资产的价值支撑。绿色资产主要由节能环保、清洁生产、清洁能源、生态环境和基础设施绿色升级等绿色产业集聚发展所形成，具有保护自然环境、促进节能减排的良好属性。目前，国家正积极采取多种政策激励措施，鼓励市场主体或社会各方为绿色资产项目提供资金支持，促进绿色资产规模提升；鼓励社会民众参与绿色发展活动，增强民众节约意识、环保意识和生态意识，倡导简约适度、绿色低碳的生活方式及消费模式，提高全社会对绿色资产的认知水平。

（二）权益

1. 权益及其特征

权益是负债和所有者权益的总称。其中负债即债权人权益，是指企业过去的交易或事项形成的，预期会导致经济利益流出企业的现时义务；所有者权益即所有者的剩余权益，是指企业资产扣除负债后由所有者享有的剩余权益，公司的所有者权益称为股东权益。

负债具有以下主要特征：一是负债与资产一样，是由过去的交易和事项形成的；二是负债是企业承担的现时义务；三是负债预期会导致经济利益流出企业。如晓岚奶茶店现有的 6 万元资金缺口，张晓阳和孙岚经过商议后从银行贷款了 6 万元，这就形成晓岚奶茶店的一项负债；再例如某企业在 2022 年 9 月 3 日与银行签订了一份借款金额为 100 万元、期限为 300 天的借款合同，合同约定 10 月 1 日生效，则 9 月 3 日签订合同的当天，就不能将该项借款作为企业的负债。

所有者权益具有以下主要特征：一是除非发生减资、清算或分派现金股利，企业不需要偿还所有者权益；二是在企业清算时，只有在清偿了所有的负债后，才能返还所有者权益，所以所有者权益又称为剩余权益；三是所有者可以参与企业的利润分配。如某企业在经营过程中发生亏损，最后导致破产清算，那么按照现有的法律规定，企业应该在清偿所有的负债后才能将剩余的部分返还投资人。

2. 权益的分类

首先，来看权益中负债的分类。通常按偿还期限的长短，可以将负债分为流动负债和非流动负债。流动负债是指预计在一个营业周期内偿还或者主要为交易目的而持有的负债，而非流动负债是指流动负债以外的负债。如上述的某企业从银行借入的期限为 300 天的借款就是一项流动负债。晓岚奶茶店成立时向银行贷款的 6 万元，如果贷款的期限在一年以内，则该笔贷款为短期借款，属于流动负债；如果贷款的期限在一年以上，则该笔贷款为长期借款，就属于非流动负债了。

一般而言，企业在经营过程中会产生正常的负债，如每月应发放给员工的工资，工资一般在月末或员工为企业提供服务的工作时段结束后进行结算，但是发放往往会在下月初或结算期后进行，这就会形成“应付职工薪酬”这一项流动负债；在企业之间的业务往来中，因企业与客户之间的资金结算会产生“应付账款”、因借款的利息而产生“应付利息”等。企业只要做好资金预算安排，按时偿还负债的本金和利息，就不会影响企业的信用和经营活动。

企业在满足条件的情况下还可以通过发行企业债券的方式进行资金筹集。当然，站在债权人的角度，为了保障自身的财产安全，会考察借款人的偿债能力，根据借款人的偿债能力强弱或其信用决定是否予以借款，有时还会要求借款人提供抵押或担保。

思考

除了以上短期借款、应付账款、应付利息外，同学们还能列示出企业其他的流动负债和非流动负债吗？

企业的权益除了负债外，还有所有者权益。所有者权益包括所有者投入企业的资本、直接计入所有者权益的利得和损失、留存收益等。以晓岚奶茶店为例，张晓阳出资的 8 万元和孙岚出资的 6 万元就是晓岚奶茶店所有者权益中所有者投入的资本，晓岚奶茶店在经营期间赚取的利润如果没有分红，就属于奶茶店的留存收益。要注意的是，投资人投资时约定的出资额比例也是投资人后续进行公司管理、分红、债务分担等的依据。

知识拓展　OPM——用别人的钱赚钱

OPM 全称是 Other People's Money，是运营资本管理的一种方式。在企业的经营过程中，可以通过 OPM 业务模式获得无息债务。比较常见的 OPM 模式有两种。

一是占用客户的资金,房地产企业经常采用这种方式,即客户缴纳的房价预付款,在房地产企业的资产负债表上,这一项目表现为合同负债,比如万科 A 的 2022 年 3 月的资产负债表显示,公司的合同负债为 6558 亿元,占负债总额的 42.2%;保利发展的 2022 年 3 月的资产负债表显示,公司的合同负债为 4366 亿元,占负债总额的 39.05%。

另一种是占用供应商的资金,比较典型的是大型商业平台企业,它们利用在商品供应链中的优势地位,通过延长付款期限来无偿占用供应商的资金。比如京东、苏宁等,消费者在平台上购买商品后,它们并不会立即将货款支付给供应商,而是会押款一段时间再进行支付,这样就能够在一段时间内免费使用供应商的资金。据有关数据显示,京东自营的回款期在 60 天左右。

OPM 模式揭示了在企业经营过程中,应用财务思维设计业务模式,能给企业带来一定的财务收益。

(三)资产和权益的关系

资产与权益是企业资源的两个表现方面,资产表示的是企业拥有什么经济资源,权益则表示这些资产的来源,两者之间始终保持恒等的关系。不论企业的经济业务活动如何发展,从财务的角度来看,恒等的关系都不会改变,用公式表示如下:

资产=权益

或:

资产=负债+所有者权益

企业进入正常的经营活动循环后,其原有资产就会不断地变换形态,如投资人最初投入的货币形态的资金,会用以购买生产用的设备、材料,资产的状态就会从货币资金变成固定资产、原材料,原材料投入生产过程后,最终会变成库存商品,库存商品销售后资产的形态又变为货币资金或应收账款。虽然企业资产会随着经济活动变换不同的形态,但是始终保持与权益的平衡关系。这一等式也是编制企业财务报表——资产负债表的依据。

案例

晓岚奶茶店成立时,张晓阳投资了 8 万元,孙岚投资了 6 万元,从银行贷款 6 万元(期限 3 年),其资产与权益的情况如表 3-1 所示。

表 3-1　简易资产负债表

20××年××月××日　　　　单位:万元

资产项目	金额	权益项目	金额
货币资金	20	长期借款	6
		所有者权益	14
合计	20	合计	20

开业后,购置萃茶机、冰箱等设备支付 5 万元,购买奶茶粉、水果等支付 3 万元,则资产与权益的变化情况如表 3-2 所示。

表 3-2　简易资产负债表

20××年××月××日　　　　单位:万元

资产项目	金额	权益项目	金额
货币资金	12	长期借款	6
固定资产	5	所有者权益	14
存货	3		
合计	20	合计	20

由此可见,随着经营活动的开展,虽然资产的形态会发生改变,但资产和权益的恒等关系并不会受到破坏。

二、收入与利润

(一)收入

1. 收入及其特征

收入是指企业在日常活动中形成的、会导致所有者权益增加的、与所有者投入资本无关的经济利益的总流入。其中,日常活动是指企业为完成其经营目标所从事的经常性活动以及与之相关的其他活动。

收入具有以下特征:

第一,收入是企业在日常活动中形成的。偶发事项产生的利益流入不属于收入。如某公司收到了一笔赞助款,虽然能为公司带来经济利益的流入,但该赞助业务不属于公司的日常活动,因此不属于收入。

第二,收入会导致所有者权益的增加。

第三,收入是与所有者投入资本无关的经济利益的总流入。企业为第三方或者客户代收的款项,不属于本企业的收入。

课堂讨论

假设晓岚奶茶店在经营一年后,张晓阳和孙岚又各自追加了 3 万元的投资款,这笔款项属于收入吗?为什么?

---

2. 收入的分类

收入包括主营业务收入和其他业务收入。主营业务收入是由企业的主营业务所带来的收入,如销售产品、提供服务所取得的收入;其他业务收入是指除主营业务之外的其他经营活动实现的收入,如销售多余原材料的收入。

按照会计基本准则的规定,收入可以按照性质不同分为销售商品收入、提供劳务收入以及让渡资产使用权的收入。其中让渡资产使用权的收入主要包括利息收入、使用费收入。

✎ 思考

某房地产公司将多余的办公室装修后出租给他人使用，属于以上的哪一类收入？

(二)费用

1. 费用及其特征

费用是指企业在日常活动中发生的、会导致所有者权益减少的、与向所有者分配利润无关的经济利益的总流出。

费用具有以下特征：

第一，费用是企业在日常活动中发生的。例如，企业在日常生产中所耗费的材料、支付的员工工资、借款利息等都是企业的费用；但是偶尔发生的公益性捐赠就不属于企业的日常活动，因此不属于费用要素，而是营业外支出。

第二，费用会导致所有者权益的减少。

第三，费用是与向所有者分配利润无关的经济利益的总流出。向所有者分配利润属于企业利润分配的内容，不构成企业的费用。

2. 费用的分类

费用按其性质分为营业成本和期间费用。

营业成本是指企业生产销售商品或提供劳务的成本，如商品的进货成本或制造成本；期间费用是指企业在日常活动中发生的，应当直接计入当期损益的费用，如企业发生的管理费用、销售费用等。

✎ 思考

1. 晓岚奶茶店在经营过程中，会发生哪些费用呢？

2. 企业每个月支付的销售部房租属于营业成本还是期间费用？

3. 企业购进一批准备用于销售的服装，支付了 50 000 元，属于营业成本还是期间费用？

(三)利润

1. 什么是利润

利润是指企业在一定会计期间的经营成果。利润反映收入减去费用、直接计入当期损益的利得减去损失后的净额。通常情况下，如果企业实现了利润，表明企业的所有者权益将增加，业绩得到了提升；反之，如果企业发生了亏损(即利润为负数)，表明企业的所有者权益将减少，业绩下降。利润是评价企业管理层业绩的指标之一，也是投资者等财务会计报告使用者进行决策时的重要参考依据。

2. 利润的分类

利润包括收入减去费用后的净额、直接计入当期损益的利得和损失等。其中，收入减去费用后的净额反映企业日常活动的经营业绩；直接计入当期损益的利得和损失反映企业非日常活动的业绩。利润可以分为多个层次，包括毛利、营业利润、利润总额、净利润。

毛利是指收入扣除商品成本之后的余额，比如企业的某商品销售收入是100万元，购进的成本是50万元，那么毛利就是50万元，毛利率为50%；营业利润是指在毛利的基础上扣除企业经营中发生的管理人员工资、广告费等费用后的利润，接上例，如果该企业的管理费用和广告费用为20万元，则营业利润为30万元，当然现实经营中企业的费用不仅仅只有管理人员的工资和广告费，还包括差旅费、场地租赁费、保险费等，不同类型企业的费用也不尽相同；净利润则是在营业利润的基础上再扣除企业的企业所得税，如果上述企业的本期企业所得税费用为6万元，则净利润为24万元。

（四）收入与利润的关系

除了“资产＝负债＋所有者权益”这一恒等式外，财务上还有一个等式用来反映收入和利润的关系，即：

收入－费用＝利润

这一等式反映了利润的实现过程，是编制利润表的依据。例如晓岚奶茶店在2022年3月共取得奶茶的销售收入30 000元，发生房租、材料费、员工工资、水电费等各类费用17 500元，则本月的利润＝(30 000－17 500)元＝12 500元。利润属于投资人所有，会导致企业的所有者权益增加。

课堂讨论

你认为企业利润的高低受到哪些因素的影响呢？

三、现金与现金流量

（一）什么是现金和现金流量

1. 现金

现金是指企业的库存现金以及可以随时用于支付的存款。在财务中，现金往往是指广义的现金，既包括现金，也包括现金等价物。现金等价物是指企业持有的期限在3个月以内、流动性强、易于转换为已知金额现金、价值变动风险很小的投资。比如企业持有的三个月到期的国库券，就是典型的现金等价物。

思考

你认为企业可能有哪些现金等价物呢？

---

2. 现金流量

现金流量即现金流，指的是现金和现金等价物的流入量和流出量。现金是企业流动性和变现能力最强的资产，可以用来满足企业的经营开支的各种需求，但是现金属于非盈利资产，持有过多会影响企业的收益水平，因此企业应该在保证合理的资金需求量基础上减少闲置的现金数量。

(二)现金流量的分类

现金流量的确定是以收付实现制作为基础，一般分为经营活动的现金流量、筹资活动的现金流量和投资活动的现金流量。

经营活动的现金流量是指企业投资活动和筹资活动以外的所有的交易和事项产生的现金流量，它是企业现金的主要来源；筹资活动的现金流量是指企业经营过程中所产生的与筹资活动相关的现金流入和现金流出的差额，它是企业资本及债务的规模和构成发生变化的活动所产生的现金流量；投资活动的现金流量是指企业长期资产(通常指一年以上)的购建及其处置产生的现金流量，包括购建固定资产、长期投资现金流量和处置长期资产现金流量。

比如某企业销售商品获得了 50 000 元的销售款，这 50 000 元就是经营活动的现金流入量，而购买材料支付了 20 000 元的货款，这 20 000 元就是经营活动的现金流出量；如果 50 000 元是从银行借来的，那就是筹资活动的现金流入量，归还银行借款的本金和利息就是筹资活动的现金流出量；如果企业进行一项生产线建设，则建设中支付和收回的款项就是投资活动的现金流量。

任务实施

1. 描述资产、负债、所有者权益的含义和特征，解释资产与权益的关系；

2. 描述收入、费用、利润的含义，解释收入与利润的关系；

3. 描述现金、现金流量的含义，解释现金流量的分类；

4. 调查一家企业资产、负债与所有者权益的数据，分别列出流动资产和非流动资产的 2～3 个明细项目；

5. 了解家庭资产的构成，列出家庭资产的名称和估价；

6. 根据个人的月收支情况，列出收支明细表，注明收支的项目和平均金额。

任务反思

请分析和总结本任务的学习情况，写出你的收获和经验。

任务检测

一、单项选择题

1. 资产通常按流动性分为(　　)。

A. 有形资产与无形资产　　B. 流动资产与非流动资产

C. 货币资产与非货币资产　　D. 本企业资产与租入的资产

2. 企业仓库中的产品属于(　　)。

A. 资产　　B. 负债　　C. 所有者权益　　D. 利润

3. 下列各项目中属于所有者权益的是(　　)。

A. 长期股权投资　　B. 长期应付款　　C. 固定资产　　D. 股本

4. 下列不属于负债的特点的是(　　)。

A. 是过去的交易、事项所构成的　　B. 是企业拥有或控制的经济资源

C. 是企业承担的现时义务　　D. 预期会导致经济利益流出企业

5. 下列属于资产的特点的是(　　)。

A. 将导致企业未来经济利益流入　　B. 反映企业在一定时期所取得的经营成果

C. 将导致企业未来经济利益流出　　D. 是过去的交易、事项所构成的现时义务

6. 下列会计等式中正确的是(　　)。

A. 资产＝负债＋所有者权益　　B. 负债＝资产－所有者权益

C. 资产－负债＝所有者权益　　D. 资产＋负债＝所有者权益

7. 某企业期初的资产总额为80万元，权益总额为80万元，现收到一笔投资款15万元存入银行，则该企业的资产总额现为(　　)。

A. 80万元　　B. 65万元　　C. 95万元　　D. 110万元

二、多项选择题

1. 以下属于企业无形资产的有(　　)。

A. 专利权　　B. 商标权　　C. 固定资产　　D. 非专利技术

2. 取得收入将导致企业(　　)。

A. 现金流出　　B. 资产增加　　C. 资产减少　　D. 所有者权益增加

3. 企业的现金流量包括(　　)。

A. 经营活动产生的现金流量　　B. 筹资活动产生的现金流量

C. 投资活动产生的现金流量　　D. 分配利润产生的现金流量

三、判断题

1. 某一财产物资要成为企业的资产，其所有权必须属于企业。(　　)

2. 所有者权益是指投资人对企业全部资产的所有权。(　　)

3. 资产是指过去的交易或事项形成的、企业拥有或控制的、具有实物形态的、预期会给企业带来经济利益的资源。(　　)

4. 利润包括收入减去费用后的净额、直接计入当期损益的利得和损失等。(　　)

5. 现金流量中的现金既包括现金也包括现金等价物。(　　)

任务评价

任务名称：

<table>
<tr><th>项　目</th><th>内　容</th><th>自我评价</th></tr>
<tr><td>基本概念</td><td></td><td rowspan="4">A. 能识记知识点
B. 能理解知识点
C. 会应用知识判断分析实际问题
D. 能总结应用心得或进行经验分享</td></tr>
<tr><td>知识点</td><td></td></tr>
<tr><td>技能</td><td></td></tr>
<tr><td>重难点</td><td></td></tr>
</table>

说明：根据本任务的内容进行填列，并完成自我评价。

任务二　资金

任务描述

本任务介绍企业资金的内容、资金的来源、资金周转的步骤以及利息和利息率的相关知识，使学生在掌握资金内容、资金周转等知识的基础上，养成关注企业资金使用合规和提高使用效率的职业习惯。

思维导图

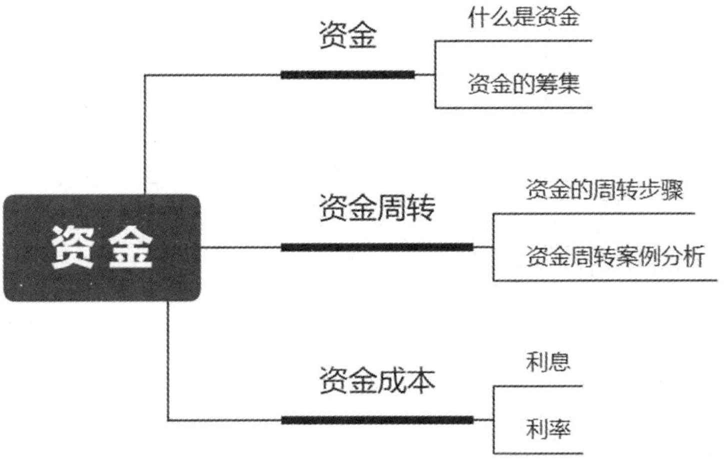

任务内容

引例

假设晓岚奶茶店开业时拥有的起始资金为200 000元，从租赁店面、聘请员工、购买原材料，到开始正式营业，张晓阳很清楚只有加速资金的周转，才能够尽快收回本金并盈利。

思考

1. 资金在经营过程中会表现为哪些状态？

2. 如何才能提高资金的使用效率呢？

一、资金

(一)什么是资金

1. 资金

什么是资金？广义的资金是指企业用于生产经营的物资或者货币；狭义的资金是指货币资金，即在企业的生产经营过程中处于货币形态的那部分资金。

阅读材料：货币的故事

货币资金是企业最活跃的资产，它流动性强，是企业的重要支付手段和流通手段。在财务工作中，货币资金包括三个部分：库存现金、银行存款和其他货币资金。比如银行汇票就是典型的其他货币资金(见图 3-1 和图 3-2)。

资金是企业经营运转的保障，但是企业的货币资金是不是越多越好呢？在一般情况下，货币资金越多，说明企业可以用于经营周转的资金越充足，但如果一个企业账面上的货币资金很多但并没有参与企业的经营周转，则可能表明企业的资产收益性低、投资渠道较少，未来的持续获利能力值得深究。

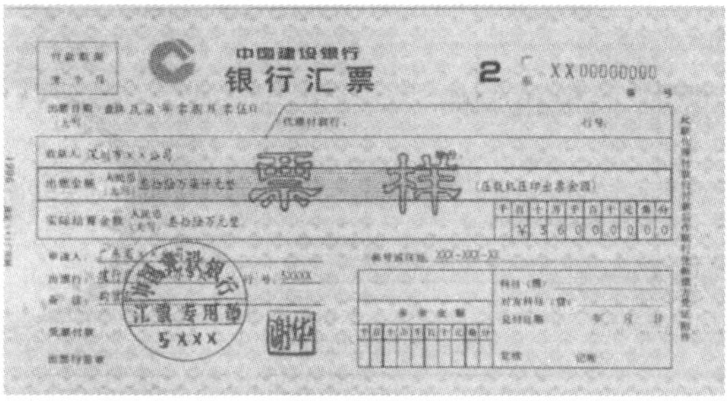

图 3-1　票样正面

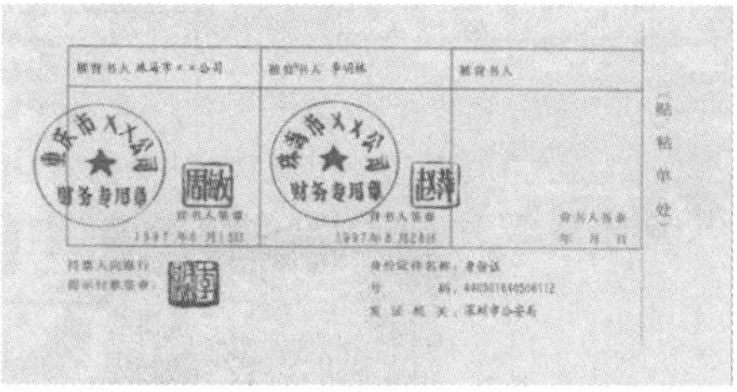

图 3-2　票样背面

2. 资金结算

资金结算主要是指企业或个人之间由于商品交易、劳务服务等经济往来所引起的货币收付行为，分为现金结算和非现金结算两类。前者指用现金直接进行的收付；后者是通过银行等金融机构划拨转账或票据流通所进行的收付。在企业与企业之间的结算过程中，非现金结算为主要的结算方式。

知识拓展　《中国人民银行支付结算办法》的相关规定

企业所有的资金结算必须遵守《中国人民银行支付结算办法》的规定。

支付结算是指单位、个人在社会经济活动中使用票据、信用卡和汇兑、托收承付、委托收款等结算方式进行货币给付及其资金清算的行为。

《中国人民银行支付结算办法》第十六条规定，单位、个人和银行办理支付结算必须遵守下列原则：

一、恪守信用，履约付款；

二、谁的钱进谁的账，由谁支配；

三、银行不垫款。

企业之间发生经济业务往来需要进行资金收付时，除小额零星资金可以收支现金外，其余需要通过银行进行支付结算。

企业所有的经济业务都伴随着资金的周转，财务人员就需要采用专门的方法对能用货币计量的经济业务进行记录，最终形成企业的财务报表。

(二)资金的筹集

企业的生产经营活动要顺利进行，必须要有一定的资金作为保障，不论是购买原材料、生产产品、进行广告宣传、发放员工工资还是进行新产品的研发等，都需要投入相应的资金。按照我国相关法律的规定，企业的资金来源主要包括：

1. 股东的出资

公司的资金来源之一是股东的出资。按照《中华人民共和国公司法》规定：股东可以用货币出资，也可以用实物、知识产权、土地使用权等可以用货币估价并可以依法转让的非货币财产作价出资；但是，法律、行政法规规定不得作为出资的财产除外。公司的股东一旦对公司进行投资，投资的资金就成为公司的法人财产，公司不需要进行返还，在公司盈利时，可以对股东进行分红，支付股息或者红利。

2. 以债务人身份获得的资金

这一部分资金主要是指企业向银行等金融机构借入的款项和企业通过发行债券获得的资金，按照《中华人民共和国公司法》规定，满足《中华人民共和国证券法》规定的企业债券发行条件的企业可以发行企业债券。

公开发行公司债券的条件包括：一是具备健全且运行良好的组织机构；二是最近三年平均可分配利润足以支付公司债券一年的利息；三是满足国务院规定的其他条件。公开发行公司债券筹集的资金，必须按照公司债券募集办法所列资金用途使用；改变资金用途，必须经债券持有人会议作出决议。公开发行公司债券筹集的资金，不得用于弥补亏损和非生产性支出。

思考

以上两类资金来源各有什么优缺点？

素养提升

企业债券偿付风险防范的重要性

企业债券是企业有偿筹集经营资金的重要渠道，按照国务院1993年8月颁布实施的《企业债券管理条例》规定，“企业债券，是指企业依照法定程序发行、约定在一定期限内还本付息的有价证券”，主要有地方企业债券、重点企业债券、附息票企业债券、利随本清的存单式企业债券、产品配额企业债券和企业短期融资券等。为了提高企业债券服务实体经济能力和存续期管理水平，保护投资者的合法权益，国家高度重视企业债券的偿付风险防范。2020年12月，国家发展改革委办公厅印发《关于开展2021年度企业债券本息兑付风险排查和存续期监管有关工作的通知》，明确要求加强风险隐患摸底排查，防范化解债券市场重大风险，牢牢守住不发生系统性金融风险的底线，进一步增强企业债券服务实体经济能力。

二、资金周转

资金投入企业后，就参与到企业的各个经营环节不断循环使用，形成资金的周转。

（一）资金周转步骤

通常情况下，企业的资金周转包括以下几个步骤：

第一，资金的投入（股东投入、债权人借入）；

第二，资金的循环（供应—货币流出、生产—价值形态转化、销售—货币流入）；

第三，资金的退出（分红—股东、还债—债权人、缴税—国家；其中最彻底的是破产清算——企业倒闭）。

在资金的周转过程中，资金会转换为各种不同的形态，如原材料、应收账款、固定资产、无形资产等，无论企业的具体经济业务类型如何千姿百态，其资金运动的规律都是相似的。以制造行业为例，资金的周转过程如图 3-3 所示。

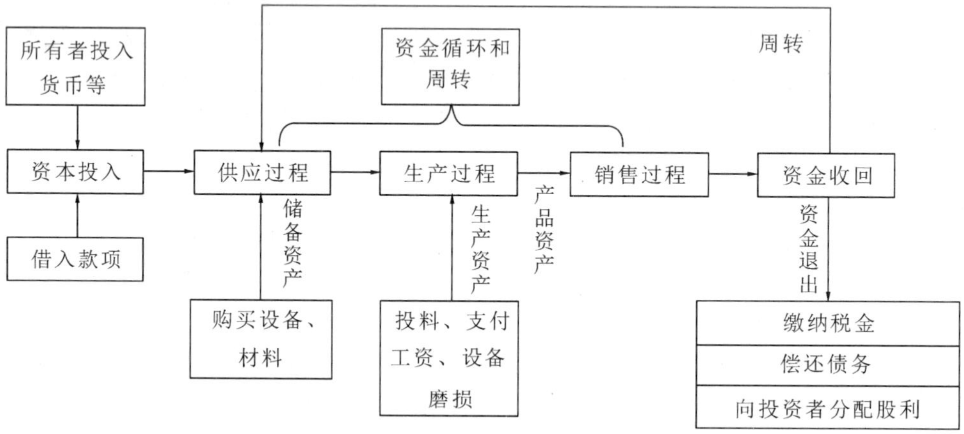

图 3-3　资金周转过程

思考

对于企业而言，如何才能赚到比同行业其他企业更多的利润呢？

（二）资金周转案例分析

案例分析

晓岚奶茶店的资金周转

假设晓岚奶茶店最初用 500 元购入制作奶茶所需的各种奶茶粉、牛奶、水果等奶茶原料，这些原材料可以做 100 杯奶茶，每杯的卖价为 10 元，买原材料需要 1 天，备料需要 1 天，制作销售 100 杯奶茶并卖出需要 3 天，这么一来，在 5 天内就将 500 元变成了 1 000 元。

晓岚奶茶店再用这 1 000 元买原材料，可以做 200 杯奶茶，购料 1 天，备料 2 天，制作 200 杯奶茶并进行销售用时 5 天。这样，又花了 8 天的时间，资金就从 1 000 元变成了 2 000 元。

这样反复循环几次，假设在 100 天内资金周转了 5 次，现金就从最初的 500 元变成了 16 000 元。整个过程如表 3-3 所示。

表 3-3 奶茶店的资金周转过程(理想状态)

周期	起始资金/元	售卖奶茶数量/杯	周期结束资金/元	买料天数	备料天数	制作销售天数	总天数
1	500	100	1 000	1	1	3	5
2	1 000	200	2 000	1	2	5	8
3	2 000	400	4 000	1	4	10	15
4	4 000	800	8 000	1	8	15	24
5	8 000	1 600	16 000	2	16	30	48
总天数							100

如果晓岚奶茶店每个资金循环周期的买料、备料、制作销售的时间都增加几天,周期稍微长一些,来看看会是什么结果呢?

表 3-4 列示了晓岚奶茶店每个资金循环周期所使用的时间。大家会发现,当各个环节使用的天数都增加一些后,同样在 100 天的时间内,奶茶店的资金只周转了 4 次,500 元最终只变成了 8 000 元。

表 3-4 奶茶店的资金周转过程(周期延长)

周期	起始资金/元	售卖奶茶数量/杯	周期结束资金/元	买料天数	备料天数	制作销售天数	总天数
1	500	100	1 000	1	2	4	7
2	1 000	200	2 000	2	4	8	14
3	2 000	400	4 000	3	8	16	27
4	4 000	800	8 000	4	16	32	52
总天数							100

通过该案例,同学们能认识到什么呢?(提示:①企业应该重点关注资金周转的速度;②同一行业内资金周转期短的企业会赚到更多的利润。)

____

____

____

三、资金成本

企业为了筹集和使用资金而付出的代价,就是资金的成本。不同来源的资金成本并不相同,对企业而言,资金成本是选择筹资渠道和筹资方式的重要依据。通常情况下,资金的成本可以用利息来表示。

(一)利息

1. 什么是利息

利息是资金所有者由于出借资金而取得的报酬,它是随着借贷行为而产生的,在经济活动中，货币资金的所有者在不改变所有权的前提下，把自己货币资金的使用权在一定期限内让渡给需要货币资金的借款人，到期时，借款人不仅需要归还借用的货币资金本金，还需要按照协议支付一定的增加额，这就是利息。利息存在的基础是商品、货币及信用关系，在现代商品经济中，利息来自于产业资本的循环和增值过程，是借贷资金的代价和条件。

2. 利息的计量

利息的计量方法分为单利和复利两种。

单利是指在计算利息额时，不论借款期限的长短，都只对本金计算利息，本金所产生的利息不再加入本金重复计算利息。其计算公式为：

$$I = P \times R \times N$$

其中：I 表示利息；

P 表示本金；

R 表示利息率；

N 表示借款的期限。

例如，某居民向银行存入 100 000 元，期限为 3 年，年利率为 3%，则 3 年后该居民的存款利息为：100 000×3%×3 元＝9 000 元。

复利是指计算利息时，要按一定的期限，将本金所产生的利息再次计算利息，即俗称的利滚利，其常用的计算公式为：

$$S = P \times (1+R)^N$$

其中：S 表示本利和；

P 表示本金；

R 表示利息率；

N 表示借款的期限。

例如，某居民向银行存入 100 000 元，期限为 3 年，年利率为 3%，每年复利一次，则 3 年后该居民的存款本利和为：

$$\begin{aligned} S &= 100\ 000 \times (1+3\%)^3 \text{ 元} \\ &= 109\ 272.7 \text{ 元} \end{aligned}$$

其中：

$$\text{利息 } I = 109\ 272.7 \text{ 元} - 100\ 000 \text{ 元} = 9\ 272.7 \text{ 元}$$

在现实生活中，复利计算通常用于长期的资金借贷。在企业财务管理中，涉及长期项目投资决策均默认采用复利计息的方式。

思考

假设小王向银行贷款 100 万元用于购房，贷款的期限为 20 年，贷款的利息率为 4.6%。如果采用等额还款方式，小王每月的还款额为多少？

解析

（二）利率

1. 什么是利率

利率是利息率的简称，指一定时期内利息额与借贷本金额的比率，通常用百分数表示。如银行的一年期存款利率为 2%，表示存款一年所取得的利息为存款额的 2%，即存入 100 万元，一年后的利息额为2万元。利率是资金的价格，对宏观经济均衡和资源配置有重要导向意义。

2. 利率的种类

利率的本质是资金的价格，由资金的供给和需求决定。通常情况下，利率的分类有以下几种：

1）年利率、月利率和日利率

利率按时间单位可分为年利率、月利率和日利率。其中：年利率是指以年为单位计算利息，一般采用百分数形式（%）表示；月利率是指以月为单位计算利息，一般采用千分数形式（‰）表示；日利率是指以日为单位计算利息，习惯称之为拆息，一般采用万分数形式表示。

2）名义利率和实际利率

根据与通货膨胀的关系，利率可分为名义利率和实际利率。其中：名义利率是指直接以货币表示的，市场通行使用的利率；实际利率是指名义利率剔除通货膨胀因素之后的真实利率。

实际利率＝名义利率－物价上涨率

例如某企业向银行借入了一笔20万元的贷款，合同利率为10%，假设当年的通货膨胀率为3%，那么实际利率为7%。

3）基准利率、普通利率和优惠利率

按在利率体系中的地位不同，利率可分为基准利率、普通利率和优惠利率。其中：基准利率是指在整个金融市场上和利率体系中处于关键地位、起决定性作用的利率，由政府或金融管理当局决定。在我国，将中国人民银行对各专业银行和其他金融机构的存款利率定为基准利率。

普通利率是指商业银行等金融机构在经营存贷款业务过程中，对一般客户所采用的利息率；优惠利率则是指银行等金融机构发放贷款时对某些客户采用的比一般贷款利率低的利率。在我国，为了鼓励某些行业的发展，同时考虑到某些地区、行业和企业的承受能力，曾先后对粮油、能源、原材料、通信等行业的贷款实行比一般贷款利率低10%～30%的优惠利率。

3. 利率对企业投资的影响

一般认为，利率是投资的减函数，低利率可以刺激投资，高利率则能抑制投资。根本的原因在于，利率的高低会影响企业取得资金的成本，利率低则资金成本低，企业就可以减少费用支出从而提高盈利水平，因此企业愿意扩大投资。在宏观经济管理中，利率也是政府调节经济的一种工具，在经济低迷的时候，政府往往会使用降低利率的手段刺激企业扩大投资，促进经济发展；反之利率水平高时企业就会减少投资，甚至收回投资。

知识拓展　货币政策工具——利率政策

货币政策工具是中央银行为达到货币政策目标而采取的手段。根据《中华人民共和国中国人民银行法》第三条规定，中国货币政策最终目标为“保持货币币值的稳定，并以此促进经济增长”。现阶段，中国的货币政策工具主要有公开市场操作、存款准备金、再贷款与再贴现、常备借贷便利、利率政策、汇率政策、道义劝告和窗口指导等。

其中，利率政策是指根据货币政策实施的需要，适时地运用利率工具，对利率水平和利率结构进行调整，进而影响社会资金供求状况，实现货币政策的既定目标。

在我国，采用的利率工具主要有：

1. 调整中央银行基准利率，包括：再贷款利率，指中国人民银行向金融机构发放再贷款所采用的利率；再贴现利率，指金融机构将所持有的已贴现票据向中国人民银行办理再贴现所采用的利率；存款准备金利率，指中国人民银行对金融机构交存的法定存款准备金支付的利率；超额存款准备金利率，指中央银行对金融机构交存的准备金中超过法定存款准备金水平的部分支付的利率。

2. 调整金融机构法定存贷款利率。

3. 制定金融机构存贷款利率的浮动范围。

4. 制定相关政策对各类利率结构和档次进行调整等。

根据中国人民银行公布的信息，2022 年 5 月 20 日贷款市场报价利率（LPR）为：1 年期 LPR 为 3.7%，5 年期以上 LPR 为 4.45%。

思考

利率的变化会对企业经营带来什么影响？

____

____

____

素养提升

利率市场化

利率市场化是指金融机构在货币市场经营融资的利率水平由市场供求来决定，也就是将利率的决策权交给金融机构，由金融机构自己根据资金状况和对金融市场动向的判断来自主调节利率水平，最终形成以中央银行基准利率为基础，以货币市场利率为中介，由市场供求决定金融机构存贷款利率的市场利率体系和利率形成机制。自 1993 年我国提出利率市场化改革的基本设想以来，逐步放松对利率的管制，建立健全由市场供求决定的利率形成机制，中央银行通过运用货币政策工具引导市场利率。经过 30 多年的持续推进，我国的利率市场化改革取得显著成效，已形成比较完整的市场化利率体系，为发挥好利率对宏观经济运行的重要调节功能创造了有利条件。

任务实施

1. 描述企业资金的内容和资金的来源；
2. 解释企业资金周转的步骤；
3. 描述利息和利率的含义和内容；
4. 通过中国人民银行的官方网站查询了解各类存贷款的基准利率；
5. 讨论利率变动对企业经营活动的影响。

任务反思

请分析和总结本任务的学习情况，写出你的收获和经验。

任务检测

一、单项选择题

1. 银行汇票属于企业货币资金中的(　　)。

A. 库存现金　　B. 银行存款　　C. 票据资金　　D. 其他货币资金

2. 股东对公司的投资属于公司的(　　)。

A. 股权投资　　B. 负债　　C. 所有者权益　　D. 利润

3. 某企业向银行借入一笔3个月期限、年利率为6%的资金，借款本金为200万元，到期时应支付的利息为(　　)万元。

A. 12　　B. 4　　C. 3　　D. 1

4. (　　)是指在整个金融市场上和利率体系中处于关键地位、起决定性作用的利率，由政府或金融管理当局决定。

A. 名义利率　　B. 基准利率　　C. 普通利率　　D. 优惠利率

5. 年利率通常用(　　)表示。

A. 百分数　　B. 千分数　　C. 万分数　　D. 成数

二、多项选择题

1. 以下属于企业财务工作中的货币资金范畴的是(　　)。

A. 库存现金　　B. 银行存款　　C. 银行借款　　D. 其他货币资金

2. 企业的资金来源包括(　　)。

A. 股东出资　　B. 银行借款　　C. 发行债券　　D. 发行股票

3. 股东的出资形式包括(　　)。

A. 货币资金　　B. 实物　　C. 知识产权　　D. 土地使用权

4. 根据利率与通货膨胀的关系，利率可以分为(　　)。

A. 名义利率　　B. 基准利率　　C. 优惠利率　　D. 实际利率

5. 利息的计量方法包括(　　)。

A. 单利　　B. 复利　　C. 年利　　D. 月利

三、判断题

1. 在企业资金的周转过程中，资金会呈现不同的形态。(　　)

2. 企业通过发行债券方式筹集的资金不属于企业的负债。(　　)

3. 企业在资金的结算过程中，不论金额大小均可使用现金结算方式。(　　)

4. 复利是指计算利息时，要按一定的期限，将本金所产生的利息再次计算利息，通常在长期投资决策中使用。(　　)

5. 一般而言，资金周转越快表明企业资产的使用效率越高。(　　)

任务评价

任务名称：

<table>
<tr><th>项　　目</th><th>内　　容</th><th>自 我 评 价</th></tr>
<tr><td>基本概念</td><td></td><td rowspan="2"></td></tr>
<tr><td>知识点</td><td></td></tr>
<tr><td>技能</td><td></td><td rowspan="2">A. 能识记知识点
B. 能理解知识点
C. 会应用知识判断分析实际问题
D. 能总结应用心得或进行经验分享</td></tr>
<tr><td>重难点</td><td></td></tr>
</table>

说明：根据本任务的内容进行填列，并完成自我评价。

任务三　基本财务思维

任务描述

本任务介绍货币的时间价值、风险及风险管理、预算和预算体系的相关知识，通过学习使学生形成基本的财务理念和财务思维，培养财务底层逻辑。

思维导图

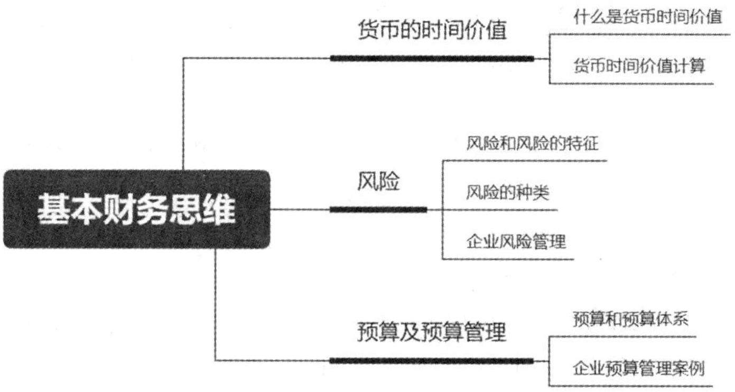

任务内容

引例

某企业主要的产品为新能源汽车电池，为了提高市场占有率，管理层决定开发一款新的产品，经测算，项目从研发到量产需要 3 年时间，总投资金额为 5 000 万元。为此，需要向银行贷款 4 000 万元，利率为 6%，项目投产后预计可以在 10 年内每年给企业带来 800 万元的收入。

思考

1. 该项目是否具有可行性？
2. 在项目周期内，存在哪些投资风险？

在企业管理的过程中，为了给投资人创造更多的价值，管理者需要从财务的角度来剖析企业的经营活动，做出经营决策，这就需要管理者具备相应的财务管理思维。

一、货币的时间价值

(一)什么是货币的时间价值

货币的时间价值是指资金的时间价值,是指一定量的资金在不同时间点上价值量的差额,即由于资金在使用过程中随着时间的推移而形成的价值增值。如将一笔资金存入银行,1 年后收回本金和利息,利息就可以理解为本金的时间价值。马克思指出:"如果把货币从流通中取出来,那它就凝固为贮藏货币,即使藏到世界末日,也不会增加分毫。"说明了资金的时间价值是资金周转使用后的增值额,即企业将资金用于投资所产生的增值。

(二)货币时间价值的计算

在资金时间价值的计算中,有两个重要的概念。一个是"现值",又称本金;另一个是"终值",又称本利和,即一定量的资金在经过一定时期后的本金加上利息之和。如现在将 100 万元存入银行,假设银行的年利率为 6%,一年后将收回 100 万元的本金和 6 万元的利息,这里的 100 万元就是现值,106 万元就是终值。在财务中,利息的计算方式包括单利和复利两种,单利是只对本金计算利息的方式,复利则是不仅要对本金计算利息,对利息也要计算利息的方式。

如将上述 100 万元的资金存入银行,假设存款期限为 2 年,利息率仍然为 6%,如果采用单利方式计息,两年后的终值(本利和)为:

$$本利和=(100+100\times6\%\times2)万元=112\ 万元$$

如果采用复利方式计息,两年后的终值(本利和)为:

$$本利和=[100+100\times6\%+(100+100\times6\%)\times6\%]万元=112.36\ 万元$$

货币的时间价值是非常重要的基本财务概念,是企业资金使用、进行长期经营决策的基本依据。

案例分析

假设某企业拟进行一项投资,最初的投资金额为 100 万元,投资项目的运营周期为 5 年,项目建成后,第一年收回投资 20 万元,后续年份陆续收回资金 22 万元、25 万元、25 万元和 28 万元,已知同期银行利率为 3%。你认为该项目有可行性吗?原因是什么?

____

____

____

由于货币时间价值的存在,不能直接将不同时点的金额进行对比,而应当将其放到同一时点进行比较,即通过计算资金的终值或者现值后再进行对比。在长期的项目决策中,货币时间价值是一项非常重要的考虑因素,这也是借款需要支付利息的原因。

依上例,该企业应该将第一年收回的投资 20 万元,后续年份陆续收回的资金 22 万元、25 万元、25 万元和 28 万元进行折现,分别计算出这些金额在投资起点的现值,再将回收额合计数与最初的投资额 100 万元进行对比,如果回收的金额大于投资额,则说明该项目在财务上具有可行性。

思考

假设晓岚奶茶店经过一年的经营,张晓阳和孙岚决定另外再开一家分店,预测的基本费用为：新店装修需要 24 000 元，培训员工需要 3 000 元，购买设备需要 40 000 元。两人决定再向银行贷款 72 000 元(贷款利率 6%，期限 2 年)。

经测算新店开张后每月预计销售额为 58 000 元，购买茶包、奶粉、果粉、水果等原料支出 10 600 元，发放员工工资 13 700 元，房租水电等费用 6 500 元，缴纳各类税金 2 900 元，支付广告费 1 000 元，偿还银行利息 400 元。

现有两种还款方案可供选择：

一是到期后一次性归还 72 000 元的本金和利息，共计 80 640 元；

二是借款后从第一个月月末开始分月还款，每月还款 3 500 元，共还 24 个月。

你如何选择还款方案？理由是什么？

二、风险

(一)风险和风险的特征

1. 什么是风险

在商业活动和日常生活中，风险具有多重含义，一般用风险来表示结果的不确定性，即可能出现盈利或亏损的状况。通过对风险的研究发现，风险不仅可能造成超出预期的损失，也有可能带来超出预期的收益。在企业的财务活动中，风险也是非常重要的概念，财务中的风险更多的是指财务损失的可能性，发生损失的可能性越大，则风险越大。2006 年我国国务院国有资产监督管理委员会发布《中央企业全面风险管理指引》，将企业风险定义为“未来的不确定性对企业实现其经营目标的影响”，并以能否为企业带来盈利等机会为标志，将风险分为纯粹风险(只带来损失一种可能性)和机会风险(带来损失和盈利的可能性并存)。

2. 风险的特征

风险具有客观性、普遍性和损失性等特征。客观性是指风险的成因在于客观事物总是不断变化的，这种客观规律就是风险存在的客观基础；风险的普遍性是指风险存在于经济生活的方方面面，任何一个单位、企业甚至国家都面临各种风险；而风险的损失性是指只要风险存在，就一定有发生损失的可能，损失是风险发生的后果。财务上的风险还有一个特征，即风险与收益的高度相关性，一般而言，风险与收益是一致的，高风险高收益、低风险低收益。

素养提升

筑牢底线思维 强化风险防控

明者防祸于未萌，智者图患于将来。党的十八大以来，面对波谲云诡的国际形势、复杂敏感的周边环境、艰巨繁重的改革发展稳定任务，以习近平同志为核心的党中央坚持底线思维，增强忧患意识，提高防控能力，着力防范化解重大风险，保持了经济持续健康发展和社会大局稳定。

(二)风险的种类

企业经营过程中受到经营环境、法规政策、行业发展趋势等各种因素的影响，风险是客观存在、不可避免的。按照不同的标准对风险进行分类，结果如下：

阅读材料：2021 年度“全国破产经典案例”节选

1. 按照风险的来源分类

按照来源不同，可以将风险分为系统风险和非系统风险。系统风险是指对所有企业都有影响的因素引发的风险，如经济周期、战争等，也称不可分散风险或市场风险；非系统风险是指发生于个别企业的特有事件造成的风险，如企业投资失败就有可能导致资金链断裂、造成企业破产，这类风险可以通过分散风险的方式来进行规避，所以又称为可分散风险或公司特有风险。

思考

你认为晓岚奶茶店在经营中存在哪些系统风险和非系统风险呢？

____

____

____

2. 按照风险的性质分类

按照风险的性质分类，可将企业的风险划分为经营风险和财务风险。经营风险是指由于市场销售、生产技术、外部环境等因素的变化给企业带来的风险，如清洁能源的使用和推广会给传统的燃油汽车企业带来冲击，导致产品的销售量减少；财务风险是指企业在生产经营过程中，由于内外部环境的各种难以预料或无法控制的不确定因素的作用，企业在一定时期内所获取的财务收益与预期收益发生偏差的可能性。由于财务风险是客观存在的，企业管理者只能采取有效措施来降低风险。一般可以把财务风险分为以下内容：

1）筹资风险

筹资风险主要存在于企业的筹资行为中，企业的筹资渠道可以分为借入的资金和所有者投入的资金，两者的风险表现不同。借入资金的筹资风险主要表现为企业能否按时还本付息，所有者投资的筹资风险主要表现为资金使用收益的不确定性。

2）投资风险

投资风险主要指企业的投资项目不能达到预期收益，从而会影响企业的盈利水平和偿债能力的风险。

3）资金回收风险

资金回收风险是指企业的产品或服务在销售后，就转化为结算资金，再从结算资金转化为货币资金，在这个过程中存在收回时间和金额上的不确定性。

4）收益分配风险

收益分配风险是指企业对投资人实施收益分配后，可能给企业今后的生产经营活动带来的不利影响。

（三）企业风险管理

企业风险管理，是指企业对风险进行有效的评估、预警、应对，为企业风险管理目标的实现提供合理保证的过程与方法。《中央企业全面风险管理指引》指出：全面风险管理是指企业围绕总体经营目标，通过在企业管理的各个环节和经营过程中执行风险管理的基本流程，培育良好的风险管理文化，建立健全全面风险管理体系，包括风险管理策略、风险理财措施、风险管理的组织职能体系、风险管理信息系统和内部控制系统，从而为实现风险管理的总体目标提供合理保证的过程和方法。

企业应根据相关法律法规的要求和风险管理的需要，建立组织架构健全、职责边界清晰的风险管理机构，明确企业各管理部门在风险管理中的职责分工，建立风险管理决策、执行、监督和评价等职能相互分离与制约又相互协调的运行机制。

三、预算及预算管理

（一）预算和预算体系

1. 什么是预算

预算是指以货币作为计量手段，将企业决策的目标系统、全面地反映出来的过程，在现代企业管理中，预算是指全面预算。

实行全面预算是一个非常重要的内部管理控制的方法，它是指企业经营者为了实现一定时期的经营目标，以货币为主要计量单位，对企业所有的资源事先进行科学合理的规划、测算和分配，以约束指导企业的经营活动，保证经营目标顺利完成的一系列具体规划。简单地说，全面预算就是对企业未来一定时期经济活动全部计划的数量说明。有了全面预算后，企业管理人员就可以根据预算来检查和监督各部门的经营活动，确保各部门按照规划来实施生产经营活动，从而实现企业的整体经营目标。

2. 预算体系

企业的全面预算，通常由业务预算、专门决策预算和财务预算三部分组成，形成完整的预算体系，如图 3-4 所示。

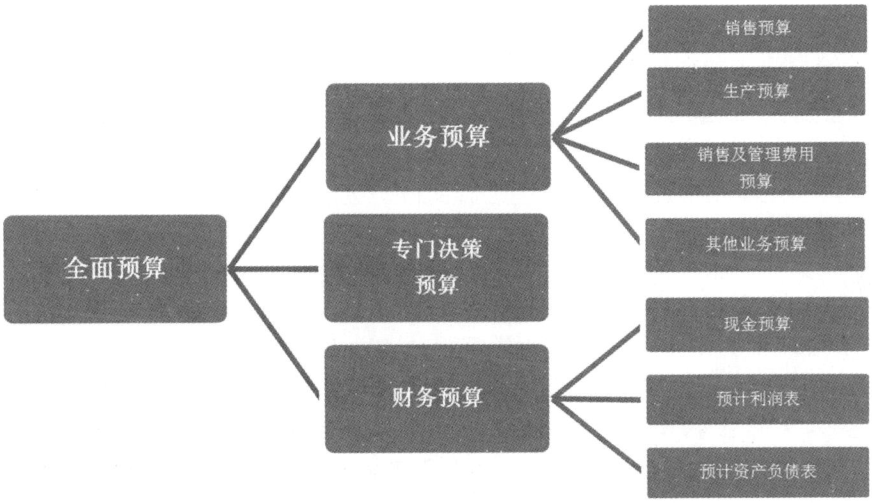

图 3-4　企业全面预算体系示意图

其中，业务预算也称经营预算，是指与企业日常的经营活动业务相关联的一系列预算，通常包括销售预算、生产预算和费用预算等；专门决策预算是指企业重大的或不经常发生的、需要根据特定决策编制的预算，如投融资预算等；财务预算则是指与企业资金收支、财务状况或经营成果等有关的预算，包括资金预算、预计资产负债表、预计利润表等。

（二）企业预算管理案例

企业进行预算管理，目的是以企业的战略目标为导向，通过对未来一定期间内的经营活动和相应的财务结果进行全面的预测和筹划，科学合理地配置企业的各项财务和非财务资源，并对执行过程进行监督和分析，对执行结果进行评价和反馈，从而指导经营活动的改善和调整，推动企业战略目标的实现。

案例分析

涪陵榨菜的预算管理

重庆市涪陵榨菜集团股份有限公司于2010年上市，主要的经营业务为生产、加工、销售蔬菜制品(酱腌菜、其他蔬菜)。2020年2月，涪陵榨菜集团开始启动全面预算管控项目，根据集团关注程度首先在各销售大区实现全面预算及费用管控，逐渐覆盖各生产厂、生产车间、各机关部门及子公司。

公司将全面预算系统的第一阶段目标锁定在销售的预算编制及预算管控上。销售预算系统主要分为四大内容：一是标准建设，即通过建立标准产品结构、标准品类、标准品牌、标准产品名称、标准产品单价、标准折吨率、标准费用分类、标准费用点子，统一系统业务语言和集团政策标准。二是收入预算，即区分经销商和不区分经销商的销售明细预算。三是费用预算，包括费用明细预算和人力成本预算。四是付款控制费用预算。

公司年度目标按照“战略导向、上下协同”的思路进行目标制定。由涪陵榨菜集团编制年初总销量，并分解到大区，由业务人员编制各经销商的销售目标，汇总到大区，在大区层面进行对比分析。集团财务人员编制公司政策标准，由大区财务经理、事务代表编制具体经销商考核得分等，与ERP系统集成，获取经销商实际调货额、调货量。通过构建和应用全面预算系统，给涪陵榨菜集团的销售业务迅速带来了显著改变。

思考

该案例给你带来了什么启示？

____

____

____

素养提升

全面预算管理的重要性

《礼记·中庸》有言，“凡事预则立，不预则废”，它告诉我们不论做什么事，都要事先做好准备，在企业经营管理中具体体现为全面预算管理的重要性。所谓全面预算管理，是利用预算对企业内部各部门、各单位的各种财务及非财务资源进行计划、分配、执行、考核、控制，它通过业务、资金、信息、人才的整合，有效地规划、组织和协调企业的生产经营活动，完成既定的经营目标。2021年，国务院印发《关于进一步深化预算管理制度改革的意见》，指出预算体现国家的战略和政策，反映政府的活动范围和方向，是推进国家治理体系和治理能力现代化的重要支撑，是宏观调控的重要手段；提出要坚持党的全面领导，坚持预算法定，坚持目标引领，坚持底线思维，进一步深化预算管理制度改革，并从加大预算收入统筹力度、规范预算支出管理、严格预算编制管理、强化预算执行和绩效管理、加强风险防控、增强财政透明度等6个方面的重点改革措施，要求各地区、各部门充分认识到进一步深化预算管理制度改革的重要意义，把思想认识和行动统一到党中央、国务院的决策部署上来，扎实推进改革，推动预算管理水平再上新台阶。

(参考资料：中华人民共和国中央人民政府. 国务院关于进一步深化预算管理制度改革的意见(国发〔2021〕5号)[EB/OL]. http://www.gov.cn/zhengce/content/2021-04/13/content_5599346.htm)

任务实施

1. 描述货币的时间价值。

2. 某公司拟发行一项五年期债券，债券的面值为 1 000 元，票面利率为 6%，单利计息，到期一次还本付息，发行价格为 1 080 元，假设银行的同期利率为 4.5%。要求：

(1)判断是否应该购买该企业债券？

(2)解释决策的依据和理由。

3. 描述风险和财务风险。

4. 解释风险对个人和企业有哪些影响。

5. 描述预算和预算体系。

任务反思

请分析和总结本任务的学习情况，写出你的收获和经验。

任务检测

一、单项选择题

1. 货币时间价值中的“现值”是指（　　）。

A. 本金　B. 利息　C. 本利和　D. 利率

2. 张某现将一笔资金存入银行，三年后他获取的本利和属于（　　）。

A. 现值　B. 利息　C. 终值　D. 资金增值

3. 发生于个别企业的特有事件造成的风险属于（　　）。

A. 系统风险　B. 非系统风险　C. 财务风险　D. 可控风险

4. 由于新冠肺炎疫情，旅游行业的经营受到很大冲击，这属于（　　）。

A. 经营风险　B. 财务风险　C. 可控风险　D. 以上均不对

5. 企业的销售预算属于（　　）的内容。

A. 专门决策预算　B. 业务预算　C. 财务预算　D. 项目预算

二、多项选择题

1. 风险的特征包括（　　）。

A. 客观性　B. 普遍性　C. 损失性　D. 不确定性

2. 财务风险包括（　　）。

A. 筹资风险　B. 投资风险　C. 资金回收风险　D. 收益分配风险

3. 以下属于企业全面预算内容的是（　　）。

A. 业务预算　B. 专门决策预算　C. 财务预算　D. 项目预算

4. 企业风险管理是指企业对风险进行有效的（　　）。

A. 回避　B. 评估　C. 预警　D. 应对

三、判断题

1. 系统风险是可以分散的。（　　）

2. 风险与收益成正比，即高风险带来高收益，低风险带来低收益。（　　）

3. 货币时间价值是资金在使用过程中随着时间的推移而形成的价值增值。（　　）

4. 企业进行预算管理，应以企业的战略目标为导向。（　　）

5. 全面预算就是对企业未来一定时期经济活动全部计划的文字说明。（　　）

任务评价

任务名称：

<table>
<tr><th>项　　目</th><th>内　　容</th><th>自 我 评 价</th></tr>
<tr><td>基本概念</td><td></td><td rowspan="4">A. 能识记知识点
B. 能理解知识点
C. 会应用知识判断分析实际问题
D. 能总结应用心得或进行经验分享</td></tr>
<tr><td>知识点</td><td></td></tr>
<tr><td>技能</td><td></td></tr>
<tr><td>重难点</td><td></td></tr>
</table>

说明：根据本任务的内容进行填列，并完成自我评价。

项目四

认知财务数据

•项目导读

财务数据是反映企业经营状况、盈利能力等的重要载体，真实准确的财务数据需要通过财务报告来呈现。本项目介绍财务数据的来源、生成，财务报表的内容和基本阅读方法，培养通过财务数据了解和判断企业经营运转情况的职业意识和职业能力。

•学习内容

1. 企业财务数据的来源及生成；
2. 财务数据与财务报告；
3. 财务报表阅读分析。

•学习目标

（一）专业能力

1. 了解企业财务数据的来源和生成方法；
2. 掌握财务报表体系和财务报表的内容；
3. 掌握财务报表的基本阅读方法；
4. 能运用常见的财务指标分析判断企业的经营及财务状况。

（二）专业素养

1. 养成通过财务数据了解企业经营及财务状况的职业习惯；
2. 初步具备企业经营分析、预算管理、风险管理、内部控制等职业思维。

（三）思政目标

1. 培养诚信客观、严谨细致、爱岗敬业的职业道德品质；
2. 培养对我国经济建设成就的自豪感，增强爱国情怀和民族自信心。

•学习指导

1. 课前通过阅读学习资料或案例，收集与财务报表相关的知识；
2. 课中积极参加分组学习和讨论，完成课堂训练；
3. 课后通过任务检测，巩固掌握专业知识和技能；
4. 完成推荐资料学习。

任务一　财务数据生成和呈现

任务描述

本任务介绍凭证的种类、凭证的审核和财务报表的基本知识。通过学习使学生了解财务数据的来源、生成方法，凭证的审核要点，掌握财务报表的体系和内容。

思维导图

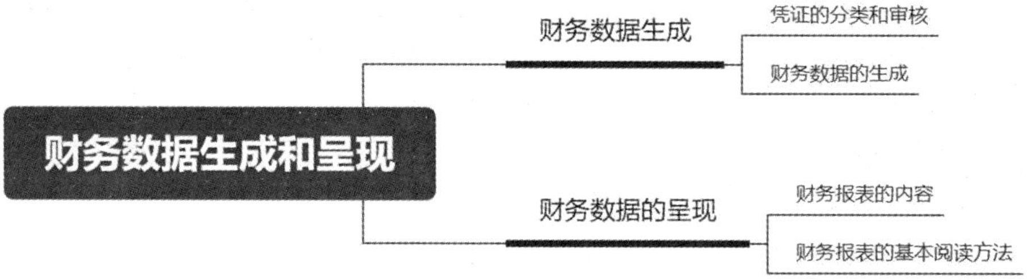

任务内容

引例

2021 年末，某公司的财务报表显示企业的资产总额为 4.6 亿元，较 2020 年增长了 0.9 亿元；企业 2019 年至 2021 年，每年的营业收入分别为 2.8 亿元、5.1 亿元和 7.6 亿元；净利润分别为 0.3 亿元、0.5 亿元和 0.7 亿元，净利润率分别为 10.71%、9.8%、9.21%。

思考

1. 企业的资产总额、营业收入和净利润数据是如何得来的？
2. 净利润率反映了企业的什么财务信息呢？

财务数据不仅包括企业的财务账簿和财务报表等基础数据，也包括在此基础上经过分析计算得到的财务指标等衍生数据。财务数据是反映企业经营活动情况的重要依据，弄清财务数据的来源，明确财务数据的处理，学会对财务数据进行分析，是看懂企业经营状况、预测企业发展趋势的基础。不论是企业内部的财务工作人员、管理者，还是企业股东、债权人或者外部投资者，都可以通过对企业财务数据的阅读和分析，了解企业的运营状况，并在此基础上进行经营管理、项目投资等决策。尤其在数字经济时代，财务数据已经成为企业经营管理决策必不可少的重要资源。

一、财务数据的生成

企业在经营中会发生购买原材料、支付职工薪酬、缴纳税款、对外销售商品或服务、进行新产品研发等各类经济业务活动，这些业务活动的发生，都会取得或填制相应的凭证用以证明业务活动已经发生或完成。站在财务的角度，需要对企业的各项经济业务活动从货币的角度进行计量和核算，这就形成了企业的财务数据，实际工作中，财务数据可以通过会计凭证、账簿和财务报告进行呈现（见图 4-1）。

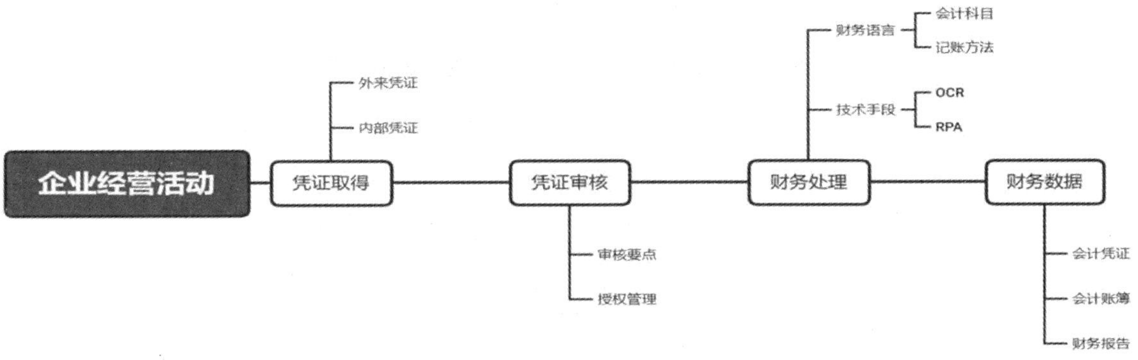

图 4-1　财务数据的形成过程

（一）凭证的分类和审核

1. 凭证的分类

不论是采购商品或服务取得的发票、发放员工工资编制的工资单、员工出差的差旅费报销单，还是企业纳税后取得的完税凭证等，都从某一角度反映了企业的经营情况，财务人员就是根据这些凭证来对企业的经济业务活动进行记录。

凭证按照填制程序和用途不同，可以分为原始凭证和记账凭证。

原始凭证是在经济业务发生时取得或填制的，用以记录和证明经济业务发生或完成情况的凭证。原始凭证的基本内容包括凭证名称、填制日期、凭证编号、填制和接收凭证的单位名称、业务内容、业务数量和金额、填制单位、填制人、经办人或验收人的签字盖章等，这些内容能证明企业的经济业务活动发生的日期、经办人员、涉及的金额以及业务内容等信息，为日后财务人员进行财务处理提供依据。日常经济活动中的原始凭证的种类很多，如银行回单、增值税专用发票、各种报销单据等，按来源不同，原始凭证可分为自制原始凭证和外来原始凭证。

企业在采购商品或劳务时，获得的增值税发票就是外来原始凭证，如图 4-2 所示；企业内部使用的差旅费报销单则是自制原始凭证，如图 4-3 所示。

阅读材料：认识增值税发票

企业在取得原始凭证后，为了生成可用的财务数据，就需要将原始凭证反映的业务信息转化为通用的财务语言，即根据原始凭证编制记账凭证。记账凭证是使用专门的财务会计语言对原始凭证反映的内容进行转化后生成的会计凭证，包含会计科目、记账方向和金额等要素，它是进一步生成会计账簿和财务报表的基础。

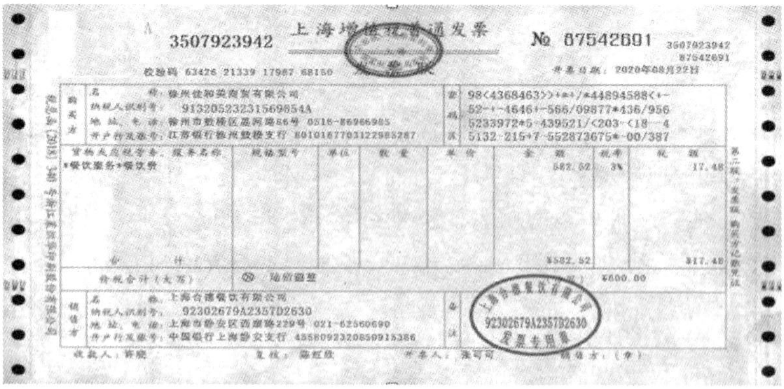
上海增值税普通发票
3507923942
№ 87542691
校验码 63426 21339 17987 68150
开票日期：2020年08月22日
名称：徐州佳和美商贸有限公司
纳税人识别号：91320523231569854A
地址、电话：徐州市鼓楼区基河路66号 0516-86966985
开户行及账号：江苏银行徐州鼓楼支行 80101677031229852B7
98<4368463>>+*+/*44894588<+-
52-+-4646+-566/09877*436/956
5233972*5-439521/<203-<18-4
5132-215+7-552873675*-00/387
*餐饮服务*餐饮费 582.52 3% 17.48
合计 ¥582.52 ¥17.48
价税合计（大写） ⊗陆佰圆整 ¥600.00
名称：上海合德餐饮有限公司
纳税人识别号：92302679A2357D2630
地址、电话：上海市静安区西康路229号 021-62560690
开户行及账号：中国银行上海静安支行 455809232085091S386
92302679A2357D2630
发票专用章
收款人：许晓 复核：陈红欣 开票人：张可可 销售方：（章）

图 4-2　外来原始凭证示例——增值税普通发票

差旅费报销单

日期：2020年8月23日

出差人	张杏红		所属部门	行政部		出差预借款	¥2000.00
出差事由	出差洽谈业务						
出发			到达			交通费用	
时间	地点		时间	地点		交通工具	金额
2020/8/18	徐州		2020/8/18	上海		动车	¥24.5
2020/8/22	上海		2020/8/22	徐州		动车	¥24.5
实际出差天数	出差补助		其他费用			退补金额	支付方式
	补助标准	金额	住宿费用	餐费	其他		
5	¥100.00	¥500.00	¥1030.00	¥600.00	¥0.00	¥179.00	银行转账
报销总额	人民币（大写）：贰仟壹佰柒拾玖元整				¥2179.00		

行政主管：张可欣　　财务审核：陈红萍　　部门主管：张可欣　　报销人：张杏红

图 4-3　自制原始凭证示例——差旅费报销单

图 4-4 就是一张记账凭证。在该记账凭证中，出现了主营业务成本、在途物资两个会计科目，借方金额和贷方金额，这些都是专用的财务语言。

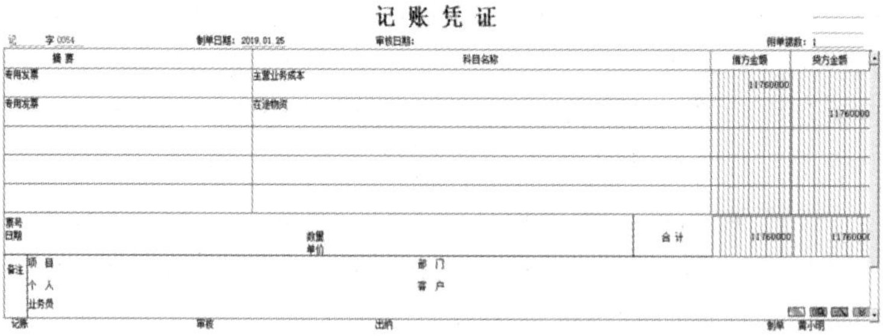

图 4-4　记账凭证示例

✎ 思考

原始凭证和记账凭证的区别是什么呢？

2. 凭证的审核

在取得原始凭证后财务人员是否就可以直接进行账务处理了呢？事实并非如此。为了保证财务数据的真实性和准确性，需要对取得或填制的原始凭证进行审核。实际工作中，凭证的审核既包括对原始凭证的审核，也包括对记账凭证的审核，二者的审核要点并不相同。只有审核无误的凭证，财务人员才能够依据其进行下一步的账务处理。

下面以某公司差旅费的报销为例进行原始凭证审核的说明。

假设经过几年的发展，晓岚公司已经成为连锁经营的饮料企业，公司的销售部经理为调查公司产品的市场情况，于2022年12月3—4日，到上海市出差，回公司后按照公司的差旅费报销管理办法进行差旅费报销。销售经理提供的原始凭证包括：住宿发票一张，金额为500元（发票注明12月3日住宿一晚），火车票2张，金额为810元；填制了差旅费报销单一张，含2天的出差补助100元/天×2天＝200元，金额共计1 510元。

思考

财务人员是否可以直接予以报销呢？

知识拓展　会计法对凭证审核的规定

《中华人民共和国会计法》第十四条第三款对原始凭证的审核作出了规定：

1. 会计机构、会计人员必须审核原始凭证，这是法律职责；

2. 会计机构、会计人员审核原始凭证应按照国家统一的会计制度的规定进行，也就是说，会计机构、会计人员审核原始凭证的具体程序、要求应当由国家统一的会计制度规定，会计机构、会计人员应当据此执行；

3. 会计机构、会计人员对不真实、不合法的原始凭证有权不予受理，并向单位负责人报告，请求查明原因，追究有关当事人的责任；对记载不准确、不完整的原始凭证予以退回，并要求经办人按照国家统一的会计制度规定进行更正、补充。

对原始凭证审核的要点包括：

1. 发票的真伪辨别。以下为假发票：一是发票号码与单位归属地址不一致；二是地税局印制的最大面额，凡是超过最大面额的为假发票，国税除外；三是机打发票须精确到年月日，没有精确到年月日为假发票。

2. 发票是否盖有发票专用章或财务专用章。

3. 原始凭证的金额合计是否正确，且大小金额必须一致。

4. 原始凭证是否有经办人签字。

5. 签字手续及单据是否齐全，如招待费是否有分管领导批准，培训费、固定资产购置及大额支出是否有申请批示。

6.原始凭证的填写是否完整规范,包括单位、数量、单价、金额、规格型号等。

7.手写发票是否双面复印。

8.原始单据的粘贴是否规范。

9.原始单据是否有经办人签字。

10.汇总发票是否附有机打小票或销售清单,且盖有发票专用章或财务专用章。

11.由于供货方原因无法取得有效凭证,是否向对方索取收据或其他证据,且盖有印章,并由证明人和经办人签字。

1)凭证审核的内容

凭证的审核包括原始凭证的审核和记账凭证的审核。按照不相容职务相分离的原则,凭证的填制人和审核人不能为同一人,否则,就会存在舞弊的风险。

原始凭证的审核内容主要包括:

第一,原始凭证的合规性,即审核原始凭证反映的经济业务是否符合现行财政、税收、经济、金融等有关的法律规定,是否符合现行财务会计制度;第二,原始凭证的真实性,即审核原始凭证所反映的经济业务是否同实际情况相符合;第三,原始凭证的完整性,即审核原始凭证的内容是否填写齐全,手续是否完备,是否有经办人签字或盖章;第四,原始凭证的准确性,即审核原始凭证所填列的数字是否符合要求,包括数量、单价、金额以及小计、合计等填写是否清晰,计算是否准确,是否用复写纸套写,有无涂改、刮擦挖补等弄虚作假行为。

记账凭证的审核内容主要包括:

记账凭证中的会计科目使用、记账的方向以及金额是否准确等。

通过审核后的原始凭证和记账凭证才能用以登记会计账簿,继续经过加工后生成财务报表。

素养提升

审核:财务会计工作的必需环节

真实、准确的原始凭证是编制记账凭证的依据,只有经过审核无误的凭证才能作为登记会计账簿、编制财务报表的数据来源。规范财务会计行为、严格进行财务工作监督是提高会计信息质量的关键,也是国家管理部门加强经济管理,维护社会主义市场经济秩序和保护社会公众利益的有效手段。

2)凭证审核应遵循内部控制制度的要求

内部控制制度是现代化企业管理的产物,基本目标是确保单位经营活动的效率性和效果性、资产的安全性、经营信息和财务报告的可靠性,它的制定主要是为了防范风险和控制舞弊行为的发生。在凭证的审核过程中,财务人员除了关注上述的审核内容外,还应严格遵循企业内部控制制度的规定,如对每笔费用的报销凭证,就应审核其是否符合企业内部控制制度的要求。

仍以上述晓岚公司销售经理的差旅费报销为例,在销售经理提供的单据中,住宿费发票的金额为500元,发票信息显示12月3日住宿一晚,那么财务人员是不是就直接据实报销呢?让我们看看该公司差旅费管理的相关规定(见表4-1)。

表 4-1 晓岚公司差旅费住宿标准

单位:元/(人·天)

序号	出差目的地	报销标准			
		总经理级别	副总级别	业务部门经理级别	其他人员
1	北京市、上海市、重庆市等	800	500	400	300
2	华北片区	700	450	350	260
3	华南片区	800	500	360	300
4	西北片区	600	400	300	200
5	其他	600	450	350	260

根据晓岚公司的差旅费住宿标准,销售经理按级别只能报销 400 元的住宿费,虽然他提供了 500 元的住宿费发票,但超出报销标准的部分只能由本人承担,财务人员只能予以报销 400 元。

由上例可见,财务人员在审核业务单据的时候,应该严格遵守公司内部控制制度的相关规定。从内控的角度来看,单位的经济活动通常可以分为授权、签发、核准、执行和记录五个环节。为确保经营活动的效率性和效果性、资产的安全性以及经营数据和财务报告的可靠性,公司应建立授权批准制度对费用的发生进行控制,授权批准即是指单位在处理经济业务的过程中必须经授权批准以进行控制,各级别管理人员的权利、责任都有对应的范围大小,既是上一层管理人员管理的客体,又是下一级管理人员的主体。

仍以差旅费报销单据为例,财务人员在审核销售经理差旅费报销单据的时候,就应该根据晓岚公司授权审批制度的要求,审核该笔费用的报销是否经过了销售经理的主管领导的批准,只有经主管领导批准后才能予以报销。

思考

除了差旅费外,你认为还有哪些费用的报销需要进行审核呢?

(二)财务数据的生成

财务人员在取得证明经济业务发生的原始凭证后,经过审核确认无误,就可以应用专业的语言将其中的信息转化为财务数据了。一方面要使用专用的财务语言——会计方法,另一方面,要应用现代科学技术。

1. 会计方法

按照我国财政部的规定,所有企业的会计核算都要遵循会计准则的要求。会计基本准则规定:会计记账的方法采用借贷记账法,使用准则规定的会计科目体系。

财务人员根据原始凭证,应用借贷记账法编制记账凭证,根据原始凭证和记账凭证登记会计账簿,到了会计期末,再根据账簿记录编制财务报表,这样,企业在经营过程中形成的财务数据就连续地被记录下来。在目前的财务工作中,大多数企业都通过信息化手段记录并保存财务数据,并通过财务数据平台为信息使用者提供数据的查询和使用。

2. 现代技术

随着“大智移云物区”时代的到来，财务数据的生成也逐渐由以前的手工记录或信息系统生成向应用大数据和人工智能技术转变。比较典型的技术包括 OCR 和 RPA。

1）OCR

OCR 英文全称为 Optical Character Recognition，中文名称为光学字符识别，是利用光学技术和计算机技术将报刊、书籍、文件等印刷制品或写在纸上的文字识别读取，进而转化为可编辑信息的一种技术。技术应用场景包括票据识别、文档识别、证件识别、车牌识别、手机拍照翻译等。

2）RPA

RPA 英文全称为 Robotic Process Automation，即机器人流程自动化。主要是通过软件自动化方式根据预先设定的程序完成重复性高、具有明确规则的工作。通俗地说，RPA 就是通过一些能够自主执行的脚本来帮助完成一部分原先需要人工执行的工作，比如从电子邮件和文档中提取数据、自动发送短信、报表的生成与发送，等等。RPA 的高效性、准确性、可拓展性等特点可以帮助企业财务管理实现自动化和智能化操作。

除以上两项之外，财务数据可视化技术也是一项主要技术。数据可视化主要旨在借助于图形化手段，清晰有效地传达与沟通信息，将隐藏在数据中的信息通过图形或线条，转化成画面的方式，直接展现在人们面前，变得通俗易懂。随着大数据时代的到来，企业财务数据量大，难以抓取重点，财务数据可视化技术可以把传统的用表格或数字展现的财务数据，转变为直观的图片或线条，结合数据挖掘技术，更能够展现财务重点与发展趋势。常见的财务数据可视化软件包括 Power BI、FineReport、Tableau 等。

随着数字经济的发展，数字技术对财务理念和财务工作带来深刻的影响，业财一体、财务共享、财务数智化是未来财务工作发展的方向。

思考

什么是业财一体？实现业财一体对公司的财务工作会产生什么影响？

二、财务数据的呈现——财务报表

引例

贵州茅台酒股份有限公司资产负债表部分数据如图 4-5 所示。

思考

通过以上贵州茅台酒股份有限公司的资产负债表部分数据截图，你可以看出公司的哪些经营信息呢？

○ 资产负债表

按报告期 | 按年度 | 报告期同比 | 年度同比

资产负债表	2021-12-31	2020-12-31	2019-12-31	2018-12-31	2017-12-31
流动资产					
货币资金	518.1亿	360.9亿	132.5亿	1121亿	878.7亿
拆出资金	1351亿	1182亿	1174亿	--	--
应收票据及应收账款	--	15.33亿	14.63亿	5.637亿	12.22亿
其中:应收票据	--	15.33亿	14.63亿	5.637亿	12.22亿
预付款项	3.891亿	8.984亿	15.49亿	11.82亿	7.908亿
其他应收款合计	3316万	3449万	7654万	3.939亿	2.728亿
其中:应收利息	--	--	--	3.439亿	2.415亿
其他应收款	--	--	--	--	3132万
存货	333.9亿	288.7亿	252.8亿	235.1亿	220.6亿
其他流动资产	7153万	2674万	2090万	1.401亿	3754万
流动资产其他项目	--	--	--	--	0.000
流动资产平衡项目	0.000	0.000	0.000	0.000	0.000
流动资产合计	2208亿	1857亿	1590亿	1379亿	1122亿
非流动资产					
发放贷款及垫款	34.25亿	29.53亿	4875万	3608万	3315万
债权投资	1.705亿	2014万	--	--	--
可供出售金融资产	--	--	--	2900万	2900万
其他非流动金融资产	--	983.0万	3.198亿	--	--
投资性房地产	524.2万	--	--	--	--
固定资产	174.7亿	162.3亿	151.4亿	152.5亿	152.4亿
在建工程	23.22亿	24.47亿	25.19亿	19.54亿	20.16亿
使用权资产	3.628亿	--	--	--	--
无形资产	62.08亿	48.17亿	47.28亿	34.99亿	34.59亿
长期待摊费用	1.393亿	1.477亿	1.583亿	1.684亿	1.779亿
递延所得税资产	22.37亿	11.23亿	11.00亿	10.49亿	14.02亿
其他非流动资产	20.60亿	--	--	--	--
非流动资产其他项目	--	--	--	--	0.000
非流动资产平衡项目	0.000	0.000	0.000	0.000	0.000
非流动资产合计	344.0亿	277.4亿	240.2亿	219.8亿	223.6亿
资产其他项目	--	--	--	--	0.000
资产平衡项目	0.000	0.000	0.000	0.000	0.000
资产总计	2552亿	2134亿	1830亿	1598亿	1346亿

（注：资料来自于东方财富网）

图 4-5　贵州茅台酒股份有限公司资产负债表部分数据

(一)财务报表的内容

1. 什么是财务报表

财务报表是反映企业经营情况和财务状况的会计报表，企业按照会计准则的规定将各项经营活动进行记录、分类，再按照规范的报表格式进行填列，即可形成财务报表。财务报表可以系统地反映企业的经营情况，对于投资人、债权人和企业管理者来说，通过财务报表可以了解到企业的资产、负债、利润形成以及现金流量等各方面的信息，因此，财务报表可以说是通用的商务语言。

2. 财务报表体系

按照会计准则的规定，财务报表至少应当包括下列组成部分：①资产负债表；②利润表；③现金流量表；④所有者权益(或股东权益)变动表；⑤附注。

按填报的时间不同，财务报表可分为年度、半年度、季度和月度报表。

年度财务报表的会计期间是指公历 1 月 1 日至 12 月 31 日。由于半年度、季度和月度财务报表都是在一个会计年度内编制的，所以统称为中期财务报表。

财务报表体系的构成如图 4-6 所示。

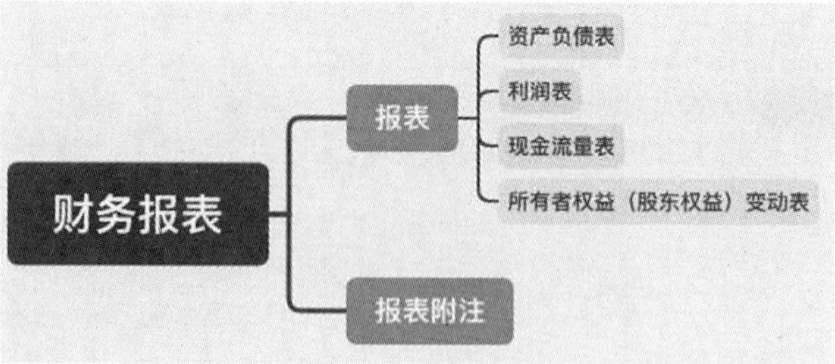

图 4-6　企业财务报表体系图

1)资产负债表

资产负债表是反映企业在某一特定日期所拥有的或控制的经济资源、所承担的现时义务和所有者对净资产的要求权的财务报表。它揭露了企业所拥有或控制的经济资源及其构成、资金来源渠道等情况，提供了企业经营规模、生产能力、偿债能力、资本结构等会计信息。

2)利润表

利润表是反映企业在一定会计期间经营成果的报表，它披露了企业的经营成果是盈利还是亏损，以及企业利润形成的主渠道(即主营业务或兼营业务)和亏损的基本原因，这些都是会计信息使用者所需要的财务信息。

3)现金流量表

现金流量表是反映企业在一定会计期间现金流入与现金流出情况的报表，它披露企业当期流入(增加)多少现金，来源于何处；企业当期支出(减少)多少现金，运用于何处；企业当期的现金是怎样变化的，是流入大于流出，还是流出大于流入。

4)所有者权益变动表

所有者权益变动表是反映企业在某一特定日期(年度或中期)股东权益增减变动情况的报表，是与资产负债表、利润表和现金流量表并列披露的第四张财务报表。

5)报表附注

除以上四张报表之外，报表附注也是财务报表体系的重要组成部分，它是对资产负债表、利润表、现金流量表和所有者权益变动表等报表中列示项目的文字描述或明细资料，以及对未能在这些报表中列示项目的说明等，如对企业主要会计报表项目、财务指标重大变动的情况及原因的说明等。

(二)财务报表的基本阅读方法

财务报表呈现了企业资产、负债、所有者权益、利润以及现金流量等各方面的信息，怎样才能通过报表数据来了解一家企业呢？我们可以采取对报表数据进行转化处理的方法，来认知一家企业的经营发展情况和财务状况。财务报表的数据应从企业的官方网站或者统一的资讯平台获取，如证监会规定的上市公司数据公布网站。

1. 对比分析法

对比分析法主要是指通过对企业财务报表中的相关财务数据进行对比，来了解和分析企业的经营和财务情况。在报表的阅读过程中，对比的方法可以分为：

(1)与本企业历史数据进行对比，即将不同时期(通常是 3～5 年)企业的财务报表数据进行对比。通过对企业历年财务报表的数据比较，可以分析企业经营发展的趋势，如对比企业若干年度的资产总额，可以看出企业经营规模的变化趋势；对比销售收入、销售成本、毛利、净利润等，则可以对企业的盈利状况进行分析。

以A公司为例，A公司主要经营药品、医疗器械、卫生用品和美容用品。现将A公司2×17—2×22年的销售收入、销售成本和毛利的数据列示如表4-2所示。

表4-2　A公司2×17—2×22年销售收入、销售成本和毛利

单位：百万元

年　　度	2×22	2×21	2×20	2×19	2×18	2×17
销售收入	11 413	11 156	10 571	9 741	8 578	7 896
销售成本	3 029	2 857	2 717	2 665	2 418	2 255
毛利	8 384	8 299	7 854	7 076	6 160	5 641

通过表内数值，我们可以看出A公司2×17—2×22年的销售收入、销售成本和毛利的变化，但这种方法还不够直观。通常情况下，可以利用计算相对数的方法更好地呈现财务数据的变化趋势，最典型的相对数就是百分比。

在财务分析中，为了看出企业经营状况的变化趋势，通常会以某一年的财务数据作为基数，用其他年度的数据与之进行对比，来观察数据的变动趋势并做出变动的原因分析。以A公司为例，假设以2×17年的数据为基期(100%)，计算其余年度的变化趋势，如表4-3所示。

表4-3　A公司2×17—2×22年销售收入、销售成本和毛利变化趋势

年　　度	2×22	2×21	2×20	2×19	2×18	2×17
销售收入	145%	141%	134%	123%	109%	100%
销售成本	134%	127%	120%	118%	107%	100%
毛利	149%	147%	139%	125%	109%	100%

将数据转化为图表进行展示，能更直观地看出数据的变化趋势，如将A公司的相关销售数据用图表展示，如图4-7所示。

(2)与行业平均值或竞争对手比较。这有助于了解企业的行业地位，分析企业的相对规模和竞争地位。图4-8列示了A公司与行业平均水平进行对比的结果。从对比数据可知，A公司的销售成本只有行业平均水平的一半，毛利润高出行业水平将近30%，净利润是行业平均水平的3倍。

2. 财务指标分析法

在对财务报表的数据进行分析的过程中，财务指标的应用十分广泛。利用各类财务指标，可以从不同的角度了解和认知企业的财务状况、盈利能力以及运营能力。如资产负债率指标可以揭示企业的资产负债结构，通常用于分析企业主权资本对偿债风险的承受能力；销售利润率则可以反映企业产品销售能够提供给企业的利润水平；应收账款周转率则是用以衡量企业应收账款周转速度及管理效率的指标；净利润率指标在财务分析中，主要用来说明企业的盈利能力，净利润率越高，说明企业的盈利能力越强。这些指标会在后续课程中进行介绍。

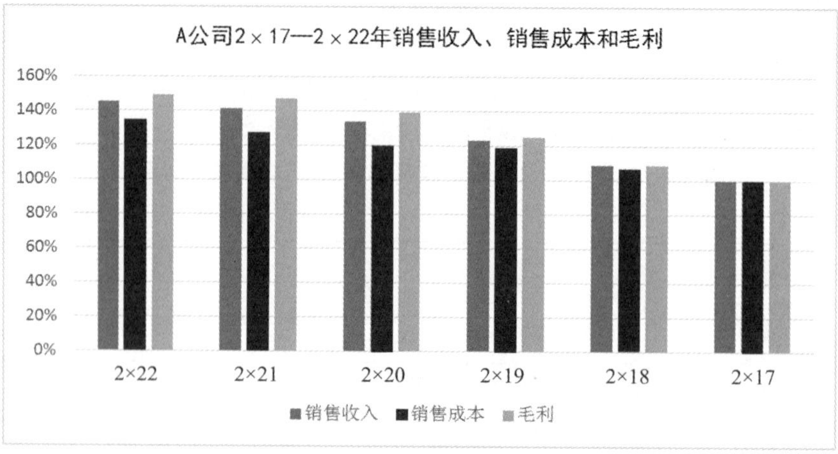

图 4-7 A 公司销售数据

财务指标	A公司	行业平均水平
销售收入净额	100%	100%
产品销售成本	26.5%	55.3%
毛利	73.5%	44.7%
经营费用	50.9%	37.7%
税前营业利润	22.6%	7.0%
所得税	5.4%	1.7%
净利润	17.2%	5.3%

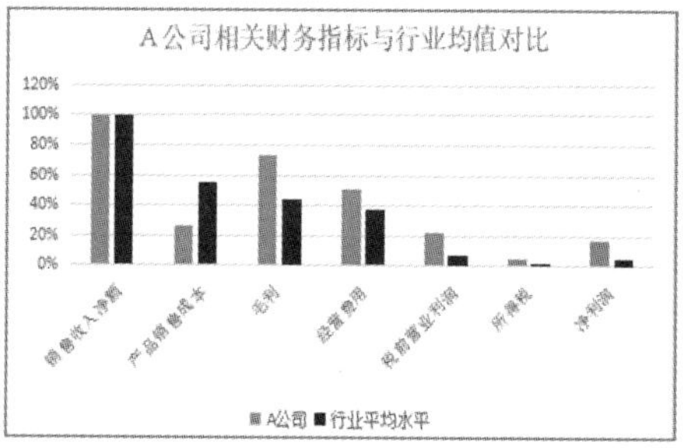

图 4-8 A 公司某年财务指标与行业均值对比图

3. 关注异常数据

在阅读财务报表的过程中，异常数据也是不可忽视的重点，它能够反映出企业在经营过程中隐藏的问题，如果发现应及时分析异常的原因。

什么是报表中的异常数据呢？通常是指偏离了企业正常经营范围或者经济业务规律的数据，或者与行业平均值显著不同的数据。比如，某一家上市公司披露的企业毛利率高达99%以上，利润表显示的却是企业亏损，通过对企业利润表的分析发现，该企业把大量的资金用于新产品的研发，研发费用高达销售收入的好几倍，这就反映出企业在经营过程中存在的风险很高。

课堂讨论

1. 作为投资者，对企业进行财务报告分析的目的及内容是什么？

2. 你认为应该如何运用以上的分析方法？还有其他的分析方法可以推荐吗？

投资者通过阅读财务报告，可以知道在企业经理的管理下，企业的经营活动是否正常，是否取得盈利，他们的投资回报是多少，他们的资金、资本是否能够保全。方便投资者、债权人和潜在投资者利用财务报告提供的信息做出合理的投资决策和维护其自身利益。

财务报表不仅为企业管理者掌握公司经营状况提供依据，也是外部投资者、信息使用者了解企业的数据来源。财务报表的核心部分是三大报表，即资产负债表、利润表和现金流量表。从资产负债表能够知道公司某一时点的财务状况；从利润表能够知道公司某一时期的盈亏情况；从现金流量表能够知道公司的现金流量、现金及现金等价物的净增加额。当然，三张报表之间的数据也存在一定的对应关系，可以通过数据之间的对比印证发现财务数据的关联。

任务实施

1. 解释财务数据的来源和生成方法；

2. 描述凭证的种类和审核要点；

3. 描述财务报告的体系和内容；

4. 收集能证明企业经济活动情况的原始凭证，并思考该凭证反映的经济业务内容；

5. 通过官方网站查询某一行业的3～5家上市公司2021年度的财务报告，了解其经营情况和财务情况；

6. 在上述3～5家公司中选取1～2家公司，查询并阅读其3～5年的年度财务报告，对公司的经营运转情况进行简单分析。

任务反思

请分析和总结本任务的学习情况，写出你的收获和经验。

任务检测

一、单项选择题

1.(　　)是在经济业务发生时取得或填制的，用以记录和证明经济业务发生或完成情况的凭证。

A.原始凭证　　B.记账凭证　　C.外来凭证　　D.自制凭证

2.(　　)是使用专门的财务会计语言对原始凭证反映的内容进行转化后生成的会计凭证。

A.原始凭证　　B.记账凭证　　C.外来凭证　　D.自制凭证

3.光学字符识别技术的简称是(　　)。

A.OCR　　B.ORC　　C.RAP　　D.O2O

4.(　　)是反映企业在某一特定日期所拥有的或控制的经济资源、所承担的现时义务和所有者对净资产的要求权的财务报表。

A.资产负债表　　B.利润表　　C.现金流量表　　D.所有者权益变动表

5.(　　)是反映企业在一定会计期间经营成果的报表。

A.资产负债表　　B.利润表　　C.现金流量表　　D.所有者权益变动表

二、多项选择题

1.凭证按照填制程序和用途不同，可以分为(　　)。

A.原始凭证　　B.外来凭证　　C.记账凭证　　D.自制凭证

2.财务报表体系包括(　　)。

A.资产负债表　　B.利润表　　C.现金流量表　　D.所有者权益变动表

3.财务报表能揭示企业的(　　)。

A.经营情况　　B.财务状况　　C.经营成果　　D.现金流量情况

4.财务报表的基本阅读方法包括(　　)。

A.横向对比分析法　　B.利用财务指标进行分析

C.关注异常数据　　D.纵向对比分析法

5.原始凭证的审核内容主要包括(　　)。

A.合规性　　B.真实性　　C.准确性　　D.完整性

三、判断题

1.只要经办人能提供合规合法的差旅费报销单据，财务人员就可以予以报销。(　　)

2.原始凭证和记账凭证能够直接用以登记会计账簿、编制财务报表。(　　)

3.RPA是机器人流程自动化的简称。(　　)

4.按填报的时间不同，财务报表可分为年度财务报表和中期财务报表。(　　)

任务评价

任务名称：

<table>
<tr><th>项　　目</th><th>内　　容</th><th>自 我 评 价</th></tr>
<tr><td>基本概念</td><td></td><td rowspan="4">A. 能识记知识点
B. 能理解知识点
C. 会应用知识判断分析实际问题
D. 能总结应用心得或进行经验分享</td></tr>
<tr><td>知识点</td><td></td></tr>
<tr><td>技能</td><td></td></tr>
<tr><td>重难点</td><td></td></tr>
</table>

说明：根据本任务的内容进行填列，并完成自我评价。

任务二　财务报表阅读分析

任务描述

本任务介绍资产负债表、利润表和现金流量表的要素和阅读方法，使学生掌握三张主要报表的内容、结构，初步养成通过财务报表了解企业财务状况、经营成果以及现金状况的职业习惯，形成基本的数据思维。

微课：财务报告中的企业经营信息

思维导图

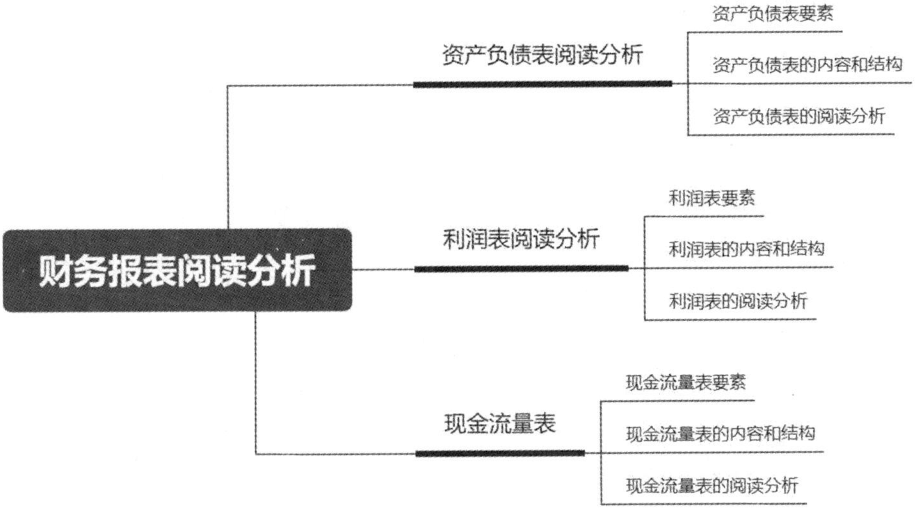

任务内容

引例

张晓阳是一名应届大学毕业生，毕业后决定自主创业，在通过一段时间的调查和考虑后，决定开一家奶茶店，测算后一共需要资金 20 万元，晓阳的父母可以支持 8 万元，晓阳的同学孙岚也愿意出资 6 万元。

小张和好友经过市场调研，根据两人现有的资金反复商量后，决定在母校附近开一家奶茶店。

请问：奶茶店要顺利开业，除了以下三项支出外，还需要发生哪些支出呢？

①购买设备；②购买原材料；③支付房租。

请补充：____

一、资产负债表阅读分析

(一)资产负债表要素

资产负债表也称为财务状况表,是表示企业在特定日期资产、负债和所有者权益状况的财务报表,由资产、负债和所有者权益三个要素构成。

1. 资产

资产是指企业拥有或者控制的、能给企业带来经济利益流入的资源。在资产负债表里面填列的资产,是按照资产的流动性强弱排序的,即先列示流动资产,再列示非流动资产。这里的流动和非流动,一般以资产能否在一年内变现为判断标准。

微课:读懂资产负债表

张晓阳的奶茶店就购置了萃茶机、封口机等使用时间在一年以上的非流动资产,而拥有的现金、银行存款,购买的奶茶粉等原材料,则属于流动资产。

2. 负债

负债是指企业过去的交易或者事项形成的、预期会导致经济利益流出企业的现时义务。与资产类似,资产负债表里面的负债也按照流动性分为流动负债和非流动负债。

张晓阳和同学为了成立奶茶店,除了自有资金 14 万元外,还向银行借入了 6 万元,如果借款的期限在一年以内,则该笔借款为短期借款,属于流动负债;如果借款的期限在一年以上,则该笔借款为长期借款,就属于非流动负债了。一般而言,企业在经营过程中会产生正常的负债,如每月发放给员工的工资,工资一般在月末或员工为企业提供服务的工作时段结束后进行结算,但是发放往往会在下月初或结算期后进行,这就会形成"应付职工薪酬"这一项流动负债;在业务往来中,也会因为与客户之间的资金结算产生"应付账款",因为借款而产生"应付利息"等。企业只要做好资金预算安排,按时偿还负债的本金和利息,就不会影响企业的信用和经营活动。

当然,作为债权人,为了保障自身的财产安全,会考察借款人的偿债能力,根据偿债能力强弱或借款人的信用决定是否借款,有时会要求借款人提供抵押或担保;企业在满足条件的情况下还可以通过发行可转换债券的方式进行资金筹集。

思考

除了以上短期借款、应付账款等,同学们还能列示出企业其他的流动负债和非流动负债吗?

3. 所有者权益

所有者权益是指企业资产扣除负债后,由所有者享有的剩余权益。按照我国公司法的规定,公司分为有限责任公司和股份有限公司,公司的所有者就是投资人或者股东。在企业的经营过程中,盈利了自然归投资人,但是一旦经营失败,损失也要由投资人承担,并且企业的债权人在一般情况下并不会因为企业经营亏损而免除债务。按照我国的法律规定,就算企业经营失败而宣告破产,也要按法定的程序清偿所欠的债务,剩下的资产才属于投资人,所以有"投资有风险"一说。

在资产负债表里,所有者权益一般包括实收资本(或股本)、资本公积、盈余公积和未分配利润。以晓阳奶茶店为例,张晓阳出资的 8 万元和孙岚出资的 6 万元就属于奶茶店的所有者权益，投资人出资额的比例也是投资人后续进行公司管理、分红、债务分担等的依据。

资产、负债和所有者权益都属于企业的静态会计要素，即企业在某一特定的时点，如月末、季末或者年末拥有的资产、负债和所有者权益的金额。三者之间的关系为：资产＝负债＋所有者权益。

课堂训练

假设开办一家企业需要资金50万元，请列出开办企业所需的资金来源、开展企业经营活动需要发生的支出。

要求：3～5人一组，分小组完成训练。

1. 列出资金来源的渠道和金额、支出的项目和金额。

资金来源：______

支出项目：______

2. 在开办企业过程中，会形成哪些资产，产生哪些负债和所有者权益？

资产：______

负债：______

所有者权益：______

3. 将结果填入简易资产负债表。

简易资产负债表

××年××月××日　　　　单位：元

资产项目	金额	负债及所有者权益项目	金额
合计		合计	

(二)资产负债表的内容和结构

资产负债表一般采用账户式的格式，表内的项目按流动性的强弱进行排列。报表的左边列示的是资产项目，一般按变现能力由强到弱排列，反映企业资金的运用情况；右边列示的是负债及所有者权益项目，一般按偿还期限由短到长顺序排列，反映企业资金的来源情况。企业会计准则规定了资产负债表的列报要求，其结构一般由表首、表身和表尾三部分组成，如表 4-4 所示：

表 4-4　资产负债表

会企 01 表

编制单位：　　　　　　　　　　年　月　日　　　　　　　　　　单位：元

资　　产	期末余额	年初余额	负债及所有者权益（或股东权益）	期末余额	年初余额
流动资产：			流动负债：		
货币资金			短期借款		
交易性金融资产			交易性金融负债		
应收票据			应付票据		
应收账款			应付账款		
预付款项			预收款项		
应收利息			应付职工薪酬		
应收股利			应交税费		
其他应收款			应付利息		
存货			应付股利		
一年内到期的非流动资产			其他应付款		
其他流动资产			一年内到期的非流动负债		
流动资产合计			其他流动负债		
非流动资产：			流动负债合计		
可供出售金融资产			非流动负债：		
持有至到期投资			长期借款		
长期应收款			应付债券		
长期股权投资			长期应付款		
投资性房地产			专项应付款		
固定资产			预计负债		
在建工程			递延所得税负债		
工程物资			其他非流动负债		
固定资产清理			非流动负债合计		
生产性生物资产			负债合计		

续表

资　　产	期末余额	年初余额	负债及所有者权益（或股东权益）	期末余额	年初余额
油气资产			所有者权益（或股东权益）：		
无形资产			实收资本（或股本）		
开发支出			资本公积		
商誉			减：库存股		
长期待摊费用			其他综合收益		
递延所得税资产			盈余公积		
其他非流动资产			未分配利润		
非流动资产合计			所有者权益（或股东权益）合计		
资产总计			负债及所有者权益（或股东权益）合计		

通过资产负债表，可以了解企业资产、负债的规模和结构，了解企业所有者权益的构成；通过对资产负债表的分析，可以了解企业资产的质量、偿债能力的强弱，判断企业资本保值增值的情况，还可以预测企业未来的发展趋势。

1. 资产负债表的内容

1）资产项目

（1）流动资产。

流动资产是指能在一年或超过一年的一个营业周期中变现的资产，资产负债表里面的流动资产一般包括货币资金、应收账款、存货以及其他流动资产。主要的项目包括：

阅读材料：资产负债表主要表项及填列说明

货币资金：指企业拥有的现金、银行存款或以票据形式存在的其他货币资金。

思考

晓阳奶茶店的货币资金可能包括哪些内容呢？

应收账款：主要指企业由于销售行为产生的债权，反映公司发生销售行为后暂时没有回收的货款或服务款。

思考

如果张晓阳出差借了公司 1 000 元的出差备用金，这 1 000 元对于公司来说属于应收账款吗？

其他应收款：指企业所有应收款项中除了应收票据、应收账款、预付款项以外的其他各种应收款或暂付款，如企业的员工出差借款、备用金、项目投标保证金等。

思考

应收账款与其他应收款的区别是什么？

存货：指企业购买的原材料、生产的半成品及产成品等以备出售的物资。

思考

存货的价值可以如何确定呢？

企业的存货价值通常可以采用历史成本和公允价值两种方法确认。历史成本是指企业为取得存货而支付的代价，如企业为了生产产品而发生的成本，在市场上购买原材料支付的买价、运费等；而公允价值则由公开的市场交易价格决定。

(2)非流动资产。

企业流动资产之外的资产都属于非流动资产，主要包括固定资产、无形资产等。

固定资产：指企业拥有或控制的使用期超过一年、单位价值较大的资产，主要包括企业的房屋建筑物、机器设备等。

思考

晓岚奶茶店可能有哪些固定资产？

在建工程：公司自建工程或承包给别人修建的建筑物、在建设备等属于在建工程，也可理解为还没有达到可使用状态的固定资产。

无形资产：无形资产与固定资产的性质几乎一样，只是没有实物形态，指公司拥有和控制的、使用期超过一年、能帮公司赚钱的、没有实物形态的资产。

思考

如果晓岚奶茶店注册了“晓岚”商标，该商标属于晓岚奶茶店的无形资产吗？为什么？

2)负债项目

(1) 流动负债。

流动负债是指企业将在一年内或超过一年的一个营业周期内偿还的债务，通常包括短期借款、应付账款。

短期借款：指企业从银行等金融机构借入的不超过一年的款项。

应付账款：指由于企业的采购行为而应支付给供应商的货款或服务款。

思考

张晓阳出差自己垫付的住宿费用对于晓岚奶茶店来说属于应付账款吗？

应付职工薪酬：指企业应支付给员工的薪酬、福利、补贴、保险、公积金等。

应交税费：指企业在经营过程中应该缴纳的各项税费。

思考

晓岚奶茶店在经营过程中需要缴纳哪些税费呢？

---

(2)非流动负债。

非流动负债是指偿还期在 1 年以上或者超过 1 年的一个营业周期的负债，主要包括长期借款和应付债券。

长期借款：指企业向银行等金融机构借入的偿还期限超过一年的款项。

应付债券：指以企业为主体发行的、需到期还本付息的有价证券。

3)所有者权益项目

企业的所有者权益主要包括：

实收资本：指企业投资人投入企业的注册资本金。按公司法规定，有限责任公司的注册资本为在公司登记机关登记的全体股东认缴的出资额。股份有限公司采取发起设立方式设立的，注册资本为在公司登记机关登记的全体发起人认购的股本总额；采取募集设立方式设立的，注册资本为在公司登记机关登记的实收股本总额。

素养提升

习近平谈资本问题，这 6 句话不可不察

2022 年 4 月 29 日，习近平总书记主持中共中央政治局第三十八次集体学习，主题是依法规范和引导我国资本健康发展。习近平强调，资本是社会主义市场经济的重要生产要素，在社会主义市场经济条件下规范和引导资本发展，既是一个重大经济问题、也是一个重大政治问题，既是一个重大实践问题、也是一个重大理论问题，关系坚持社会主义基本经济制度，关系改革开放基本国策，关系高质量发展和共同富裕，关系国家安全和社会稳定。习近平总书记的讲话中，有 6 句话带有“必须”二字，要求明确：

——必须深化对新的时代条件下我国各类资本及其作用的认识，规范和引导资本健康发展，发挥其作为重要生产要素的积极作用。

——我国改革开放 40 多年来，资本同土地、劳动力、技术、数据等生产要素共同为社会主义市场经济繁荣发展作出了贡献，各类资本的积极作用必须充分肯定。

——必须坚持党的领导和我国社会主义制度……注重激发包括非公有资本在内的各类资本活力，发挥其促进科技进步、繁荣市场经济、便利人民生活、参与国际竞争的积极作用……

——在社会主义制度下如何规范和引导资本健康发展，这是新时代马克思主义政治经济学必须研究解决的重大理论和实践问题。

——必须认识到，资本具有逐利本性，如不加以规范和约束，就会给经济社会发展带来不可估量的危害。

——我国社会主义的国家性质决定了我们必须坚持按劳分配为主体、多种分配方式并存，在社会分配中体现人民至上。

我们要深入贯彻落实习近平总书记关于资本重大问题的重要论述，正确认识和把握资本的特性和行为规律，充分发挥中国特色社会主义市场经济制度的优越性，激发各类资本活力，克服资本无序扩张，发挥其繁荣社会主义市场经济的积极作用，服务于经济社会发展，服务于中华民族伟大复兴。

（资料来源：1. 人民网. 学习进行时｜习近平谈资本问题，这 6 句话不可不察[EB/OL]. http://politics.people.com.cn/n1/2022/0502/c1001-32413337.html. 2. 光明网. 引导资本充分发挥繁荣社会主义市场经济的积极作用[EB/OL]. https://m.gmw.cn/baijia/2022-06/08/35794572.html.）

资本公积：指企业收到的投资者出资额超出其在注册资本（或股本）中所占份额的部分，以及其他资本公积等，包括资本溢价（或股本溢价）和其他资本公积等。

盈余公积：指企业从税后净利润中按国际规定的计提比例提取的部分，一般作为企业发展或弥补亏损的准备金。

未分配利润：指企业尚未分配的累计利润。

2. 资产负债表的结构

按企业会计准则的规定，资产负债表通常采用账户式结构，反映会计恒等式：

资产＝负债＋所有者权益

资产负债表属于静态报表，表项填列的金额为某一会计期末的余额，如月末、季末或年末的数据。

资产的计量方法可以采用历史成本、公允价值或账面净值。

其中，历史成本又称原始成本或实际成本，是指企业取得资产时实际发生的成本，如企业两年前购买一台机器设备支付了买价 5 000 元、安装费 500 元，则该项机器设备的历史成本为 5 500 元。

公允价值则是指在公平交易中，熟悉市场情况的交易双方自愿进行资产交换所支付的价格。

思考

你能举例说明什么是公允价值吗？

账面价值则是按照会计核算的方法，用某一资产的账面余额减去相关抵减项目后的净额，如某企业两年前购买的机器设备原始成本为 5 500 元，预计使用 5 年，采用平均年限法计算折旧，那么每年的折旧额为 1 100 元，在使用 2 年后，该机器设备已经折旧了 2 200 元，账面价值则为 5 500 元减去 2 200 元，等于 3 300 元。

对于负债和所有者权益，一般按历史成本进行计量。

课堂训练

以晓岚奶茶店为例，为了顺利地开始经营，张晓阳和同学孙岚经过协商，一致同意：张晓阳出资 80 000 元，孙岚出资 60 000 元，从银行借入创业贷款 60 000 元，注册成立晓岚奶茶店。

假设经营一年后，张晓阳和孙岚对奶茶店的经营状况进行了整理，奶茶店的财务现状如下：

20×9 年 12 月 31 日，奶茶店有现金 2 340 元，银行存款 106 900 元，萃茶机等设备价值 90 780 元，奶茶粉等原材料价值 21 760 元，应收货款 2 250 元；欠银行借款 60 000 元，应发员工工资 14 000 元，应缴纳的税费 1 030 元，欠原材料款 9 000 元。

请根据奶茶店的财务情况，填列简易资产负债表。

资产负债表

20×9 年 12 月 31 日　　　　单位：元

资　　产	期初余额	期末余额	负债及所有者权益	期初余额	期末余额
货币资金	200 000		短期借款	60 000	
			所有者权益		
			实收资本	140 000	
资产合计	200 000		负债及所有者权益合计	200 000	

（三）资产负债表的阅读分析

通过阅读企业的资产负债表，可以了解某一时点企业的资产负债等财务状况，如资产的规模大小、资产的结构、负债的构成以及所有者权益等方面的信息。为了更好地使用财务报表数据为管理决策提供依据，可以采用对比的方法，或者利用财务指标进行分析。

1. 对比分析

在前述课程中，介绍了对比分析包括横向对比和纵向对比两种主要方法。在资产负债表的阅读过程中，为了进一步了解企业财务状况的发展趋势和行业地位的变动，也可以采用这两种方法，即通过将企业不同发展时期的报表数据进行纵向对比、与同行业企业的财务数据进行横向对比等，分析判断企业财务状况的发展变化趋势，认知企业在行业中的发展水平。

下面以某一上市股份有限公司为例，通过其在官方网站公布的财报，可以获取公司 2017 年至 2021 年的资产负债表部分数据，如表 4-5 所示。

表 4-5　某上市公司资产负债表部分数据（2017—2021 年）

项　　目	2021-12-31	2020-12-31	2019-12-31	2018-12-31	2017-12-31
流动资产					
货币资金	9.230 亿元	8.970 亿元	11.65 亿元	9.881 亿元	7.430 亿元
交易性金融资产	3.180 亿元	2.221 亿元	1.614 万元	—	—
应收票据及应收账款	1 995 万元	2 358 万元	4 266 万元	3 111 万元	2 144 万元
其余略					

续表

项　　目	2021-12-31	2020-12-31	2019-12-31	2018-12-31	2017-12-31
流动资产合计	13.16 亿元	12.23 亿元	13.32 亿元	11.49 亿元	9.235 亿元
非流动资产					
长期股权投资	2 243 万元	2 689 万元	3 288 万元	3 923 万元	6 416 万元
固定资产	15.98 亿元	16.96 亿元	13.93 亿元	13.82 亿元	13.95 亿元
无形资产	4.228 亿元	4.410 亿元	1.556 亿元	1.636 亿元	1.705 亿元
其余略					
非流动资产合计	21.71 亿元	22.26 亿元	17.44 亿元	17.26 亿元	17.76 亿元
资产总计	34.88 亿元	34.49 亿元	30.76 亿元	28.75 亿元	26.99 亿元

（注:数据来源于东方财富网）

通过对该公司五年的资产总额数据进行横向对比,可以看出公司的资产规模在不断地增长,说明公司的经营处于上升阶段。为了更直观地对发展趋势进行呈现,还可以利用 Excel 等软件将数据转换为图表,以便更直观地反映出数据的变化趋势,如图 4-9 所示。

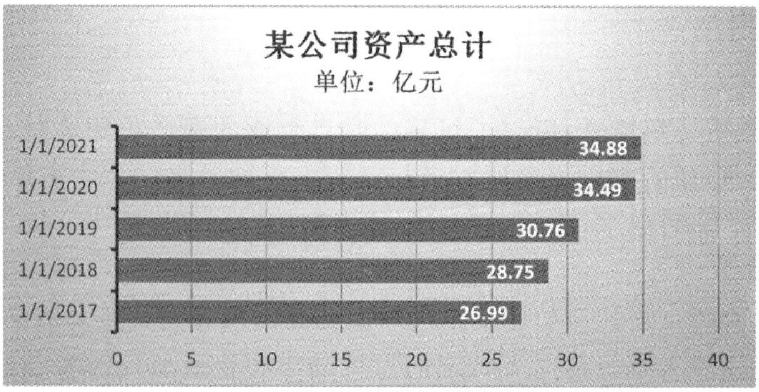

图 4-9　某上市公司 2017—2021 年度资产总额示意图

公司资产增长情况如表 4-6 所示。

表 4-6　某公司资产增长情况分析表

项　　目	2021-12-31	2020-12-31	2019-12-31	2018-12-31	2017-12-31
资产总计	34.88 亿元	34.49 亿元	30.76 亿元	28.75 亿元	26.99 亿元
环比增长额	0.39 亿元	3.73 亿元	2.01 亿元	1.76 亿元	—
环比增长率	1.13%	12.13%	6.99%	6.52%	—

对上市公司而言,借助一些财经网站提供的信息,还能够直接获取公司在所属行业的排名,如四分位属性等,从而判断公司在行业中的地位。

知识拓展

某公司四分位属性如图 4-10 所示。

	总市值	净资产	净利润	市盈率(动)	市净率	毛利率	净利率	ROE
[illegible]	11984亿	820.7亿	145.5亿	61.79	14.93	74.53%	35.83%	18.48%
酿酒行业 (行业平均)	1598亿	120.2亿	20.13亿	153.13	8.79	54.39%	9.84%	-15.68%
行业排名	2|37	2|37	2|37	15|37	28|37	9|37	4|37	7|37
四分位属性	高	高	高	较高	低	高	高	高

图 4-10　某公司四分位属性

四分位属性是指根据每个指标的属性，进行数值大小排序，然后分为四等份，每个部分大约包含排名的四分之一。将属性分为高、较高、较低、低四类，用以分析比较各公司的财务指标。

除了利用资产负债表中数据分析企业的资产规模变化外，还可以分析企业资产的结构变化，即各类资产占总资产的比例，了解企业资源的分布；通过对资产负债表中负债和所有者权益数据的对比分析，还可以了解企业资金来源的结构变化、债务的变化等财务信息，从而分析判断企业的经营战略，预测企业的发展前景。

课堂训练

查询某一上市公司的资产负债表数据(3～5 年)，采用对比的方法进行其资产结构变化的分析。

要求：用 Excel 完成图表的绘制，并得出简要的结论。

项　目	2017 年	2018 年	2019 年	2020 年	2021 年
流动资产占资产总额的比例					
货币资金占流动资产的比例					
应收账款占流动资产的比例					
存货占流动资产的比例					

续表

项　　目	2017 年	2018 年	2019 年	2020 年	2021 年
非流动资产占资产总额的比例					
固定资产占非流动资产的比例					

结论：______________________________

2. 财务指标分析

1)资产负债率——评判企业整体风险

资产负债率反映债权人所提供的资金占企业全部资金的比重，是衡量企业负债水平及风险程度的重要标志。通常情况下，这一比率越低，表明企业的偿债能力越强；比率越高，反映企业的经营风险越大。其计算公式为：

$$资产负债率=负债总额\div资产总额\times100\%$$

一般认为，资产负债率的适宜水平是 40%～60%。从债权人的角度看，资产负债率越低越好，但对投资人或股东来说却不一定如此，如果企业经营项目的回报率高于负债的利息率，则利用负债会给投资人带来超额收益。

假设某企业向银行借入 100 万元投资某一项目，银行借款的利息率为 6.5%，该项目的投资报酬率为 15%，则采取借款的方式进行项目投资，企业在归还借款利息后，还会得到 8.5%的超额回报。但应注意在充分利用借入资金给企业带来收益的同时，尽可能降低财务风险，避免出现不能如期归还借款本息的情况。

以 A 公司为例，对其资产负债率分析如下：

从表 4-7 中数据可知，5 年中 A 公司的资产负债率一直维持在 8%～15%之间，是非常低的比率，说明 A 公司的资金来源不太依靠银行的贷款，而主要来源于股东投入的资金及自身经营赚取的资金。

表 4-7　A 公司资产负债率

项　　目	第　一　年	第　二　年	第　三　年	第　四　年	第　五　年
资产负债率	8.95%	9.31%	11.03%	11.27%	14.07%

无论是投资人还是金融机构，都喜欢资产负债率比较低的企业，这样的企业融资空间比较大，财务风险相对不高。虽然不能仅以资产负债率高低判断一家企业的财务健康状况，但至少可以通过资产负债率结合同行业的平均水平来初步判断这家企业的财务状况是否健康。仍然以 A 公司为例，表 4-8 列示了其同行业四家公司的资产负债率。

表 4-8　A 公司同行资产负债率比较表

公司名称	第　一　年	第　二　年	第　三　年	第　四　年	第　五　年
A 公司	8.95%	9.31%	11.03%	11.27%	14.07%
B 公司	9.13%	3.55%	3.41%	4.62%	7.23%

续表

公司名称	第一年	第二年	第三年	第四年	第五年
C公司	66.38%	56.50%	51.48%	54.09%	51.55%
D公司	7.67%	9.46%	7.92%	6.95%	28.46%

通过以上资产负债率数据的对比，你的结论是：

应该注意的是，各行业资产负债率的高低并不相同，不能直接进行对比。有些行业因为经营业务的特点资产负债率很高，最典型的是银行，一般在90%以上，另外房地产企业的资产负债率也比较高。

课堂训练

分组讨论：假设一家企业自身的盈利能力很强，目前因扩大经营需要资金，企业应该向银行贷款还是向股东筹集资金呢？

解析

再来看B公司和D公司的资产负债率，其常年均保持在10%以下，不过D公司在最后一年出现反常现象，常年不足10%的资产负债率突然锐增到接近30%，这是一个不同寻常的信号，建议仔细研读该公司的财务报告，分析究竟是什么原因导致了这种情况的发生。

2)流动比率——结构化呈现资金管理管控

流动比率指流动资产总额和流动负债总额之比，用来衡量企业流动资产在短期债务到期以前，可以变为现金用于偿还负债的能力，也就是公司现有的流动资产能否覆盖所有的流动负债。其计算公式为：

$$流动比率=流动资产合计\div流动负债合计\times100\%$$

一般来说，这一比率越高，说明企业资产的变现能力越强，短期偿债能力亦越强；反之则弱。虽然流动比率越高说明企业资产的流动性越大，但是该比率太大表明企业流动资产占用较多，会影响经营资金周转效率和获利能力。一般认为合理的流动比率为2。

课堂训练

1.请结合晓岚奶茶店的资产负债表，分析其流动比率。

2.查询同一行业2～3家上市公司2021年度的资产负债表，计算其流动比率并进行简要分析。

企业名称	流动资产合计	流动负债合计	流动比率	简要结论

3)总资产周转率——反映企业的经营效率

总资产周转率是指企业一定时期的销售收入净额与平均资产总额之比,是衡量资产投资规模与销售水平之间配比情况的指标。其计算公式为:

总资产周转率=营业收入÷平均资产总额×100%

该指标的作用在于分析公司所有总资产在日常经营过程中一年能够周转几次。这里的"一年周转几次"并不是说真的把所有总资产买卖几次,而是假设所有资产都是为销售服务的,销售规模能够覆盖多少总资产,就换算为总资产一年能够周转几次,是公司整体运营效率的指标。

请注意,该指标的大小与行业资产构成的特征有很大关系。例如,制造行业中的钢铁公司,是典型的重资产企业,固定资产和大型设备很多,当然不可能一年就能把这些大型设备周转几次,所以钢铁公司的总资产周转率通常不会太高;但如果是咨询服务公司或软件开发公司,轻资产运营是该行业大部分企业的特点,总资产周转率高于钢铁公司也很正常,但这并不能说明咨询服务公司就一定比钢铁公司的管理效率高,这是没有可比性的。

案例分析

用某一上市公司的公开数据来计算上述三个指标,并进行简单的分析。

表4-9列示了该上市公司连续三年的三个指标对比情况。

表4-9 某公司财务指标计算表

财务指标	2017年	2018年	2019年	2019年环比	2018年环比
资产负债率/(%)	32.79	28.67	26.55	-2.12	-4.13
流动比率	2.44	2.91	3.25	33.86%	47.39%
总资产周转率	0.4	0.49	0.52	6.28%	22.39%

首先看资产负债率指标,该指标从2017年的32.79%下降到2019年的26.55%,呈现逐年下降的趋势,这就代表着公司的自有资金更加充足,对外借债的情况相对减少。简单理解就是该公司股东权益的比例逐渐增大,而负债的比例相对减少。理论上讲,该公司的财务风险显示出逐年下降的趋势。

接下来是流动比率指标,该指标从2017年的2.44倍增加到2019年的3.25倍,说明2019年公司的流动资产是流动负债的三倍多,公司的运营能力不断提高。

再看总资产周转率指标,该指标从2017年的0.40次/年增加到2019年的0.52次/年,周转率也是逐渐提高的,也可以证明这家公司的运营情况是不断好转的。

除了以上三个常用指标外,还有速动比率、存货周转率等其他的财务指标也能从不同角度反映企业的财务状况。

知识拓展　了解环比指标

在财经报道中，我们经常听到环比增长的表述，什么是环比指标呢？

环比指标是表示连续2个统计周期（比如连续2月、连续2年）内的量的变化比。

环比值＝本期数－上期数

环比增长率＝（本期数－上期数）÷上期数×100％

如上例中，2019年该公司资产负债率的环比值为：

26.55－28.67＝－2.12

环比增长率＝（26.55－28.67）÷28.67×100％＝－7.4％

说明2019年的资产负债率较2018年下降了7.4％。

二、利润表阅读分析

（一）利润表要素

利润表是用以反映企业在一定会计期间经营成果的报表，用以反映企业经营业绩的主要来源和构成，呈现企业的收入、费用和利润三大动态会计要素。

1. 收入

收入是指企业在日常活动中形成的、会导致所有者权益增加的、与所有者投入资本无关的经济利益的总流入。在企业的经营活动过程中，能够带来经济利益流入的业务活动很多，但是否这些经济利益流入都能算为企业的收入呢？比如，企业向银行借入100万元的周转资金算不算收入？企业收到保险公司的3 500元理赔款算不算收入？企业销售商品或提供劳务后，购买方暂时没有支付的款项算不算收入？按照我国会计准则的规定，收入的判定需要满足一定的条件。需要注意的是：收入只包括本企业经济利益的流入，不包括为第三方或客户代收的款项。

按照收入的性质不同，企业的收入可以分为销售商品取得的收入、提供劳务取得的收入和让渡资产使用权取得的收入；按照收入的主次不同，可以分为主营业务收入和其他业务收入。利润表里面列示的收入是营业收入，包括了企业的主营业务收入和其他业务收入，这是利润表最重要的一个指标。

思考

制造企业的主营业务收入包括哪些？其他业务收入包括哪些？请举例说明。

______

______

服务行业的主营业务收入包括哪些？其他业务收入包括哪些？请举例说明。

______

______

2. 费用

费用是指企业在日常活动中形成的、会导致所有者权益减少的、与向所有者分配利润无关的经济利益的总流出。企业在经营过程中需要支付员工的工资、缴纳税款、购买原材料，有时因为产品的质量问题还会向消费者退款或赔款，这些经济活动都会导致经济利益的流出，但是这些是否都是企业的费用呢？与收入的判定相同，费用的确认也需要遵循我国企业会计准则的规定。

在利润表中，费用需按照功能分别进行列示，分为从事经营业务发生的成本、管理费用、销售费用和财务费用等。在企业的经营活动中，每一种费用的功能并不相同，通过阅读利润表，可以了解费用发生的活动领域。以晓岚奶茶店为例，奶茶店每月购买奶茶粉、水果等原材料，支付给店员的工资，发生的水电费、卫生费等都属于奶茶店的费用。在利润表中，费用是收入的抵减因素，费用越大，企业的利润就越小。

思考

如果你是晓岚奶茶店的经营管理者，怎样进行费用的管理呢？

3. 利润

利润是指企业在一定会计期间的经营成果。利润包括收入减去费用后的净额、直接计入当期利润的利得和损失等，利润表中的利润分三个层次呈现，分别是营业利润、利润总额、净利润。

获取利润是企业经营的目标，怎样才能获得利润、实现持续盈利并不断提高企业的盈利能力是现代企业管理的重要课题。随着经济的不断发展，各行各业都处在不断迭代演进的过程中，行业的特点决定了每个行业都有适应自身发展的盈利模式，在阅读利润表时就尤其需要关注行业之间的差异。

思考

净利润在资产负债表里填列到哪个表项呢？

（二）利润表的内容和结构

企业会计准则对利润表的格式和列报要求进行了规定。利润表一般采用多步式结构，通过对不同层次利润的计算，最终得到企业在一定时期的经营成果——净利润。其结构一般由表首、表身和表尾三部分组成，如表4-10所示。

表4-10 利润表

会企02表

编制单位： 年 月 单位：元

项目	本期金额	上期金额
一、营业收入		
减：营业成本		
税金及附加		
销售费用		
管理费用		
研发费用		
财务费用		

续表

项目	本期金额	上期金额
其中：利息费用		
利息收入		
资产减值损失		
加：其他收益		
投资收益(损失以“—”号填列)		
其中：对联营企业和合营企业的投资收益		
公允价值变动收益(损失以“—”号填列)		
资产处置收益(损失以“—”号填列)		
二、营业利润(亏损以“—”号填列)		
加：营业外收入		
减：营业外支出		
三、利润总额(亏损总额以“—”号填列)		
减：所得税费用		
四、净利润(净亏损以“—”号填列)		
五、其他综合收益的税后净额		
(一)不能重分类进损益的其他综合收益		
1.重新计量设定受益计划变动额		
2.权益法下不能转损益的其他综合收益		
……		
(二)将重分类进损益的其他综合收益		
1.权益法下可转损益的其他综合收益		
2.其他债权投资公允价值变动		
……		
六、综合收益总额		
七、每股收益		
(一)基本每股收益		
(二)稀释每股收益		

1.利润表的内容

1)营业收入

在利润表中，营业收入是第一项财务数据，它呈现了企业在某一特定时期(如：月、半年、年度)实现的收入总额，包括主营业务收入和其他业务收入。

阅读材料：利润表的其他要素

2)营业成本

营业成本是为取得营业收入而付出的代价或牺牲,反映了企业资源的耗费情况。营业成本包括主营业务成本和其他业务成本。

主营业务成本是指企业销售商品、提供劳务等经常性活动所发生的成本。如晓岚奶茶店购买奶茶粉、水果、白糖等原材料的支出就属于主营业务成本;其他业务成本指企业确认的除主营业务活动以外的其他日常经营活动所发生的支出。

3)税金及附加

税金及附加是指企业在经营活动中应负担的相关税费,包括消费税、城市维护建设税、房产税等。企业应按照国家税收法律制度的规定主动、按期申报和缴纳税费。

4)期间费用

期间费用是指企业在某一特定经营时期内发生的、与日常经营活动有关,但不计入营业成本的费用,主要包括销售费用、管理费用和财务费用。

销售费用是指企业在销售商品、提供劳务和让渡资产使用权过程中发生的各项费用以及专设销售机构的各项经费,如产品的推销费用、广告费用、专设销售部门人员的薪酬等。

管理费用是指企业为组织和管理生产经营活动所发生的费用,包括的内容较多,主要有管理部门人员的薪酬、管理部门的办公费用以及管理部门的固定资产折旧等。

财务费用是指企业为筹集生产经营所需资金而发生的费用,包括利息支出、汇兑损失、金融机构手续费以及筹集生产经营所需资金发生的其他费用等。最常见的财务费用包括借款支付的利息、向银行支付的手续费等。

思考

晓岚奶茶店在经营过程中会发生哪些期间费用呢?

____

____

5)利得和损失

在企业的非日常活动中,也会带来经济利益的流入和流出。其中:利得(营业外收入)是指企业非日常活动所形成的经济利益的流入;损失(营业外支出)指企业非日常活动所形成的经济利益的流出。

课堂训练

假设晓岚奶茶店在20×9年取得奶茶销售收入975 200元,转让多购入的原材料(水果、白糖等)3 570元,政府的税收优惠退款1 800元,获得货运公司丢失原材料的赔款560元,请填写晓岚奶茶店本年度的主营业务收入、其他业务收入、利得。

主营业务收入:______________________________

其他业务收入:______________________________

利得:______________________________

2. 利润表的结构

利润表是对企业在一定时期经营成果进行展示的动态报表,反映企业经营业绩的主要来源和构成。按照我国会计准则的规定,利润表采用多步式的格式,按利润形成的主要环节列示企业的利润指标,包括营业利润、利润总额和净利润。

思考

以下各项利润应怎样计算?

营业利润=________________

利润总额=________________

净利润=________________

课堂训练

假设晓岚奶茶店在20×9年的经营过程中,共取得奶茶销售收入975 200元,转让多购入的原材料(水果、白糖等)3 570元,政府的税收优惠退款1 800元,获得货运公司丢失原材料的赔款560元。本年度支出如下:购买原材料支出238 490元,购买纸杯、餐巾纸等支出9 800元,宣传费4 600元,员工工资144 800元,水电费12 700元,房租60 000元,卫生费6 000元,缴纳所得税等税收费用24 000元。请计算晓岚奶茶店的利润。

营业利润=________________

利润总额=________________

净利润=________________

(三)利润表的阅读分析

1. 对比分析

前述内容已经讲过,对比分析主要包括对财务报表数据的横向对比和纵向对比。按我国会计准则的规定,企业需要提供比较利润表,以便报表的使用者比较企业在不同期间的财务数据,并据以判断企业经营成果的未来发展趋势。下面以A上市公司的利润表(见表4-11)为例进行对比分析。

表4-11 A公司2017—2021年度利润表简表

单位:万元

项　目	2017年	2018年	2019年	2020年	2021年
营业收入	6 985	8 879	11 235	12 246	12 107
营业成本	4 524	5 336	6 578	7 830	8 005
营业利润	2 461	3 543	4 657	4 416	4 102
利润总额	1 730	2 338	4 218	3 060	2 120
所得税费用	320	431	776	552	381
净利润	1 410	1 907	3 442	2 508	1 739

假设以2017年的利润表数据为基期,根据表4-11中的数据,计算A公司净利润的增长额和增长率,如表4-12所示。

表4-12 A公司2017—2021年度净利润变动表

单位:万元

项　目	2017年	2018年	2019年	2020年	2021年
净利润	1410	1907	3442	2508	1739
增长额	—	497	2032	1098	329
增长率	—	35.25%	144.11%	77.87%	23.33%

（注：如果用各期的数据和某一固定时期的数据进行对比，这就是定基指标，和上一内容中使用的环比指标有所不同，大家可以思考一下这两种比较方法的区别。）

经过计算，可以看出 A 公司 2018—2021 年的净利润较 2017 年均在递增，总体而言说明 A 公司的业务发展较好，净利润呈现上升的态势，但 2020 年净利润增长额开始回落，2021 年净利润大幅下降；进一步计算增长的百分比，则能看出 2019 年公司的净利润出现了峰值，为 2017 年的 144.11%，2020 年增长率开始下降，这就需要结合公司的具体经营情况进一步分析下降的原因。

为了更直观地显示公司净利润的变化趋势，根据计算结果绘制折线图，如图 4-11 所示。

图 4-11　A 公司净利润变动率示意图

同学们也可以分别利用 A 公司的营业利润、利润总额指标进行分析。根据 A 公司的财务公告，还能够进一步分析公司净利润变动的原因，找到引发利润增长或下降的影响因素，从而判断公司未来的盈利状况。

知识拓展　巴菲特如何分析营业收入

巴菲特分析利润表的第一个指标，就是营业收入。营业收入是利润表的第一个指标，也是最重要的一个指标。之所以说最重要，是因为营业收入是所有盈利的基础，是分析财务报表的起点。巴菲特会从两个方面来分析营业收入增长率：

第一，营业收入增长率与盈利增长率比较，分析增长的含金量。

第二，营业收入增长率与市场占有率增长比较，分析竞争优势的变化。

巴菲特强调，投资的关键是分析一家公司的竞争优势，尤其是竞争优势的可持续性。分析公司的市场占有率增长情况，是分析其持续竞争优势的一个重要指标。

巴菲特对销售收入增长的分析非常细致，他还会分析很多指标，以确定销售收入的效率，比如同店销售收入增长率、每平方米销售增长率、不同产品及不同的地区对收入增长的贡献等。

思考

营业收入增长的公司净利润也一定会增长吗？请说明原因。

净利润是反映企业经营成果的重要指标，也是给投资人回报的重要源泉，实现利润最大化也是企业的常见经营目标。因此，要关注企业是否采取了有效的费用控制和管理措施，分析企业的费用支出与利润之间的关联性，才能更好地识别企业利润的持续性。

费用是影响利润的重要因素，如果企业在经营过程中，只注重扩大营业收入，而不对费用进行有效的管控，那么一定会对企业的利润产生负面的影响，全球知名的大公司均采取了有效的费用管控方法来保证利润的实现。但是费用却不一定是越低越好，比如企业的研发费用，对于数字经济时代的科创公司而言，其竞争优势更多地依靠研发新技术、新工艺等实现，这些研发都需要花费大量的费用，一旦研发成功，则能够给企业带来超额利润；当然研发也一定存在风险，一旦研发失败，投资人的损失也不可避免。

2. 财务指标分析

1)毛利率

毛利率是指商品的毛利与销售收入的比率，或者单位商品的毛利与销售单价的比率。其中：

毛利额＝销售收入－销售成本

毛利率＝毛利额÷销售收入

毛利率是衡量商品盈利能力的基本指标，也是费用的保障。

思考

毛利率高的企业一定盈利吗？为什么？

课堂讨论

某一上市公司是一家生物医药公司，据公司2020年9月的财务数据显示，公司的毛利率高达99%以上，但是利润却为负数！经过对公司利润表的分析，发现公司的研发费用高达销售收入的7.8倍，正是高额的研发费用使得公司出现了亏损。与该公司同行业的另一家医药公司，毛利率也在95%以上，但经过阅读公司对外发布的利润表，发现该公司的销售费用占了费用总额的绝大部分比例。这说明了两家公司在经营策略的选择上存在很大的差异性，一家注重研发，一家注重销售，你是如何看待这种差异的呢？

2)净利率

净利率是指净利润与销售收入的比值，其计算公式为：

净利率＝净利润÷销售收入×100%

该指标反映了企业每一元的销售收入为企业贡献了多少净利润，是企业盈利能力的重要指标。净利润是企业的利润总额减去所得税费用后的净额，是企业最终的经营成果。净利率越高，说明企业的盈利能力越强。

3)净资产收益率

净资产收益率是企业实现的净利润与当期平均股东权益的百分比，是用净利润除以企业的净资产所得到的百分比率，其计算公式为：

$$净资产收益率 = 净利润 \div 净资产 \times 100\%$$

该指标用于反映股东权益的收益水平，指标值越高，说明股东的收益越多。

课堂训练

查询某一上市公司近5年的净资产收益率，结合公司的经营情况进行分析，写出你的结论。

三、现金流量表阅读分析

案例

北京法院发布的十大破产典型案例之一

万瑞飞鸿(北京)医疗器材有限公司破产重整案(节选)

“双料”高新企业万瑞飞鸿公司拥有14项国家专利技术，但因资金链断裂深陷债务危机。本案中，合议庭坚持市场化、法治化重整路径，通过公开招募投资人为公司引入1.8亿元资金，灵活运用临时债权额机制以及债权确认纠纷集中处理等方式加快审理进度，仅用四个多月即裁定批准重整计划。职工债权、税款债权均可获得全额清偿。2019年8月，103名职工的1 900余万元债权得到全额现金清偿。目前，公司已具备复产能力。该案是北京一中院通过为遭遇资金困境但仍具有挽救价值的民营企业提供及时保护、能动保护、实质保护，助力企业换档升级的具体案例，同时通过对民生权益问题的重点关注和依法保障，努力让人民群众在司法案件中的获得感、幸福感、安全感更加充实、更有保障。

由上例可见，在企业的经营过程中，保持充足的资金流非常重要，很多中小企业就是因为资金不足而无法偿付到期的债务，从而造成经营困难甚至破产。可见，“资金是企业经营的血液”这句话一点不错。

思考

盈利的公司会破产吗？

通过阅读企业的现金流量表，可以发现企业运营资金的主要来源，如果一家企业的资金不是来源于自身的经营业务而是来源于银行借款，那么盈利的公司也会破产！

(一)现金流量表要素

现金流量是指一段时间内企业现金和现金等价物的流入和流出。现金流就如同企业流动的血液，没有它企业就无法存活；管理不好企业就会面临生存危机。现金流量包括现金流入量、现金流出量和现金净流量。

1. 现金流入量

现金流入量是指企业现金及现金等价物流入的数量，包括企业销售商品及提供劳务（现销部分）收到的现金、收回投资取得的现金、向银行借款收到的现金等。

2. 现金流出量

现金流出量是指企业现金及现金等价物流出的数量，包括企业购买商品、接受劳务支付的现金、投资支付的现金和偿还债务支付的现金等。

思考

除以上现金流入和流出项目外，企业还有哪些现金流入和流出的项目呢？

---

3. 现金净流量

现金流入量和现金流出量的差额即为现金净流量。如果企业能一直保持现金净流量为正，即现金流入量大于现金流出量，则说明企业的资金运转管理良好；而一旦现金净流量出现负数，则应该分析形成这一状况的原因，避免“入不敷出”给企业经营带来风险。

现金净流量＝现金流入量－现金流出量

思考

你遇到过“入不敷出”的情形吗？是怎么应对的呢？

课堂训练

假设晓岚奶茶店20×9年11月发生以下事项：

1. 向银行借入周转金20 000元；
2. 支付5 000元的店面租金；
3. 支付10 000元的店面装修费；
4. 支付6 000元购买新的水吧台和制冰机；
5. 支付20 000元的包装设计费；
6. 支付10 000元购买奶茶粉、牛奶、水果等奶茶原料；
7. 收到27 900元的奶茶销售款。

要求：请在下表填列晓岚奶茶店本月的现金流入和现金流出量。

晓岚奶茶店现金流入流出量统计表

20×9年11月　　　　单位：元

现金流入		现金流出	
项目	金额	项目	金额

续表

现金流入		现金流出	
合计		合计	
现金净流量			

（二）现金流量表的内容和结构

现金流量表是用于反映企业在一定会计期间（如月度、季度或年度）现金和现金等价物流入和流出的报表。与资产负债表和利润表不同，现金流量表是按照收付实现制原则进行编制的，其内容主要包括企业的经营活动产生的现金流量、投资活动产生的现金流量和筹资活动产生的现金流量。按照我国会计准则的规定，其格式分别按一般企业、商业银行、保险公司、证券公司等企业类型予以规定，企业应根据其经营活动的性质，确定本企业适用的现金流量表的格式。一般企业的现金流量表如表4-13所示。

表4-13　现金流量表

会企03表

编制单位：　　　　年　　月　　　　单位：元

项　目	本期金额	上期金额
一、经营活动产生的现金流量：		
销售商品、提供劳务收到的现金		
收到的税费返还		
收到的其他与经营活动有关的现金		
经营活动现金流入小计		
购买商品、接受劳务支付的现金		
支付给职工以及为职工支付的现金		
支付的各项税费		
支付的其他与经营活动有关的现金		
经营活动现金流出小计		
经营活动产生的现金流量净额		
二、投资活动产生的现金流量：		
收回投资所收到的现金		
取得投资收益所收到的现金		

续表

项　目	本期金额	上期金额
处置固定资产、无形资产和其他长期资产收回的现金净额		
处置子公司及其他营业单位收到的现金净额		
收到的其他与投资活动有关的现金		
投资活动现金流入小计		
购建固定资产、无形资产和其他长期资产支付的现金		
投资所支付的现金		
取得子公司及其他营业单位支付的现金净额		
支付的其他与投资活动有关的现金		
投资活动现金流出小计		
投资活动产生的现金流量净额		
三、筹资活动产生的现金流量：		
吸收投资收到的现金		
取得借款收到的现金		
收到的其他与筹资活动有关的现金		
筹资活动现金流入小计		
偿还债务所支付的现金		
分配股利、利润或偿付利息支付的现金		
支付的其他与筹资活动有关的现金		
筹资活动现金流出小计		
筹资活动产生的现金流量净额		
四、汇率变动对现金及现金等价物的影响		
五、现金及现金等价物净增加额		
加：期初现金及现金等价物余额		
六、期末现金及现金等价物余额		

1. 现金流量表的主要内容

现金流量表中的现金流量包括经营活动产生的现金流量、投资活动产生的现金流量和筹资活动产生的现金流量三大类(见图 4-12)。

1)经营活动产生的现金流量

现金流量表内的经营活动，是指企业投资活动和筹资活动之外的所有交易和事项。各行各业都有自身的经营活动，如制造企业生产产品并对外销售、咨询服务企业对外提供咨询服务、互联网企业经营网站等，在这些经营活动中就会相应地产生现金的流入和流出。一般而言，我们要关注一家企业的经营活动是否能给企业带来现金净流入，能带来现金净流入说明企业的经营

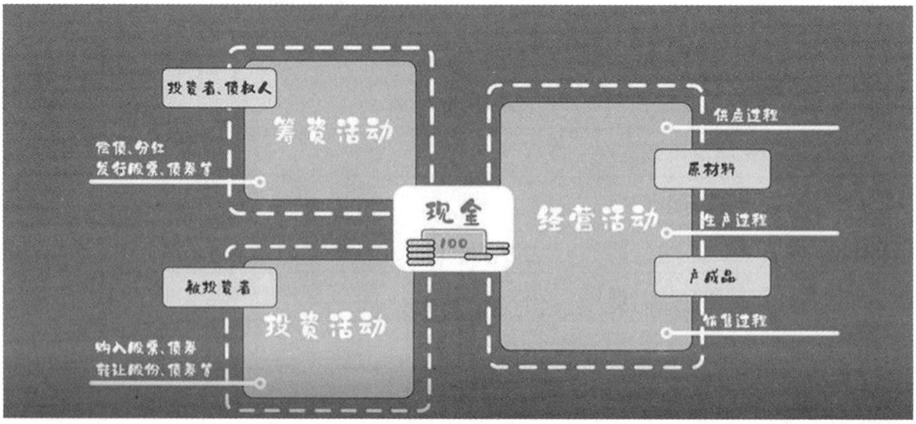

图 4-12　现金流量示意图

活动运转良好，企业的抗风险能力较强。

思考

银行等金融机构的经营活动会产生哪些现金流入和流出呢？

2）投资活动产生的现金流量

现金流量表内的投资活动，是指企业长期资产的购建和不包括现金等价物范围的投资及其处置活动。投资既包括对外投资也包括对内投资，在企业的经营过程中，或多或少都会进行固定资产等长期性资产的投资，这类投资需要的资金数额大，而且占用期也较长，但是也会给企业带来长期的回报。一般而言，企业对外投资或者购建长期资产会产生现金流出，而收回投资或收到被投资方的分红会产生现金流入。

3）筹资活动产生的现金流量

现金流量表内的筹资活动，是指导致企业资本及债务规模和构成发生变化的活动。通俗地讲，当企业在经营过程和投资过程中不能够产生现金净流入的时候，企业可能会发生资金的短缺，为了维持正常的经营活动，企业就会通过举债或者吸收投资的方式融资，从而为企业“输血”。借入款项和收到投资款会带来现金的流入，而归还借款的本息和向投资人分红则会导致现金的流出。

企业在经营过程中，为了保证经营活动能正常开展，就需要结合自身的业务特点做好现金的预算管理，加强资金的管控。如果企业在预算时发现某一时期会出现资金不足的现象，就应提前做好融资准备；反之，如果运营活动产生的现金净流入足够多，也可以考虑对外投资以提高资金的使用效率。

以晓岚奶茶店为例，奶茶店的正常经营活动，如奶茶销售、购买材料等引起的现金流量属于经营活动产生的现金流量，而购买水吧台、制冰机等设备引起的现金流量属于投资活动产生的现金流量，向银行借款等则属于筹资活动产生的现金流量。

课堂训练

假设晓岚奶茶店 20×9 年 12 月发生以下事项：

1. 以12元的平均价格售出奶茶4 000杯，取得48 000元的现金收入；
2. 支付本月5 000元的店面租金；
3. 支付员工工资12 000元；
4. 购买20 000元的原材料，其中10 000元款项于下月支付；
5. 支付3 500元购买奶茶杯、餐巾纸、吸管等物品；
6. 支付广告宣传费2 000元；
7. 缴纳税费1 400元；
8. 本月设备折旧1 700元；
9. 支付借款利息600元。

要求：请在下表填列晓岚奶茶店本月的现金流入和现金流出量。

晓岚奶茶店现金流入流出量统计表

20×9年12月　　　　单位：元

现金流入		现金流出	
项目	金额	项目	金额
合计		合计	
现金净流量			

2. 现金流量表的结构

企业的现金流量表采用报告式结构，分类反映经营活动产生的现金流量、投资活动产生的现金流量和筹资活动产生的现金流量，最后汇总反映企业某一期间现金及现金等价物的净增加额。

（三）现金流量表阅读分析

通过阅读企业的现金流量表，我们可以了解和评价企业获取现金和现金等价物的能力，对企业未来的现金流量进行预测，对盈利质量进行评价。

1. 对比分析

在资产负债表和利润表的阅读分析中，已经讲解了对比分析法的应用，现金流量表的对比分析主要围绕企业现金流量的结构进行，即通过分析企业经营活动、投资活动和筹资活动分别形成的现金净流量，据以观察企业获取现金和现金等价物的能力，判断企业的经营策略。

一般而言，成立之初的企业由于业务活动还没有走上正轨，经营活动往往还不能给企业带来现金的净流入，企业可能会面临现金短缺的情形，这就需要通过筹资活动进行解决，现金流量表中的经营活动和投资活动产生的现金流量净额会表现为负数（即现金净流出），筹资活动产生的现金流量净额会表现为正数（即现金净流入）；一旦企业的经营活动开始正常运转，现金流量表中各部分的现金流结构就会发生变化，如果企业投资活动的现金流量净额较长时期表现为负数，则说明企业在持续增加投资；如果企业筹资活动的现金流量净额表现为正数，则说明企业在通过负债或吸收投资进行融资。

思考

如果企业本期的经营活动现金流量净额由上期的负数转为正数，你认为说明了什么呢？

通过对现金流量表的结构进行分析，就能够判断企业的现金获取能力和经营发展策略，当然，这需要结合企业的资产负债表和利润表数据进行综合分析和判断。

课堂训练

已知两家上市公司的现金流量数据如下表所示，请分析两家公司的经营情况。

甲上市公司现金流量数据

单位：万元

项　　目	2020-09-30	2020-06-30	2020-03-31	2019-12-31	2019-09-30
经营活动产生的现金流量净额	138 865.19	85 961.54	23 759.77	75 547.42	70 529.7
投资活动产生的现金流量净额	−550 260.32	−506 445.21	−39 562.23	−51 365.11	−44 783.45
筹资活动产生的现金流量净额	423 447.3	436 968.55	437 396.55	−2 012.8	−1 895.35

乙上市公司现金流量数据

单位：万元

项　　目	2020-09-30	2020-06-30	2020-03-31	2019-12-31	2019-09-30
经营活动产生的现金流量净额	321 639.59	157 008.38	41 445.64	656 756.95	319 986.57
投资活动产生的现金流量净额	−40 994.96	21 201.9	7 722.97	8 885.14	40 176.31
筹资活动产生的现金流量净额	−291 897.94	−292 571.05	859.31	−264 744.97	−264 714.36

要求：分小组完成，并进行展示交流。

2. 财务指标分析

与现金流量有关的主要财务指标包括现金周转期、销售现金比率和现金流量比率。

1)现金周转期

现金周转期是指企业从支付现金购买存货到销售实现收回资金的时间周期。其计算公式为：

现金周转期＝应收账款周转期－应付账款周转期＋存货周转期

通常情况下,现金周转期越短,说明企业的资金周转就越快,加快资金的周转可以使企业保持持续盈利的能力。

2)销售现金比率

销售现金比率是指企业经营活动现金流量净额与企业销售额的比值。其计算公式为：

销售现金比率＝经营活动现金净收入额÷同期销售额

该比率说明反映的是每元销售收入得到的现金流量净额,其数值越大越好,表明企业的收入质量越好,资金利用效果越好。在经济活动中,有些企业为了获取更多的销售额而实施赊销的政策,但是过多的赊销会导致企业的应收账款增多,不仅让客户占用了企业的资金,而且造成坏账的风险也随之加大。

3)现金流量比率

现金流量比率是用以反映企业短期偿债能力的一个财务指标,是指企业经营活动产生的现金流量净额与流动负债的比率。其计算公式为：

现金流量比率＝经营活动现金流量净额÷流动负债

该指标值越高说明企业的短期偿债能力越强,但也并不是越高越好,原因在于现金是一项收益性差的资产,持有过多的现金反而会影响企业资产的收益率。反之,如果该指标值较低或者是负数,则说明企业的经营活动产生现金流量的能力差,企业可能陷入财务困境!

知识拓展　现金流量管理

阅读材料：跻身全球500强的京东是如何进行现金流管理的？

为了保证企业经营活动的正常开展,管理层应从企业战略管理的角度出发,合理安排资金筹集、使用及回收,避免因为资金管理不善给企业造成“血液”流动不畅,从而给企业经营带来隐患或破产的风险。

其中有效的管理方法之一就是编制企业的现金预算,通过现金预算对企业的现金收支进行管理,严格把控非预算内的现金开支;二是制定授权审批制度控制现金支出。

思考

你还知道什么有效的现金管理方法吗?

通过上面的学习，我们了解了资产负债表、利润表和现金流量表阅读分析的一些基本方法，为了更深入地了解一家企业的经营情况，判断其财务状况、经营成果和未来的发展趋势，除了这三张主要的财务报表外，还要认真阅读企业对外发布的财务报告附注，学习更多的企业财务数据内涵、应用方法，才能实现通过财务数据认知一家企业的目标。

任务实施

1. 查询同一行业 2～3 家上市公司 2021 年度的资产负债表数据，完成以下任务：

(1)选择其中的一家公司，利用 Excel 完成资产负债表简表的绘制，如下表所示，表项根据公司的实际财务报表数据填写，加粗的表项要求通过设置公式完成数据计算。

资产负债表简表

编制单位：　　　　　　　　　　2021 年 12 月 31 日　　　　　　　　　　单位：

资　　产	期　初　数	期　末　数	负债及所有者权益	期　初　数	期　末　数
流动资产合计			**流动负债合计**		
			非流动负债合计		
非流动资产合计					
			所有者权益合计		
资产合计			**负债及所有者权益合计**		

(2)对上述公司 2017—2021 年度的资产负债表数据进行对比分析，要求完成：

①2017—2021 年度公司的资产规模变化趋势分析；

②2017—2021 年度公司的资产结构分析，计算公司资产中流动资产和非流动资产所占的比例；

③2017—2021 年度公司的资产负债率、流动比率变化趋势分析。

(以上分析均要求使用 Excel，采用图表结合的方式完成。)

2. 查询同一行业 2～3 家公司的利润表，选择其中一家公司进行营业成本、期间费用的对比分析，要求：

(1)计算 2017—2021 年度该公司营业成本占营业收入的比重，使用柱状图进行分析，简要描述结论；

(2)分析 2017—2021 年度该公司期间费用的构成，使用饼状图进行分析，简要描述结论；

(3)计算上述公司 2017—2021 年度的净利润率和净资产收益率，并进行简要分析。

3. 查询同一行业 2～3 家公司的现金流量表，选择其中一家公司进行现金流量的对比分析。要求：

(1)分析该公司 2017—2021 年度期间公司各项活动带来的现金流量净额的增减变动，使用柱状图进行分析，简要描述结论；

(2)计算上述公司 2017—2021 年度的销售现金比率和现金流量比率，并进行简要分析。

任务反思

请分析和总结本任务的学习情况，写出你的收获和经验。

任务检测

一、单项选择题

1. 以下属于企业资产的是(　　)。

A. 企业自建的办公楼　　B. 企业租入的运货卡车

C. 企业向银行借入的100万元资金　　D. 企业发行的3年期债券

2. 资产负债表一般采用(　　)的结构。

A. 平衡式　　B. 账户式　　C. 多步式　　D. 列表式

3. (　　)是衡量企业负债水平及风险程度的重要标志。

A. 净资产收益率　　B. 资产负债率

C. 总资产周转率　　D. 流动比率

4. 以下反映企业最终经营成果的是(　　)。

A. 毛利　　B. 营业利润　　C. 利润总额　　D. 净利润

5. 以下属于与现金流量有关的财务指标的是(　　)。

A. 净利率　　B. 资产负债率　　C. 现金周转期　　D. 流动比率

二、多项选择题

1. 以下属于企业流动资产的是(　　)。

A. 库存商品　　B. 办公楼　　C. 应收账款　　D. 专利权

2. 以下属于企业流动负债的是(　　)。

A. 短期借款　　B. 应交税费　　C. 应付职工薪酬　　D. 应付债券

3. (　　)是与利润表有关的财务指标。

A. 净资产收益率　　B. 资产负债率

C. 毛利率　　D. 销售现金比率

4. 以下属于企业现金流入项目的是(　　)。

A. 收到的货款　　B. 收到的投资款

C. 向银行借入的款项　　D. 支付的银行借款利息

5. 以下属于企业期间费用的是(　　)。

A. 管理费用　　B. 销售费用　　C. 税金及附加　　D. 财务费用

三、判断题

1. 资产负债表用于反映企业在一定时点上的财务状况,属于动态报表。(　　)

2. 利润表采用多步式结构。(　　)

3. 企业只要有利润,就不会破产。(　　)

4. 企业的流动比率越高,说明企业资产的变现能力越强,短期偿债能力亦越强。(　　)

5. 现金流量表是按照权责发生制原则进行编制的。(　　)

四、思考题

1. 股权质押是上市公司常用的一种债权融资方式,你是如何看待这种融资方式的?

2. 你认为资产负债表能够反映企业的全部资产吗？为什么？

3. 假设某一果农有 200 亩土地，以种植柑橘为主，20×9 年扩大种植面积后，为购买柑橘树苗向农业银行贷款 10 万元；收到财政发放的补贴 20 000 元；把没种完的柑橘树苗 100 株卖给其他果农得到 4 000 元；本年度收获柑橘 20 万斤，出售后获得收入 70 万元。则该果农的主营业务收入、其他业务收入、利得分别为：

主营业务收入：

其他业务收入：

利得：

果农在种植柑橘的过程中可能发生哪些损失呢？

任务评价

任务名称：

<table>
<tr><th>项　　目</th><th>内　　容</th><th>自 我 评 价</th></tr>
<tr><td>基本概念</td><td></td><td></td></tr>
<tr><td>知识点</td><td></td><td rowspan="3">A. 能识记知识点
B. 能理解知识点
C. 会应用知识判断分析实际问题
D. 能总结应用心得或进行经验分享</td></tr>
<tr><td>技能</td><td></td></tr>
<tr><td>重难点</td><td></td></tr>
</table>

说明：根据本任务的内容进行填列，并完成自我评价。

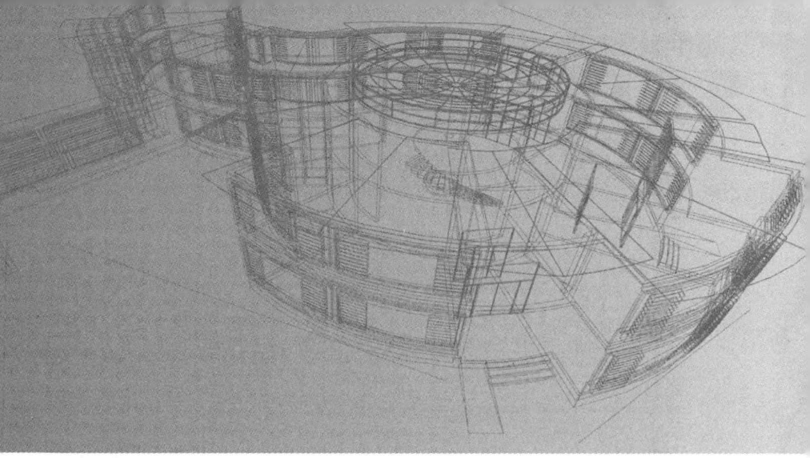

项目五

认知现代财务技术

•项目导读

随着人工智能、区块链、数字技术的不断发展和应用普及，现代财务技术日新月异，财务智能化转型的节奏越来越快。本项目介绍财务机器人和区块链技术的基本概念、在财务工作中的应用场景，使学生了解现代财务技术的发展和应用。

•学习内容

1. 财务机器人和区块链的基本概念；
2. 财务机器人和区块链在财务中的几种应用场景；
3. 财务机器人和区块链的会计变革。

•学习目标

（一）专业能力

1. 掌握财务机器人和区块链的基本知识；
2. 了解财务机器人和区块链的功能；
3. 理解财务机器人和区块链在财务管理中推动财务发展的作用；
4. 了解财务机器人和区块链的几大应用场景。

（二）专业素养

1. 养成能够在“互联网＋”下的财务工作中运用现代财务技术解决问题的能力；
2. 养成具有创新思维的现代财务技术新思想；
3. 养成懂法守法、诚信客观的职业素养。

（三）思政目标

1. 理解科学技术是重要的生产力，培养科学精神；
2. 感悟科技发展对推动我国现代化建设的重要作用。

•学习指导

1. 课前通过阅读学习资料，收集与财务机器人和区块链相关的知识；
2. 课中积极参加分组学习和讨论，完成课堂训练；
3. 课后通过任务检测，巩固掌握专业知识和技能；
4. 完成推荐资料学习。

任务一　财务机器人与财务服务

任务描述

本任务介绍财务机器人的基本知识，通过学习，使学生掌握财务机器人的基本概念和特点，了解财务机器人的应用场景，认识财务机器人对财务职能的影响以及会计人员的职能转变。

思维导图

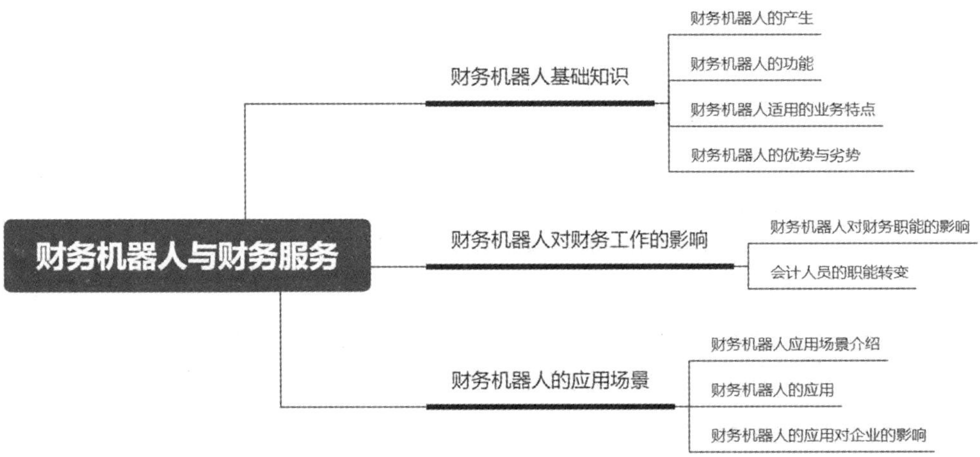

任务内容

引例

某大型国资企业在全球各地拥有20多家分公司和子公司，公司业务主要包括供应链、地产、金融、制造业和新兴产业等五大板块。公司总部在几年前打造了一个高度一体化的核心业务系统，旨在支持海内外各级分支机构的统一信息化管理。公司总部每月需要汇总各分公司和子公司的财务数据并上报至国资监管机构。对于大型的跨国企业来说，一份集合了各子公司及分支机构的合并财务报表的诞生需要经历复杂的工作流程：从最开始的数据催收、查阅汇率、科目余额汇总、合并抵销，到最后的财务报告生成以及财务核对校验……这些繁复的操作对财务人员来说虽然枯燥，但又必须执行。因此需要使用自动化技术来实现。

一、财务机器人基础知识

（一）财务机器人的产生

虽然财务机器人顶着机器人的名号，但它并不是我们传统印象中那种长胳膊长腿的拟人形机器人，其实质是一种软件机器人，是流程自动化在财务领域中的应用。目前的财务机器人是由 RPA 技术组成的，能够完全模拟实现工作中会计人员的工作流程，从而将人工财务管理转化为自动化操作。根据 RPA 技术特点，能够有效帮助财务工作人员完成工作量大、重复率高的工作。我们可以将 RPA 财务机器人作为财务部门的虚拟会计，专门为传统财务管理解决重复性工作流程，实现自动化管理。

微课：认知财务机器人

财务机器人是流程自动化在财务领域中的应用，它起源于流程自动化技术的发展、成熟。2015 年前后，RPA(robotic process automation)这个概念开始流行起来，RPA 是基于计算机编码的软件，是通过执行基于规则的任务使得手工活动自动化的一种技术。在数字时代全面来临的大背景下，随着全球信息化水平的不断提升，RPA 技术在各个行业被广泛应用，而将 RPA 应用于财务领域，就产生了财务机器人。

早期的 RPA 财务机器人主要是模拟人对鼠标、键盘的操作，无法处理非结构化数据等较为复杂的对象，而且一旦涉及如需要将实体数据录入计算机等复杂操作时，将会出现“断点”，无法实现全流程自动化。近年来随着 RPA 技术的质变，也引起了 RPA 财务机器人市场的需求量变，再加上 AI(artificial intelligence)的应用，RPA 财务机器人能处理一些流程相对更灵活的业务，使得其充分发挥能量的场景进一步拓宽。

以达观数据为上海政府提供的一个 RPA 系统为例，它解决了外籍人士工作许可申请中的各种信息录入和汇总问题。在 RPA 中结合 OCR、NLP(自然语言处理)等技术，让以往需要工作人员对照纸质文件录入、核对的信息实现了自动录入，并能根据字段特征，自动填写到相应系统的相应位置。使用这套新系统后，整个工作许可申请流程从以前的一个月缩短到了一周。

据 HFS Research 的研究数据，RPA 的全球市场规模已从 2016 年的 6.12 亿美元增至 2018 年的 17.14 亿美元，预计到 2022 年底，市场规模将达到 43.08 亿美元。虽然 RPA 技术并非财务领域专属，但作为 RPA 应用最广的领域之一，一些简单、重复、有规律可循的工作逐渐被财务机器人所取代，财务人员的价值越来越体现在创造性的工作内容上。随着 RPA 市场的扩大，RPA 财务机器人市场热情也将不断高涨，渗透到财务工作的方方面面。

知识拓展　RPA 机器人在财务领域的典型应用

简单来讲，RPA 技术是一种处理重复性工作、模拟手工操作的程序，因此其适用的流程主要有以下特征：①简单重复操作，如系统数据的录入、核对等；②量大易错业务，如每日大量的交易核对，大量费用单据的审核；③7×24 小时工作模式，弥补人工操作容忍度低、峰值处理能力差的缺点，适用于企业 7×24 小时业务。正是由于 RPA 技术的这些优势，能将人们从重复、烦琐的工作中解放出来，提高工作效率，因此，RPA 技术在财务领域得到了很多深度应用的案例。

比如，2017 年，德勤就推出了“小勤人”机器人。小勤人初次亮相，就刷爆了朋友圈。通过宣传片，我们能看到在发票管理中，财务人员只需要将发票放入扫描仪进行扫描，配合 OCR 技术和 Insight Tax Cloud 发票查验云助手，不到一分钟的时间，就可以成功查验一张发票并在 Excel 表中登记结果。

除此之外，在财务领域中，关于费用报销、采购付款核算、总账到报表、税务管理等流程上，也有很多具体的应用场景。

比如“一键报税”功能：大家都知道，对代账企业的会计人员来说，在每一个有限的报税期内，要同时面对几十家甚至上百家企业的报税任务，工作量非常繁重。而利用 RPA 技术，能让机器人自动做好纳税申报准备—自动填税表—自动申报—自动回传结果这一系列模拟人工报税的过程。如果说人工完成一家企业报税工作平均需要 20 分钟(原始数据完整无误的情况下)，那么 RPA 则只在 3 分钟内就可完成，且过程无任何错误。

素养提升

新时期财务数字化转型

“十四五”时期，我国正在经历第四次工业革命的科技发展及技术快速迭代时期，大数据、人工智能、移动互联、云计算、物联网、区块链等数字技术呈迅猛发展态势，应用场景也在不断深化，使经济社会数字化转型全面开启和深入推进，为新时期会计信息化应用场景全面转向数字化带来新的机遇，同时也带来了前所未有的挑战。放眼未来，人工智能与自动化正在重塑财务职能。企业只有在合适的环节运用新兴技术，才能紧跟时代的步伐，提高企业财务的生产力，带动业绩的增长。财务人员只有不断拓宽个人知识边界，提升迭代个人现代信息技术的能力，才能适应行业发展对人才的需求。

(二)财务机器人的功能

RPA 技术是指通过使用用户界面层中的技术，执行基于一定规则的可重复任务的软件解决方案，是数字化的支持性智能软件，也被称为数字化劳动力(digital labor)。

从功能上来讲，RPA 是一种处理重复性工作和模拟手工操作的程序，可以实现以下功能：

1. 数据检索与记录

RPA 可以跨系统进行数据检索、数据迁移以及数据录入。

2. 图像识别与处理

通过 OCR(optical character recognition，光学字符识别)技术识别信息，并可在此基础上审查和分析文字。

3. 平台上传与下载

能够按照预先设计的路径，上传和下载数据，完成数据流的自动接收与输出。

4. 数据加工与分析

能够进行数据的加工与分析，包括数据检查、数据筛选、数据计算、数据整理、数据校验。

5. 信息监控与产出

RPA 可以基于模拟人类判断，实现工作流分配、标准报告出具、基于明确规则决策、自动信息通知等功能。

(三)财务机器人适用的业务特点

企业可以根据财务共享的要求，对相关业务流程进行评估，以目标作为核心，对企业的财务流程进行测试，在充分掌握业务流程的基础上，选择合适的财务机器人代替人工。

1. 数量规模性

RPA 机器人不仅能替代人工作业，还能进行二十四小时不间断作业，能够完成需求量较大的业务。并且人在财务工作当中，会产生疲倦和身体不适等情况，而 RPA 财务共享机器人不会出现这些情况，其软件机器人特点让其永远不会疲倦，并且按照一定速度完成命令，因此能完成规模化的工作。

2. 工作重复性

在财务工作中，部分工作需要人工反复进行处理，不仅会导致人工成本大大增加，而且出错概率会增大，而采用机器人作业可以避免这类问题的出现，因此财务机器人可以代替人工完成大量重复性工作。

3. 财务数字化程度

因财务机器人现阶段还无法主动判断业务，需要依靠业务条件来进行处理，如果以数据标准化为基础，就能够进行高度充分作业。因此，如果企业业务具备以上数据条件，则适合使用财务机器人。

4. 系统异构程度

财务机器人能够登录不同的管理系统自动实施财务管理技术，不必对现有系统进行升级和开发，就能直接实现数据转化和管理，当财务管理过程中发现异构系统数据交换困难时，企业可以采用财务机器人进行管理，从而提高异构系统数据处理。

5. 提高单位生产效率

以人工采用Excel填入十个单位工作表格为例，这一工作需要反复进行复制粘贴处理，才能完全输入到财务系统当中，并且还需要人工审核是否正确，这样会耗费大量时间和精力。一旦遇到大量数据需要处理时，很可能需要花费几天甚至更长的时间来处理，并且数据正确率有待审核，这就是人工进行数据处理的缺陷。而基于RPA技术的财务机器人，能够自动复制Excel表格内的财务数据，将数据内容存入财务系统当中，操作程序和人工一模一样，并且能够更好地执行操作，保证百分之百的准确率，同时节省审核时间，能够极大地减少财务工作时间。

（四）财务机器人的优势与劣势

1. 财务机器人的优势

1）对财务工作带来促进作用

财务机器人可以完成会计和税务上大量、重复、耗时等基础操作流程自动化执行的部署工作，并为银行对账、来款提醒、增值税账实检查和增值税票真伪查验等工作流程提供更好的服务，给财务工作带来了很大的促进作用。

2）提高工作效率，有效节约成本

以报税工作为例，在未引入财务机器人之前，财务人员需要耗费大量的精力在纳税申报上，而机器人可以将需要查验真伪的增值税票直接发送到国税总局的查验平台验证真伪，并把查验结果反馈给工作人员，在提高纳税工作效率的同时，也能使财务共享中心节约对人力成本的投入。

3）增强会计信息可靠性，提高财务信息质量

财务机器人最大的特点就是能够自动执行企业基本的财务流程操作，流程的规范化、自动化能够在很大程度上避免人为操纵会计信息的现象，弥补了因财务舞弊导致会计信息失真的漏洞，有利于增强会计信息可靠性。

4）提高企业经济效益，提升企业竞争力

财务机器人的投入使用大大减轻了会计人员的工作量，因此会计人员有更多的时间参与更为增值的工作，如利用机器人提供的信息及数据从财务的角度综合分析企业的运营状况，为提高其营运能力提出建议，从而给企业带来更高的经济效益。

2. 财务机器人的劣势

1)有可能会产生会计信息的安全危机

如果遭到黑客恶意攻击，且企业的信息安全防护体系不够完善，很容易面临信息被泄露的风险。财务机器人执行的固然是比较基础的工作任务，不过还是保存着企业的经营数据、客户信息、会计行为等商业机密，一旦泄露出去，将对企业的发展造成严重的影响。

2)财务机器人目前价格上还不具备竞争力

特别对于中小型企业来说，支付高额的软件开发费用会导致经营成本的上升，很多中小企业宁愿继续选择用较低的人工成本而放弃使用更先进的财务机器人，因为机器人技术带来的成本效益对他们而言可能还不够明显。

3)受应用环境的限制和影响

虽然财务机器人的优势很明显，但是由于财务机器人的应用是以强化管理、服务决策为出发点的，必然受到企业应用环境的限制和影响。

二、财务机器人对财务工作的影响

(一)财务机器人对财务职能的影响

财务机器人的运用，改变了原有的财务工作方式和财务人员的观念，推动了财务组织架构变革，同时对财务人员的素质和技能也提出了更高的要求。

1. 影响财务组织分工

财务组织中会出现新的技术团队和业务团队(即机器人流程处理团队和例外业务处理团队)，前者对机器人的管理和日常运维负责，后者负责辅助和拓展财务机器人的工作，如图 5-1 所示。同时，财务机器人促使基础财务人员的比重进一步减少，从事公司经营支持和决策支持的财务人员比重上升；财务人员的工作内容也变得更有挑战性，他们不再从事基于规则的重复判断，而是投入更多精力在流程优化、业务监控和数据分析上。

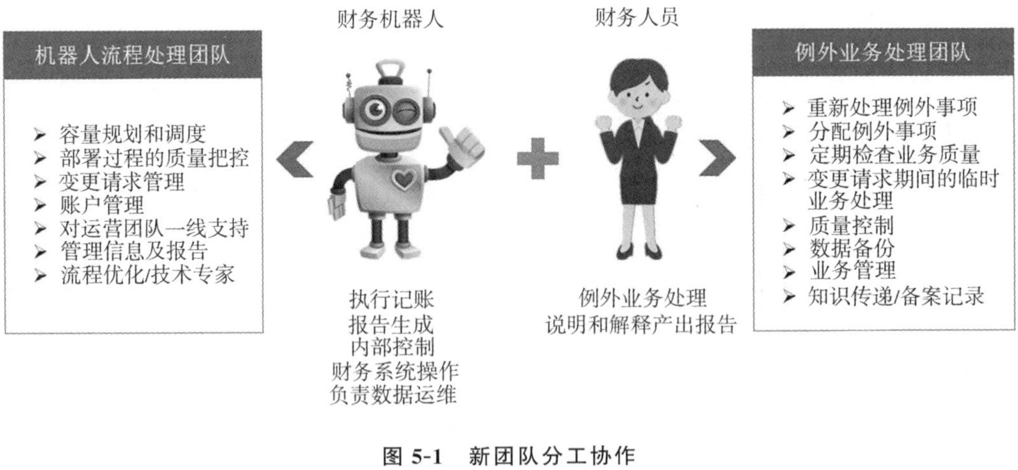

图 5-1 新团队分工协作

2. 推进财务人员转型

财务机器人的运用和其他新兴技术一样，推动了财务人员的转型，未来需要更多精通数据分析和预测、具备跨职能部门知识、善于与业务部门构建合作关系的各类复合型人才。财务人员要能够精通会计、擅长管理、熟知信息技术、洞察业务，并且具备战略远见，从而能够更好地参与商业模式创新的规划与实施，为企业提供更有见地的数据分析，推动企业新业务的布局和数字技术应用等。财务人员要不断创新，实现自身的转型与再造，重塑财务理念与知识体系，才能满足时代要求和企业的需求。

（二）财会人员的职能转变

阅读材料：
数字员工办公室

1. RPA 将推动会计和业务流程管理自动化

RPA 是将一些高度结构化的、常规的会计师事务所手工任务业务流程由自动化机器人来执行，可使企业的财会人员和管理者有更多的时间做更高端的增值管理工作。RPA 是过去五年出现的，是一套基于规则的业务流程自动化软件工具（服务自动化软件）（Lacity&Willcocks）。最近关于 RPA 的案例研究报告在不同业务流程管理的应用（Asatiani&Penttinen），一些作者（Fung; Lacity&Willcocks）提出了选用流程自动化 RPA 的好处。RPA 适用于那些高度结构化的任务，诸如财务、会计、审计、采购、人力资源和办公流程等。

机器人流程自动化应用范围很广泛，包括从单一企业的办公流程到大集团企业部署成千上万个不同流程自动化，这里的流程自动化机器人是一块软件，每块软件都被编制成能完成特定任务的程序模块，可以与原来 ERP 系统连接并自动完成各业务流程。最新的研究统计数据表明，在 2016 年，在全球范围内已经超过 10%的组织机构引入 RPA 技术提升日常的运营管理。预计 2022 年全球 90%的大型组织将以某种形式应用 RPA；到 2024 年，RPA 市场继续保持两位数的高速增长，RPA 将加快会计和业务流程管理自动化的推进。

2. 财务机器人的普遍应用，将使普通的财会人员大量转岗

2016 年德勤咨询公司（Deloitte Consulting LLP）在中国企业率先推出 RPA（财务机器人）应用咨询服务，其负责人戴夫·库德（Dave Kuder）在接受记者采访时表示，企业使用 RPA 的目的是将传统业务流程自动化，以实现企业的人才、技术和时间资源节省。通过使用 RPA，财务总监和相关管理人员可以用不到半小时或更短时间完成过去需要花数天甚至数周才能完成的事务，它有超高工作效率（相当于人的几十倍），而且其工作质量保持在无错误，由此节省很多的人力资源和财务成本以及避免了人工差错。所以，这项技术的应用促使传统的会计岗位加快消亡，由此造成大量会计人员下岗和转岗。

至目前，国际四个会计师事务所已经相继推出财务机器人软件，国内的金蝶和用友软件公司也相继发布了云服务财务机器人，据 Gartner 预计，到 2023 年底，90%的大型和超大型组织将部署某种形式的 RPA。未来的财务机器人会逼迫更多财会人员必须接受财务机器人的挑战，通过学习重构自身的财会核心能力。

3. 财会人员在 AI 时代的核心技能需要重新构建

按照财务机器人应用的普及和 AI 应用发展趋势，打造真正前沿的机器人需要与人工智能相结合。人工智能理论、管控智能化和决策支持智能化是“三轮”，怎样将三轮紧密互动起来，这是智慧会计需要重点研究的问题。尤其是三轮驱动中的 AI 应用两轮——“管控智能化”和“决策支持智能化”的研究颇具挑战性。目前，智能化在会计中的应用还停留在诸如财务机器人的会计凭证自动辨识、会计分录自动生成和会计报告编制自动化方面，然而学术界对会计智能化的理论研究严重滞后，这个问题可引起高校会计智能化教育重大变革。

就 RPA 应用发展的趋势而言，仅有 RPA 与 AI 技术结合成为真正的财务机器人。也就是 RPA 必定隐含着人工智能在业务流程自动化的应用。现在 AI 正从运算智能、感知智能向认知智能及创造智能的方向发展。业务流程自动化包括认知智能（含理解、运用语言的能力，掌握知识、运用知识的能力，以及基于语言和知识的推理能力）和情景情绪计算等智能技术的融入。在这方面先行者是 IBM，它与 Automation Anywhere 公司合作，将 IBM 的认知智能结合到 RPA；最近毕马威咨询公司率先引入 IBM 的认知智能系统 Watson，与 RPA 结合应用到财务流程自动化上。所以人工智能与财务流程管理自动化的结合是一种必然的趋势。提出 RPA 与 AI 技术结合成为真正的强智能财务机器人。

实际上，当前使用的 RPA 不具备相机决策的智能，即便 RPA 进化后也还是结合部分认知智能技术提供服务的，但也不容易实现专业人士的高端思维智能对变化的反应和迅速提出备选方案，这个过程还是需要高端经理人的帮助。因此，如何提升财务机器人的认知智能和创造能力需要一套理论来支撑，是未来研究的一个难题。

三、财务机器人的应用场景

（一）财务机器人应用场景介绍

财务机器人是一种新兴人工智能工具，提供新的技术思路促进企业财务共享服务中心业务流程优化与改进。RPA 模仿人类的行为，帮助企业实现过程自动化，从而以标准化、高质量的方式处理数据。财务机器人具有复杂的逻辑判断能力，完全模拟人的行为进行信息输入、数据读取、应用系统操作、报表制作等操作，提供不写代码、图像式流程自动化设计器，无论是一般业务人员还是 IT 开发人员均可以轻松驾驭流程自动化。同时，财务机器人还提供了灵活的、丰富的元素和基于不同应用 API 的连接器，通过捕获方法来实现 UI 自动化，包括但不限于元素路径解析、锚点定位、图片匹配和基于计算机视觉能力的元素认知，指定应用的自动化操作只需简单配置即可完成。

财务机器人的主要功能包括：

（1）将流程机器人部署到企业的 IT 环境中，采用非侵入式的系统集成方式跨平台、跨系统交互，对企业现有的应用系统零影响。

（2）提供了断点调试、单步调试等工具，结合动态编译器，辅助开发者更轻松地完成流程设计、及时发现并纠正流程中的问题，实现动态编译和调试功能。

（3）内置丰富的流程模板，支持自定义新的模板，对重要性流程进行模板化，通过调用流程文件来提高开发效率。

（4）自动生成流程步骤，对用户一连串的点击、选取等动作进行记录，提高流程设计效率；通过界面配置完成流程逻辑规则设计，内置强大规则引擎应对所有复杂的业务逻辑。

（5）支持市面上包括 Android、Linux、Windows 在内的大多数操作系统版本，具有多平台的兼容性，提供灵活的部署方案。

（6）允许用户按照指定的规则编写外部脚本，通过插件的方式将其导入到 Cyclone 中作为功能节点进行使用，开发丰富的组件库，可扩展性突出。

（7）能够对某些预计出现的异常进行预判，在流程设计过程中针对性地设置了相应处理机制，使流程运行更加顺畅。

(二)财务机器人的应用

1. 费用报销

费用报销流程是财务共享服务中心实施最为普遍的流程,也是财务机器人使用最广泛的流程,具体流程见图 5-2。

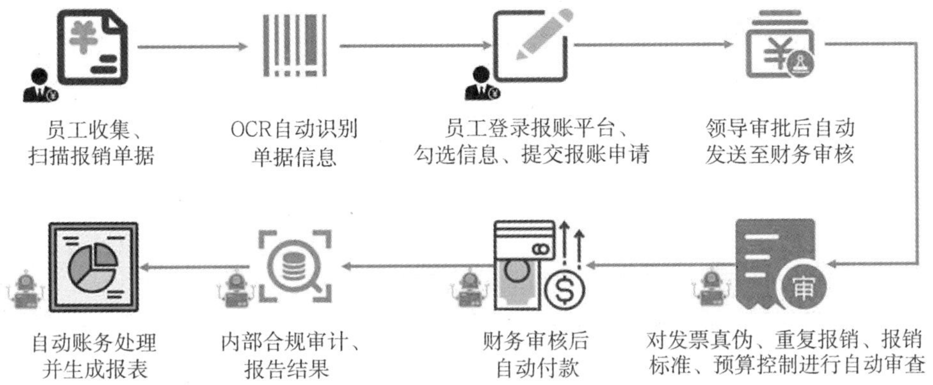

图 5-2　RPA 在费用报销流程中的应用

1)报销单据接收

财务机器人对多种渠道采集而来的各类发票和单据进行自动识别、分类汇总和分发传递,自动生成报销单并发起审批申请。

2)费用报销智能审核

人工设定费用报销审核规则,将其内嵌至费用报销系统。财务机器人按照设定的逻辑执行审核操作,如对发票查重验真、进行预算控制和报销标准审查、记录检查结果并反馈等。

3)自动付款

报销单通过审核后自动生成付款单;付款单进入待付款中心,财务机器人依据付款计划执行付款操作。

4)账务处理及报告

付款单依据记账规则自动生成凭证,自动提交、过账,并生成财务报告,汇报至管理层。

知识拓展

费用报销审核的规则主要包括发票信息一致性(影像信息与电子面单的一致性,段值信息包含发票号码、发票代码、发票接收日期、发票日期、发票类型、发票币种、发票金额、税率、税金、可抵扣税率、可抵扣金额、不含税金额、发票订单小额尾差)、发票验真验重、发票信息是否匹配、收款信息一致性(影像信息与电子面单的一致性,段值信息包含结算方式、付款类型、收款人类型、收款人、收款人银行账号、收款人开户银行、供应商、币别、汇率、原币金额、本位币金额、是否对公账号、预计付款日期、备注)、借款核销信息审核、风险合规性审核(发票号不连号、摘要不包含报销敏感词汇等内部管理、行业监管要求的规则校验)、附件是否齐全、采购类报销风险合规性审核、差旅费费用标准审核(住宿标准、出差城市补助标准、专票价税分开填报)等。

2. 采购到付款

实现从供应商管理、供应商对账,到发票处理及付款整个过程的无缝衔接是采购到付款流程的重点,其中财务机器人适用的子流程见图 5-3。

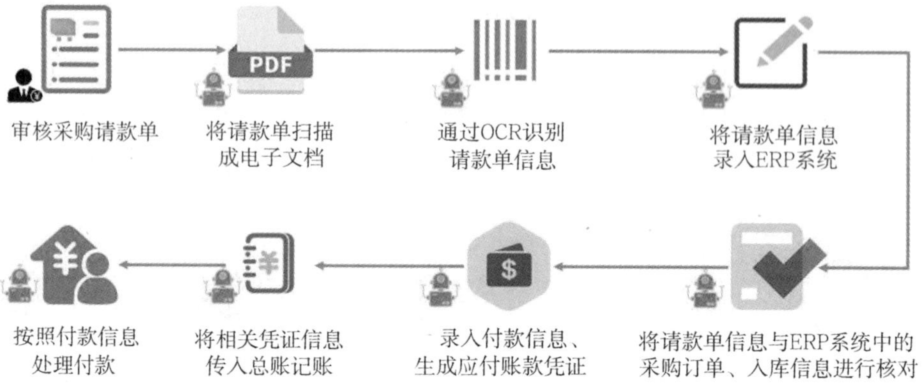

图 5-3　RPA 在采购到付款流程中的应用

1)请款单处理

通过 OCR 扫描请款单并识别相关信息,财务机器人将请款单信息录入 ERP 系统,对订单信息、发票信息、入库单信息进行匹配校验。

2)采购付款

财务机器人自动提取付款申请系统的付款信息(付款账号、户名等),并提交网银等资金付款系统进行付款操作。

3)供应商对账

人工设置好对账触发时间,机器人登录财务模块向供应商发送对账提醒邮件,并自动完成订单状态和发货状态查询。

3. 总账到报表

总账到报表流程中关账、标准记账分录处理、关联交易处理、对账、财务报表的出具等工作可借助财务机器人完成,具体子流程如下:

1)关账

在期末,财务机器人自动进行各项关账工作,例如现金盘点、银行对账、销售收入确认、应收账款对账、关联方对账、应付款项对账、存货的确认和暂估等。如发现异常,发送预警报告;如对账无误,则自动进行账务处理。期末关账具体流程如图 5-4 所示。

2)标准记账分录处理

财务机器人周期性对账务分录进行记录和结转。

3)关联交易处理

财务机器人根据相关子公司的交易信息,实现自动关联交易处理。

4)出具单体报表

财务机器人自行完成数据汇总、合并抵销、邮件数据催收、系统数据导出及处理等工作,自动出具模板化的单体报表。

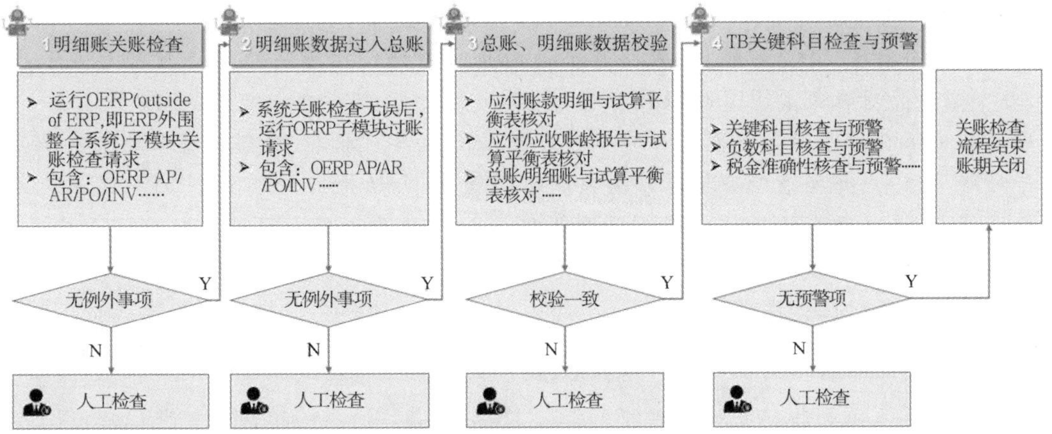

图 5-4 RPA 在期末关账流程中的应用

5)出具合并报表

财务机器人从系统中导出并根据规则完成汇率数据和当月境内外合并数据的处理和计算，计算出期末余额并对结果进行检查；再对子公司报送数据进行催收和汇总，根据抵销规则生成合并抵销分录；最后，根据生成的数据，形成当月合并报表。合并报表出具流程具体如图 5-5 所示。

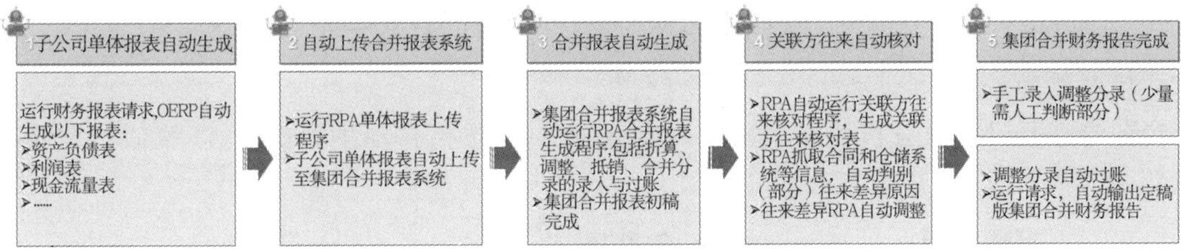

图 5-5 RPA 在合并报表出具流程中的应用

4. 资金管理

资金管理流程中适合财务机器人的具体子流程如下：

1)银企对账

机器人取得银行流水、银行财务数据，并进行银行账和财务账的核对，自动出具银行余额调节表。

2)现金管理

财务机器人根据设定的现金上划线执行现金归集、现金计划信息的采集与处理等；引入智能算法，按照预设的规则，根据支付方式、支付策略、支付金额等多种因素，计算最优化组合，完成资金安排；同时动态监控资金收支，帮助集团企业实时掌控集团资金状况。

3)收付款处理

财务机器人根据订单信息和供应商信息，自动完成收款与付款。

4)支付指令查询

资金支付指令发出后，财务机器人可自动查询银行返回的支付结果，并邮件反馈查询结果。

案例

中兴新云银企对账机器人

传统的银企对账,需要按银行、账户逐个进行手工对账。由于一个单位往往存在多个银行账户,每个账户的对账都要重复各操作步骤,导致效率低下,且存在一定的疏漏风险。

中兴新云银企对账财务机器人替换了原有的人工操作。期末,财务机器人登录网银系统获取银行对账单信息,并登录财务核算系统获取账务数据,自动执行对账操作,再将结果记录至银行余额调节表,重复所有的操作至所有账户循环完毕。财务机器人还可以按照定制化需求,导出银行对账单,实现对账单的合并与汇总,并把最终结果按所要求的格式上传至系统中。实施自动化前后的流程对比如图 5-6 所示。

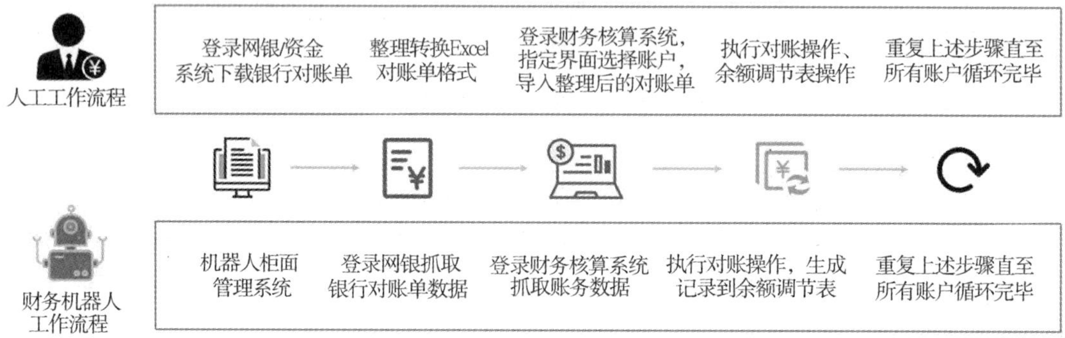

图 5-6 银企对账人工流程与财务机器人工作流程对比

5. 税务管理

税务管理是目前财务机器人运用较为成熟的领域,包括自动纳税申报、涉税信息校验、增值税发票验真等子流程(见图 5-7)。

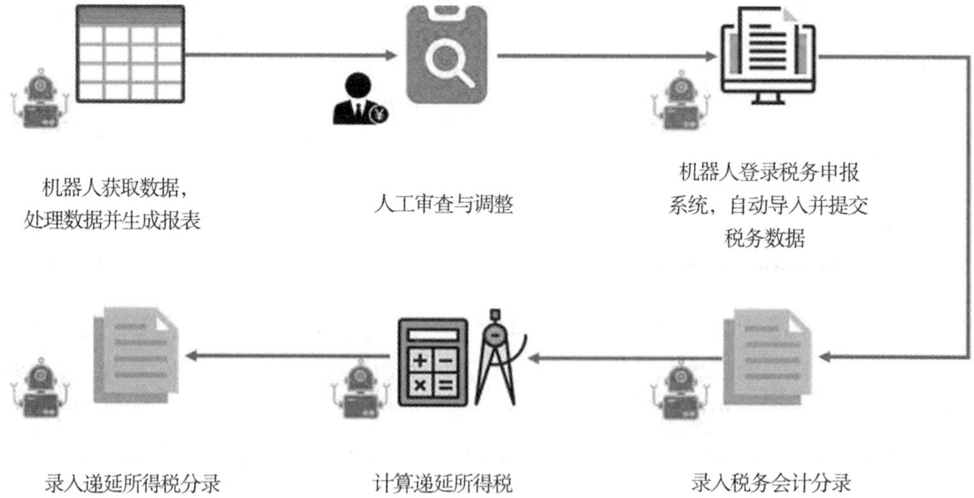

图 5-7 RPA 在纳税申报流程中的应用

1)纳税申报准备

期末财务机器人自动登录账务系统,按照税务主体批量导出财务数据、增值税认证数据等税务申报的业务数据基础。

2)税务数据获取并维护

财务机器人获取事先维护好的企业基础信息,用以生成纳税申报表底稿。

3)涉税数据核对校验

财务机器人通过设定好的规则调整税务差异项;借助预置的校验公式进行报表的校验。

4)纳税申报

根据特定逻辑由工作底稿自动生成申报表并在税务局端系统自动填写纳税申报表。

5)涉税账务处理及提醒

财务机器人根据纳税、缴税信息完成系统内税务分录的编制,自动进行递延所得税、资产或负债的计算,完成系统内的入账,并邮件提醒相关责任人。

6)增值税发票开具

基于现有待开票信息,财务机器人操作专用开票软件开具增值税普通发票和增值税专用发票。

7)发票验真

财务机器人可基于发票票面信息自动校验发票真伪,并且可将增值税发票提交到国税总局查验平台进行验证和认证,并反馈和记录结果。

对于纳税主体较多的集团型企业,由于纳税申报的数据来源不同、申报的数据量较大,员工手工申报耗时长、效率低,且数据准确性无法保障。而纳税申报过程整体 RPA 适配度较高,相当多的步骤可以借助机器人进行自动化。中兴新云纳税申报机器人将申报流程细分为数据准备、纳税申报、账务处理和评估审查四个子流程,可显著降低集团型企业办税负担,保障税务数据的准确性,具体流程如图 5-8 所示。

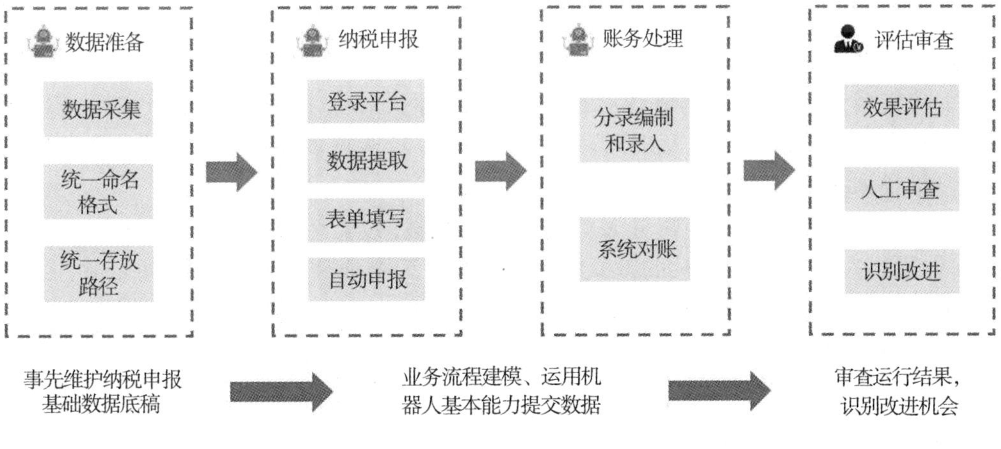

图 5-8　中兴新云纳税申报自动化流程

数据准备主要是指财务机器人与本地数据如税务主体信息、开票信息、财务信息等信息的交互,期末机器人自动登录账务系统,导出财务数据,调整税务差异等。纳税申报过程包括财务机器人与税务局系统的交互,如登录申报系统、填写并提交申报表等动作。账务处理过程则是纳税、缴税的账务化反映,财务机器人完成申报后自动进行分录的编制和录入,完成系统内的入账。最后,由员工定期对财务机器人的工作成果进行评估、审查和改进。

除以上流程外,在订单到收款、固定资产管理、存货到成本、档案管理等重复性较高、业务量较大的流程上,财务机器人的运用也很常见。借助于预先设置的模型,财务机器人还可实现对预算管理、绩效管理、管控与合规等较为依赖人为判断的流程提供决策参考。财务机器人减少了企业人力投入、降低了风险,更能高效支撑业务发展和经营决策。

知识拓展　财务机器人的种类

目前财务机器人包括出纳机器人、制证机器人、财务对账机器人、数据分析机器人、智能前置机器人、业务协同机器人。

1. 出纳机器人,就是去做出纳的事情,比如登录银行网银,查询银行账户余额、流水、交易明细等。

2. 制证机器人,就是代替人工,在财务系统中帮忙做凭证。

3. 财务对账机器人,就是可以进行日常对账管理工作。例如它可以在各个银行下载企业银行对账单,同时,把银行对账单按照企业的格式要求进行整理,并与企业日记账进行对账操作。

4. 数据分析机器人,就是自动获取表单及系统间的各类数据,并将这些数据进行重组加工,根据企业的需求进行数据分析。

5. 智能前置机器人,能够配合司库立方的智能前置机,模拟人工的方式登录企业网银,免去手动触发银行 U 盾 OK 键。

6. 业务协同机器人,主要是处理复杂化、流程化的工作。例如企业员工发起费用报销后,业务协同机器人能够识别报销单据内容及种类,进行信息填报。

(三)财务机器人的应用对企业的影响

目前财务机器人在国内企业的应用还处于较为基础的自动化阶段,对财务机器人的应用只是财务数字化转型升级的一个开端,但是随着信息技术的进一步发展,财务智能化程度将会随着 AI 技术的逐步发展而有大幅度提高,而财务工作随之从自动化走向智能化、数字化之路,企业需要进一步投入对财务智能化的探索当中。

财务机器人的应用对企业和财务人员的影响是必然的、复杂而深远的。

第一,体现在对企业财务人员的双重影响。一方面,企业将财务工作的重心由低附加值的财务基础工作向高附加值的管理会计转移,企业对于基础核算人员的需求量将逐步减少,就业市场快速饱和,从事基础工作的财务人员将面临前所未有的问题和挑战。另一方面,这也促使财务人员树立危机意识,更深入地思考未来。财务人员要通过不断学习成长,不断提升自己的专业素养、提高自己的专业胜任能力,并追随时代的步伐学习更多的计算机知识和技能,努力成为一专多能的复合型人才,提升自身的不可替代性。

第二,体现在对企业的双重影响。财务机器人在现阶段的应用确实有其优势,同时也存在一定的瓶颈。

一是展现优势方面。首先,从发票开具的流程来讲,人工开票和自动开票并无太大区别,财务开票机器人模仿手工开票的过程，从业务系统待开票申请池获取开票申请，对数据进行分类整理，转换为电子待开票申请单，进入税务系统进行自动开票，最后将所开具发票的数据信息回传至业务系统和财务系统。但是从工作的效果来讲，却将以往负责发票开具的财务人员整理商品清单、重复录入商品明细、连续进行发票打印的大量时间和精力节省下来，此外财务机器人还可以连续不间断工作，节约了大量录入、沟通、纠错的时间成本。通过对财务开票机器人程序的设定和赋值，不仅将从事财务基础工作的人员从繁重琐碎的日常工作中解放出来，让他们投入到更多重要的工作中去，还大幅度提高了工作质量和效率。其次，由于财务开票机器人可以高效、高质量地完成发票的开具，并将开票的类型、金额、明细、客户、订单号等数据回传至业务系统和财务系统，实现了业财数据的共享，使企业打通了不同部门之间、不同系统之间的工作壁垒，缓解了“信息孤岛”的现象，为企业的经营分析和战略决策提供了强有力的支持。

二是凸显瓶颈方面。首先，财务机器人是按照预先设定的操作程序开展工作，当出现需要人为判断或者分析的事项时，难以做出有效的应对，这就需要企业与供应商经常联系沟通，对财务机器人的程序设定进行必要的优化、升级，不断地更新、增加规则赋值，以积累更多的“经验”，因此财务机器人能否达到预期的使用效果，成为企业需要持续关注的事项。其次，财务开票机器人的安装对于计算机硬件要求较高，上线前的沟通、测试和上线后的运维、升级，需要经过一个较长周期的过程；上线使用后需要不断针对税务政策、税务系统、税率、业务流程等变化予以调试，后期的运行维护或者收取的服务费等方面均增加了企业投入的成本费用，增加了企业的运营成本。而随着财务机器人技术的不断升级，费用可能呈现长期增长的态势，出于成本效益的综合考虑，这也是需要企业权衡的重要因素。最后，由于财务机器人在国内市场的应用时间短，市场渗透率低，供应商以民营或私人控股企业为主，企业规模相对较小，供应市场和技术能力尚未完全成熟，所提供的产品很多还在探索尝试阶段，开发人员对财务知识的掌握和理解程度也参差不齐。因此，对财务机器人的系统安全、操作安全和信息安全等问题以及使用的稳定性要求也是企业考量的重要因素。对于财务机器人应用过程中涉及机密或敏感信息的，企业的信息系统和网址需要设置一定的访问权限，并需要连接公司内部建立的局域网络或办公网络登录使用，确保信息安全。

课堂讨论

财务机器人的出现与应用，使基础会计岗位减少，未来会计人员的价值会体现在做有创造性和不断变化的工作上。你怎么看待这一现象？

任务实施

1. 描述财务机器人的功能；
2. 解释财务机器人对财务工作的影响；
3. 调研或参观某企业的财务共享中心，了解财务机器人的应用情况并撰写调研报告。

任务反思

请分析和总结本任务的学习情况，写出你的收获和经验。

任务检测

请同学们结合案例内容领会理解财务机器人的应用，总结关于财务机器人应用的个人体会。

案例内容：

中国南方电网RPA+AI在业务流程赋能

一、案例背景

南方电网属国务院国有资产监督管理委员会监管的中央企业，是关系国家安全和国民经济命脉的特大型国有重点骨干企业。公司于2002年12月29日正式挂牌成立并开始运作，供电区域为广东、广西、云南、贵州和海南五省及港澳地区，负责投资、建设和经营管理南方区域电网。南方电网经营相关的输配电业务，参与投资、建设和经营相关的跨区域输变电和联网工程；从事电力购销业务，负责电力交易与调度；从事国内外投融资业务。

二、案例分析

在供电局供电服务中心服务调度值班室里，每天盯着电脑进行客服工单催办工作是再平常不过的场景，每天业务人员都得花60多分钟来进行工单催办。类似客服工单催办这样的重复性工作还有很多，公司管理大量用电客户和设备，很多员工每天都需要做诸如报表汇总统计、工单数据录入等工作，耗费大量的时间。通常人工一周需要完成230个工单，一周只能统计一次，且无法完成到各个细分环节。

实施RPA+AI后：

来也科技客服工单催办机器人成为基层员工的得力助手，借助客服工单催办机器人，完成一张工单催办仅需半分钟，比原来时间大幅压缩80%。由机器人每天登入系统获取工单信息，进行时限对比，而对于超时的工单，每天自动发送短信通知，每周自动生成报表。

项目实施后，极大减轻了一线人员的工作压力，无须人工值守，将工单通知提醒从每周一次提升到每天一次，准时、准确保障了电力服务的可靠运行。相比人工操作，应用根据业务定制的软件机器人的成效显而易见，效率高、成本低、速度快、质量好、态度优，其操作效率与人工操作相比可提升5倍，并且降低人为差错率，实现全年无休工作。

互联网、大数据、云计算、人工智能、区块链等技术加速创新，日益融入经济社会发展各领域全过程，各国竞相制定数字经济发展战略、出台鼓励政策。党的十九大提出，推动互联网、大数据、人工智能和实体经济深度融合，建设数字中国、智慧社会。实现财务智能化、自动化的目的就是帮助企业提高工作效率、降低生产成本，一个成熟的自动化机器人，对于转型中的企业更是重中之重，尤其是经济比较紧张的中小企业，智能自动化解决方案是实现自身数字化转型的高性价比选择。

个人体会：

任务评价

任务名称：

<table>
<tr><th>项　　目</th><th>内　　容</th><th>自 我 评 价</th></tr>
<tr><td>基本概念</td><td></td><td rowspan="4">A. 能识记知识点
B. 能理解知识点
C. 会应用知识判断分析实际问题
D. 能总结应用心得或进行经验分享</td></tr>
<tr><td>知识点</td><td></td></tr>
<tr><td>技能</td><td></td></tr>
<tr><td>重难点</td><td></td></tr>
</table>

说明：根据本任务的内容进行填列，并完成自我评价。

任务二　区块链与财务服务

任务描述

本任务介绍区块链的基本知识，通过学习，使同学们了解区块链的含义与特征，了解区块链在财务会计中的应用场景，理解区块链与会计变革的关系。

微课：认知区块链

思维导图

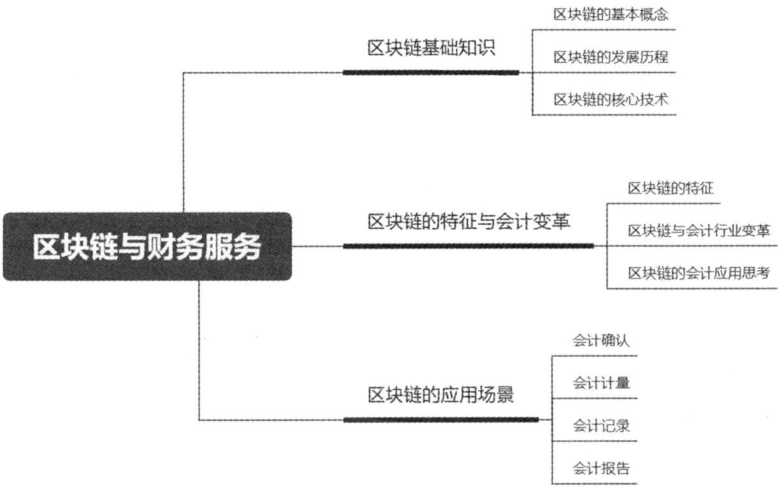

任务内容

引例

“区块链＋供应链”破解小微企业融资难题

联易融于2017年推出市场上首个区块链应收账款多级流转平台——多级流转云。多级流转云是一个由区块链支持的平台，可创建代表一级供应商对核心企业的应收账款的电子凭证，可用来履行其在供应链中的付款责任或向金融机构取得融资。

公司S是中国智能制造产业的龙头企业及中国500强企业。多级流转云通过与公司S的ERP系统整合，为公司S带来全自动化的数据传输、应付账款管理及资金分配，使其供应商能取得便捷及低成本的供应链融资，同时帮助公司S实现数字化供应链管理。供应链上的多级供应商已使用Digipo(代表一级供应商对公司S的应收账款)作支付及融资用途，并已深入至公司S

的第七级供应商。因为有关资料已于区块链记录，金融机构及供应商能追踪每项转让的状况及供应链资产的处理情况。

多级流转云利用区块链技术来解决信息透明和安全问题，交易数据记录在不可篡改的分布式账本上，可以让不同相关方准确地追溯和验证交易，从而增进信任并更有效地管理风险。

成效特色：该平台令深层级供应商能凭借公司S的信用状况，从渣打银行及中国银行等多家银行取得低成本融资。截至2020年12月31日，公司S已帮助约1 100家供应商获得融资，融资成本低至3.8%。截至2020年12月31日，该平台已处理的供应链资产价值共近人民币50亿元，而通过平台提供给供应商的融资金额超过人民币26亿元。预计2024年中国供应链金融市场规模将达到人民币40.3万亿元。

区块链技术在供应链中的企业和金融机构间搭建起一张信任网络。作为产业链上的核心企业集团，十分关注整个产业链的健康，集团自身和上下游中小微企业是命运共同体，通过与联易融协力合作，能以多元化、定制化、智能化的科技服务，为产业链上的中小微企业提供高效、便捷的金融解决方案，满足其融资需求，实现利用金融服务实体经济、提升产业链效率的愿景，解决中小微企业融资难、融资贵的问题。

此场景的基本逻辑是利用区块链不可篡改、分布式账本的特性，依托产业链条中的核心企业，把核心企业的商业信用进行数字化、资产化，转换为一种可支付、可融资的数字载体，在多级供应链体系中流转。

思考

区块链在此场景中起到了哪些作用？

一、区块链基础知识

（一）区块链的基本概念

2008年11月1日在比特币论坛上，日裔美国人中本聪发表了《比特币：一种点对点的电子现金系统》的文章，初次描述了作为比特币基础的一种支持技术的区块链概念。区块链是一种新的分布式基础架构和计算范例。随着比特币的流行，区块链技术逐渐出现，它是一种由自动脚本代码组成的处理数据和智能编程的协议，基于分布式节点共识算法进行数据的创建和更新，运用加密技术保护数据的传输和访问，通过新生成的区块链结构进行数据的验证和存储。

阅读材料：区块链的前世今生及发展现状

在2016年工业和信息化部发布的《中国区块链技术和应用发展白皮书》里存在对区块链的定义：区块链是一种包括分布式数据存储、共识机制、加密算法和点对点传输等计算机技术的新应用模式。即区块链是一个所有节点共同参与的分布式数据库系统。它由根据加密方法生成的一系列块组成，每个数据信息块的时间戳会自动从创建区块链接指向当前区域加时间戳，从而形成区块链。

区块链起源于比特币，是一种计算机技术在互联网时代的创新模式，区块链的本质可以概括为:通过数据的全网一致性分发和冗余存储,实现数据的公开透明和不可篡改,在系统层面降低了信息不对称,使业务流程可以基于新的信息获取能力实现重构;并且在信息系统去中心化的同时,通过构建业务系统的去中心化和业务流程的去中介化,实现总体效率的提升和利益的重新分配。狭义地来讲,区块链就是一种按照时间顺序来将数据区块以顺序相连的方式组合成的一种链式数据结构,并以密码学方式保证的不可篡改和不可伪造的分布式账本。而从广义来讲,区块链其实是一种分布式基础架构与计算方式,它是用于保证数据传输和访问的安全的。

(二)区块链的发展历程

(1)2008 年,中本聪第一次提出区块链的概念。随后的几年中,区块链成为电子货币比特币的核心组成部分:作为所有交易的公共账簿。通过利用点对点网络和分布式时间戳服务器,区块链数据库能够进行自主管理。为比特币而发明的区块链使它成为第一个解决重复消费问题的数字货币。比特币的设计已经成为其他应用程序的灵感来源。

(2)2014 年,“区块链 2.0”成为一个关于去中心化区块链数据库的术语。对这个第二代可编程区块链,经济学家们认为它是一种编程语言,可以允许用户写出更精密和智能的协议。因此,当利润达到一定程度的时候,就能够从完成的货运订单或者共享证书的分红中获得收益。区块链 2.0 技术跳过了交易和“价值交换中担任金钱和信息仲裁的中介机构”。它被用来使人们远离全球化经济,使隐私得到保护,使人们“将掌握的信息兑换成货币”,并且有能力保证知识产权的所有者得到收益。第二代区块链技术使存储个人的“永久数字 ID 和形象”成为可能,并且对“潜在的社会财富分配”不平等提供解决方案。

(3)2016 年 1 月 20 日,中国人民银行数字货币研讨会宣布对数字货币研究取得阶段性成果。会议肯定了数字货币在降低传统货币发行等方面的价值,并表示央行在探索发行数字货币。中国人民银行数字货币研讨会的表达大大增强了数字货币行业信心。这是继 2013 年 12 月 5 日央行等五部委发布《关于防范比特币风险的通知》之后,第一次对数字货币表示明确的态度。

2016 年 12 月 20 日,数字货币联盟——中国 FinTech 数字货币联盟及 FinTech 研究院正式筹建。

如今,比特币仍是数字货币的绝对主流,数字货币呈现了百花齐放的状态,常见的有 Bitcoin、Litecoin、Dogecoin、Dashcoin,除了货币的应用之外,还有各种衍生应用,如以太坊 Ethereum、Asch 等底层应用开发平台以及 NXT、SIA、比特股、MaidSafe、Ripple 等行业应用。

(三)区块链的核心技术

1. 共识机制

在区块链的分布式网络中,没有中央权威。因此,网络需要一个决策机制来促成参与者达成一致。而共识机制就是一种协调大家处理数据的机制。

2. 区块和链

为了使得账本不可篡改,交易信息的相关数据被存放在区块中。每个区块的块头包含指向前一个区块的信息,前后形成链式结构,“区块+链”的形式保存了从第一个区块开始的所有历史数据,连接的形式是后一个区块拥有前一个区块的哈希值,区块链上任何一条记录都可通过链式结构追溯本源。

3. 分布式结构

区块链中的分布式结构是指数据存储方面,它通过网络使用每台机器上的磁盘空间,并将这些分散的存储资源构成一个虚拟的存储设备，数据分散地存储在网络中的各个角落。简单理解就是将数据分散存储到多个地方的数据储存技术，而且存储的数据可在多个参与者之间共享，人人可以参与，并具有相同的权力，一起记录数据，主要起到了数据储存的功能。

4. 数字加密

数字货币的所有权是通过数字密钥、比特币地址和数字签名来确定的。

思考

在平时的生活中，你还了解哪些有关区块链的应用呢？

___

___

___

素养提升

数字中国建设专篇写入"十四五"规划

2021年3月12日，《中华人民共和国国民经济和社会发展第十四个五年规划和2035年远景目标纲要》(以下简称"十四五"规划)正式对外公布。"十四五"规划将"加快数字发展 建设数字中国"作为独立篇章，从打造数字经济新优势到加快数字社会建设步伐，从提高数字政府建设水平再到营造良好数字生态，勾画出未来五年数字中国建设新图景。在具体内容上，"十四五"规划指出，进一步明确发展云计算、大数据、物联网、工业互联网、区块链、人工智能、虚拟现实和增强现实等七大数字经济重点产业，以及智能交通、智慧能源、智能制造等十大数字化应用场景，加快建设数字经济、数字社会、数字政府，以数字化转型整体驱动生产方式、生活方式和治理方式变革。

知识拓展 区块链被纳入《数字经济及其核心产业统计分类(2021)》

2021年5月27日，国家统计局公布《数字经济及其核心产业统计分类(2021)》，文件界定了数字经济的概念和分类范围。数字经济是指以数据资源作为关键生产要素、以现代信息网络作为重要载体、以信息通信技术的有效使用作为效率提升和经济结构优化的重要推动力的一系列经济活动。本分类将数字经济产业范围确定为：01数字产品制造业、02数字产品服务业、03数字技术应用业、04数字要素驱动业、05数字化效率提升业等5个大类。

知识拓展 教育部：新设区块链技术应用专业

2021年3月12日，教育部为加强职业教育国家教学标准体系建设，落实职业教育专业动态更新要求，推动专业升级和数字化改造，印发了《职业教育专业目录(2021年)》，共设置19个专业大类、97个专业类、1 349个专业。其中，针对区块链工程技术人员这一新职业，设计了区块链技术应用专业。

二、区块链的特征与会计变革

(一)区块链的特征

1. 匿名性

由于区块链各个节点之间的数据交换遵循固定的算法,其数据交互是无须信任中介的(区块链中的程序规则会自行判断数据是否有效),因此交易双方无须通过公开身份的方式让对方对自己产生信任。

2. 自治性

区块链技术试图通过构建一个可靠的自治网络系统,从根本上解决价值交换与转移中存在的欺诈和寻租现象。在具体应用中,区块链采用基于协商一致的规范和协议(一套公开透明的算法),各个节点都要按照这个规范来操作,这样就使所有的工作都由机器完成,使得对人的信任改成了对机器的信任,任何人为的干预都不起作用。

3. 开放性

区块链系统是开放的,除了数据直接相关各方的私有信息通过非对称加密技术被加密外,区块链中的数据对所有节点公开,因此整个系统信息高度透明。

4. 可追溯

一个区块链系统通过区块数据结构存储了创世区块后的所有历史数据,区块链上的任意一条数据皆可通过链式结构追溯其本源。

5. 不可篡改

一条交易信息添加至区块链后,就被区块链上的所有节点共同记录,并通过加密技术保证这条交易信息与其之前和之后加至区块链中的信息互相关联,因此对区块链中的某条记录进行篡改的难度与成本非常高。

6. 集体维护

区块链系统是由其中所有具有维护功能的节点共同维护,所有节点都可以通过公开的接口查询数据和开发应用。

7. 无须许可

区块链系统中的所有节点都可以请求将任何交易添加到区块链中,但只有在所有用户都认为这条交易合法的情况下才可进行交易。

8. 去中心化

去中心化,最早指互联网发展过程中形成的社会关系形态和内容产生形态,是相对于"中心化"而言的新型网络内容生产过程。

(二)区块链与会计行业变革

区块链具有分布式、去中心化、公开透明、不可篡改、匿名性、可追溯等特性,特别适用于标准化程度高、工作量大、连续性强、验证步骤烦琐、信息安全保密的会计业务,因此,未来区块链与会计的结合应用,必将给整个会计行业带来颠覆性的变革。

1. 实现会计行业透明化,提升会计业务处理速度与准确性

在会计信息录入时,传统的复式记账对已发生的交易信息进行直观确切的描述,保证各个条目完整和准确，减少少记多记漏记等常规性错误。但随着数字经济时代的到来，复式记账仍不能全面地保证财务报告的真实可靠性和及时性。目前基于复式记账的会计信息系统无法克服高篡改的人为风险，这就导致实际应用中存在着会计舞弊的情况。然而在分布式分类账中，以哈希密码学为核心的区块链技术在会计记录中的直接应用，有效杜绝人为干预，从而实现会计信息透明化。

阅读材料：区块链财务——改写记账史，难过“共识”关

当交易信息在区块链中成功录入时，所有参与者都能及时了解交易信息，并可以在自己的账簿中按统一的规则对其进行相应的记录。这就给会计行业带来以下变革：

(1)由于时间戳机制的使用，信息被加盖上对应的时间，使得信息可以得到追溯的同时杜绝事后补记账的问题，能够在更大程度上保证交易信息的准确性和真实性，从而降低会计舞弊和差错的风险。

(2)区块链是一个基于互联网的共享的分类账，所有参与者都能根据需求查阅信息且信息的更新和记录由参与者共同维护，进一步实现账簿信息更新过程公开透明化，更加体现诚信和开放性。

(3)由于去中心化的特征，区块链中每一个节点地位平等，保证信息不受单个故障点的影响导致传递错误。传统的会计信息系统主要依靠中央处理器对信息进行存储，而网络攻击容易造成其崩塌并无法复原。区块链分类账由多个活动节点共同维护，每个节点都拥有完整的副本，因此，如果一个节点脱节，网络中的所有其他参与者仍然可以使用分类账，系统中的信息不会因为单个节点的故障与受到攻击而丢失。

(4)由于分布式分类账中所有副本几乎同时更新，其副本可应用在企业的不同业务、部门之间。会计人员可以通过其系统看到每笔交易的进展，及时作出实时报告，由于节点上每一个区块链参与者都有记账权，原始凭证不再需要会计人员手动审核，进一步实现账务处理智能化。各个区块之间相互链接，形成一个巨大的信息链条，相关参与者就可以在不受空间、时间的限制下获取所需信息，降低沟通成本。

(5)由于智能合约智能化执行交易，提高交易速度，缩减业务流程，交易结算能在瞬间自动完成，这可以大幅度缩减交易时间并降低资本运作的时间成本，提高会计信息的及时性。

2. 实现对财务报告的变革

区块链技术在会计行业的应用将为公司财务报告的编制和发布提供一种全新的方式，有助于克服现行财务报告的时滞性、不完备性等局限性，促进财务报告的变革。

1)从通用财务报告到专用财务报告的变革

由于成本和效率两方面的限制，现行财务报告是按照相关法律法规大批量生产的通用财务报告，无法针对不同的使用者提供个性化的财务报告。通用财务报告成功运行的前提是信息使用者对信息的需求在较长的一段时期内是相同且稳定的。随着经济环境的变化，信息使用者的需求也在动态变化中，在这种动态变化中确定每个财务报告使用者的需求是需要耗费大量人力、资金和时间的。然而，区块链技术的应用有助于解决这一难题。区块链所具备的信息完整性和大众参与性，可以让财务报告的使用者根据自身的需求利用区块链中的索引选择对应的财

务信息，有目的性地收集下载所需信息，组成满足自身要求的专用财务报告。

2)从单一核算模式到多重核算模式

目前的财务报表中每一个资产项目对应着单一的价值量，财务报表中的金额栏的数据由于项目不同所依据的计量属性也是不同的，这就导致金额栏中的数据是各种核算结果的混合，有可能这一栏是历史成本紧挨着的却又是公允价值，这使得财务报告的有用性有较大的局限。由于区块链中的每一个节点都相互独立保存着与交易有关的数据，每一个信息在区块链中是公开透明的，这有助于保证历史成本、公允价值、现值和可变现净值等计量属性的准确性。因此，运用区块链技术后，财务报表可以采用多重计量模式，即根据需要将金额栏进行恰当的分解，从计量属性中选择与需要信息高度相关的几项进行分开列报，将金额所属的属性变得清晰，这能够很大程度提高财务报告的有用性。比如，在需要公允价值和可变现净值这两种计量属性时，在不改变原有财务报告金额栏的情况下，在金额栏后多增设两栏，一栏列报公允价值，一栏列报可变现净值。

3)从事后财务报告到实时财务报告

现行财务报告是事后财务报告，通常是在一个会计期间结束之后才进行编制，这容易造成相应信息的丢失以及报告的时滞性，会计信息的使用价值也随之降低。由于区块链具有时间戳和可追溯的特性，基于区块链的会计信息交易系统中交易事项所有的信息都可以进行跟踪并实时存储，使用者可随时按需查询，这便于财务报告使用者随时了解和掌握企业经营和财务状况，有助于实现从事后财务报告到实时财务报告的转变。

4)从被动财务报告到自主财务报告

区块链在会计行业的运用，能够实现财务信息的自动披露，而无须企业定期报告财务信息。具体而言，企业在日常经营活动中的每一笔交易都会按照时间顺序被自动盖上时间戳写入区块链，区块链的时间戳和分布式记账的特征使得会计记录的信息不得篡改和删除，在区块链技术的运用下，财务报告使用者可以根据自己的需求自主获得链条中所有的信息，有效地消除了信息不对称的风险。信息使用者可以根据自身的信息需求主动查询相关数据和资料，从而实现财务报告由被动财务报告变革为自主财务报告。

(三)区块链的会计应用思考

会计行业的第一次变革是由手工账簿发展为计算机录入，并人工生成账簿；第二次是在互联网的帮助下实现了跨区域的记录和查询。因此，在未来以区块链为核心的分布式记账，必然会走向多点储存的会计行业的新变革。

自复式记账法诞生以来，人们采用的都是交易双方掌握自己的账簿，但也存在着诸多缺点，如各账簿所有方一旦出现账簿损坏，便很难恢复数据；在企业经营中，一旦面临多方交易，各方仅仅维护自己的账簿，很容易导致对账困难。对于审计方而言，传统记账的方式很容易被审计单位修改。而区块链技术这种分布式记账，从根本上解决了这些问题。

传统记账模式中，人们使用中央数据储存库。数据储存库由其所有者进行控制，但是这种情况下数据的真实性有待考证。

在分布式账簿里，交易双方将交易有关信息录入到分布式账簿节点，分布式账簿中立即生成相应的区块，打上时间戳，与上一时间点的交易区块相连，并将信息同步到交易双方的节点。

分布式账簿中的数据来自于交易多方，数据的控制属于多方。数据的存储也存在于多方，这对企业利益相关者想要随时查看、传递、核验都提供了极大的便利。分布式账簿同时赋予会计更高层面的意义，它使得会计成为资源，会计数据成为社会监督企业的有效信息，使会计的职能得到了更大层面的拓展。

从分布式记账对会计未来职能进行观望，未来会计信息能够更为及时、可靠地进行传递，财务报告在及时、个性化方面也将得到前所未有的发展。从社会层面看，会计在环境、公共领域的作用将得到更大发挥。会计数据作为可利用的资源，能够为企业创造更大的价值，会计的价值也必将延伸到国家等更宏大的层面。在单式与复式记账的记录方面，分布式记账必将实现更为有效的融合。

思考

除了以上几种变革，区块链的应用在财务会计行业还有哪些变革？请举例说明。

知识拓展　央行区块链数字票据交易平台

中国人民银行推动的基于区块链的数字票据交易平台测试成功，央行旗下的数字货币研究所也已正式挂牌。这意味着，在全球范围内，中国人民银行将成为首个研究数字货币及真实应用的中央银行。

数字货币是电子货币形式的替代货币，作为一种金融工具，已被世界很多国家认可。业内资深人士吴佳介绍说，数字货币不等同于法定货币，它可以降低传统纸币的发行以及流通带来的高额成本，提升经济交易活动的便利性、透明度，打击偷税漏税等。

事实上，相比于全球其他央行，中国人民银行对待数字货币的态度一直较为主动。2014 年，央行成立发行法定数字货币的专门研究小组；2015 年发布发行数字货币的系列研究报告，并完成发行法定数字货币原型的两轮修订。2016 年 1 月 20 日，央行召开数字货币研讨会，首次对外公开发行数字货币的目标。2022 年 1 月 4 日数字人民币 App(试点版)在应用市场正式上架，数字货币研究所的有关负责人称数字人民币研发正稳妥推进中。

三、区块链的应用场景

区块链的应用共分为三个层次：一是基础的数据应用，即将数据直接用区块链进行存储，作为存在性证明；二是结构化的数据应用，用于处理难度大的逻辑数据，如身份验证、名称、地址、日期、状态、区块号、交易号码等，都是通过主链和辅链编码分别进行索引和存储；三是借助区块链处理流程实现数据应用，以币种兑换为例，挂单、验证、转账等多环节操作需要操纵多个主链协助完成。这三种功能也可以服务于会计的确认、计量、记录和报告四个基本程序。

（一）会计确认

当会计工作正在进行时，最开始需要将各类外部资料进行数据的录入，通过 ERP 生成财务数据或直接录入为财务数据，财务人员需确保信息正确以后进行会计确认并列入报表。会计确认工作是会计工作顺利进行的基础，对数据的真实性、准确性要求很高。目前通常情况下由于信息不对称，取得外部信息存在一定的不准确性，并且人工进行数据录入与核对时也会出现错估等问题。

区块链在这方面工作应用时，由于区块链中每个相关节点都会复制一个完整的数据，所以每个节点的备份都会使区块链具有超强的纠错能力。对于所有会计要素的确认，必须获得网络全体成员的认可，充分保障了要素确认的准确性和一致性，确保了会计确认工作的准确性。具体来说是从以下几个方面来保障会计确认工作的顺利开展的。一是在进行会计确认时，全部节点都确认后才会生成最终的新交易数据信息。也就是说，分节点互相确认保障了会计数据的一致性、准确性，确保信息同步对称。二是当有新的交易数据生成时，区块链技术会在新的交易数据上进行时间戳的加盖，使得交易数据生成的时间得以被记录。三是每个节点的数据都有备份，这样一旦出现系统问题，可以采用备份数据开展工作。

（二）会计计量

会计计量是用货币或其他量度单位计量各项经济业务及其结果的过程。作为会计的一个重要环节，会计计量的主要内容包括资产、负债、所有者权益、收入、费用、成本、损益等，并以资产计价与盈亏决定为核心。在会计计量工作中，主要存在的问题就是计量方法可以进行调整变更，更有一些企业会对项目成本等进行分配和计算方式的操纵，使得会计工作看似透明公开，实际上并没有反映出真正的数据信息。而在应用区块链技术之后，区块链下的每个节点会独立保存与交易、记录和清算有关的所有信息，每个节点逐笔对不同阶段并且按照链式排列的交易信息进行审核，区块链使得影响测量属性的各个要素相对透明，经过精密的分析，为公允价值、历史成本、可变现净值和现值等各种计量属性提供全面、准确、客观的基础信息。

（三）会计记录

会计记录是会计的基本程序之一，它将经过初次确认而可以进入会计信息系统的经济交易或事项，根据会计计量确定的各要素的货币数据，按照复式记账原理，采用文字和数字叙述的形式在预先设置的账户中记录、反映，是会计核算的一个重要环节。在对数据进行记录的过程中，一般都会采用两个或者多个账户相关联的数据记录方式。在开展记录工作时，如果监管工作不得当，则有可能出现数据信息造假或者是去中心化等问题。

区块链应用改变了一套财务系统搜集记录所有信息的记账方式，财务系统对以往的总账簿按照特定的规则进行碎片化处理，总账的中心地位“消失了”，实现了所有财务数据的分布式管理、重要会计政策分布式管控，所有记录的会计信息数据的校验都由网络完成，不再需要互联网方式下的服务器验证，并对线索进行追溯，即其合规性可以瞬间被追踪和查询，有效防止了对记录和数据的不正当操作，保障信息质量为最高安全级别，降低会计舞弊与差错的风险。

（四）会计报告

在会计领域内，进行会计报告的制作主要是为企业提供各类财务情况信息。采用区块链技术可以让每一笔财务交易形成独立的区块链，这不同于以往的财务报告编制的方法。

区块链模式下，在信息披露方面，企业的财务信息是自动披露的，信息的使用者可以第一时间得到区块链中的全部数据信息，实现了信息对称，但各用户的“密钥”不同，所以，尽管每个区块都包含全部信息，但也只能“一个钥匙开一把锁”。在审计方面，任何一个节点上的虚假财务信息都将被其他节点识别和排斥，财务信息将被赋予信用价值而无须审计。

课堂讨论

区块链技术的出现给财会行业带来了撼动，有不少企业开始着手研发。然而，当下国内外关于该技术的研发大多不够成熟，与理想化使用状态仍有距离。那么，在会计领域中区块链技术到底存在哪些问题呢？

任务实施

1. 描述区块链的概念和核心技术；
2. 解释区块链在财务工作中的应用场景；
3. 讨论区块链对会计行业带来的影响，你可以采取哪些行动提升个人的相关知识和技能？

任务反思

请分析和总结本任务的学习情况，写出你的收获和经验。

任务检测

请同学们结合案例内容领会理解区块链的应用，并谈谈个人的感想与体会。

案例内容：

金融案例分析：微众银行区块链贷款结算

2017年，微众银行副行长兼首席信息官在9月区块链国际峰会上对外公布了微众银行在区块链方面的探索，将和华瑞银行联合开发区块链应用，用于微粒贷联合贷款业务的结算以及清算业务，微粒贷联合贷款是微众银行和华瑞银行一起联合发起的。这一系统已经在9月投入试验运行。

微众银行是国内知名的互联网银行，区别于四大商业银行，微众银行是没有物理网点的。因此微众银行的业务模式与别家不同，它通过和其他银行联合放贷的形式来经营业务，因此，微众银行80%的资金来自其他银行。在这样的模式下，微众银行与其他银行之间的资金结算就显得很重要。由于这样的“刚需”存在，微众银行希望借助于区块链技术来完成银行间的贷款结算。

据微众银行相关人员介绍，该系统的运作模式是，合作银行不需要将所有信息写入，只需要将部分的信息写入到相应的区块链中，而微众银行则提供一个统一标准的操作视图以及统一标准的对账服务，还有一个标准化的交互接口，这三个统一的标准都是基于区块链技术的。这样的情况下如果合作银行需要了解信贷详情或者资金的交易情况，还有，对交易中的风险进行监控只需要通过这些标准化的数据就能够迅速全面了解信息。这样对于银行的业务人员而言也是一大福音，能够从对账等繁重的工作中解脱出来。利用区块链技术使得一切操作都标准化后，就能够减少人为介入造成的错漏，保证数据的准确真实，利于银行控制风险，确保贷款结算安全、及时、高效。

区块链的实际应用：

在传统的业务交易模式中，合作双方的银行自己记自己的账，等到交易完成之后，再一笔一笔把账户对账，这将导致二次劳动耗费人力。而且由于数据是由对方记录的，因此数据难以保证是百分百正确的。

基于区块链分布式账本技术(DLT)、共识协议管理、数据不可篡改、可追溯等特性，同时在业务交易进行的过程中清算工作也能够同时开始进行(在传统的工作模式中，清算需要在特定的时间段进行)，区块链技术极大地节省了时间、提高了清算效率，同时还能节省人力成本。

个人体会：

任务评价

任务名称：

项　　目	内　　容	自 我 评 价
基本概念		A. 能识记知识点 B. 能理解知识点 C. 会应用知识判断分析实际问题 D. 能总结应用心得或进行经验分享
知识点		
技能		
重难点		

说明：根据本任务的内容进行填列，并完成自我评价。

拓展任务　财政数据中的中国自信

任务描述

借助国家统计局的官方统计数据表，呈现21世纪以来我国国内生产总值、国家财政收支总额、全国居民人均收入、教育经费投入、研究与试验发展经费支出、货物进出口总额等维度的财政数据，辅以背景性、拓展性知识，引导学生思考、分析和总结，共同探寻我国站起来、富起来、强起来的“中国自信”，培养国家认同感和自豪感。

思维导图

任务内容

引例

阅读表5-1，请思考：从该表中你看出了我国人民生活水平的哪些变化？这些变化说明了什么？

表5-1　2017—2021年我国居民人均可支配收入及其增长率

单位：元

指　　标	2017年	2018年	2019年	2020年	2021年
居民人均可支配收入	25 974	28 228	30 733	32 189	35 128
居民人均可支配收入比上年增长/(%)	7.3	6.5	5.8	2.1	8.1

结论：____

____

一、国内生产总值

国内生产总值(GDP)，是一个国家(或地区)所有常住单位在一定时期内生产活动的最终成果。GDP是国民经济核算的核心指标，也是衡量一个国家或地区经济状况和发展水平的重要指标。

请阅读图 5-9，对其中的数据进行分析，了解我国经济状况和发展水平，把握我国强大的综合国力。

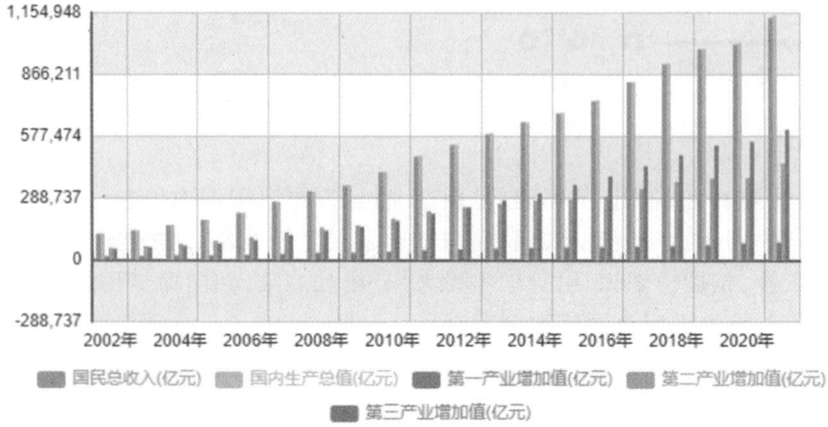

图 5-9　国内生产总值

数据分析：__________

以上数据变化说明：__________

知识拓展　国民生产总值

国民生产总值(GNP)是指一个国家(或地区)所有国民在一定时期内新生产的产品和服务价值的总和。GNP 是按国民原则核算的，只要是本国(或地区)居民，无论是否在本国境内(或地区内)居住，其生产和经营活动新创造的增加值都应该计算在内。比方说，我国的居民通过劳务输出在境外所获得的收入就应该计算在 GNP 中。

二、国家财政收支总额

国家财政是政府的理财之政，指国家为了维持其存在和实现其社会管理职能，凭借政权的力量参与国民收入分配的活动。它既是国家为了满足社会公共需要而对社会产品所进行的一种社会集中性分配行为，同时它本身也是一种社会宏观的公共管理活动。国家税收是最典型的财政范畴。国家财政本质上是一种特殊的分配关系。

请阅读图 5-10，对其中的数据进行分析，了解我国财政收支状况及其对经济社会发展的杠杆作用。

数据分析：__________

以上数据变化说明：__________

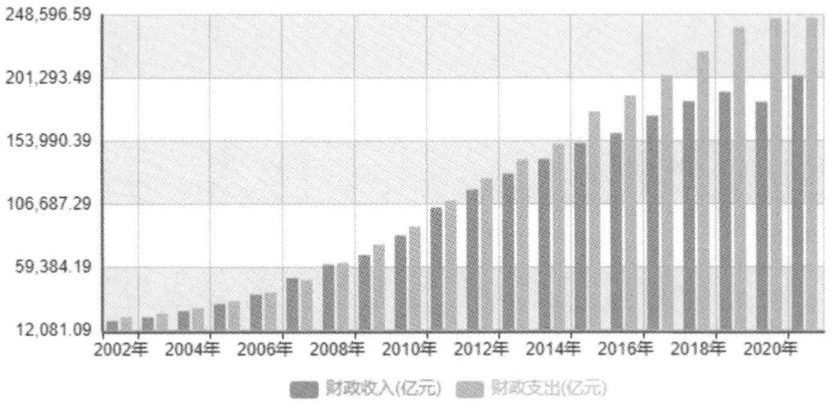

图 5-10 国家财政收支总额

知识拓展 财政赤字理论

赤字财政,又称财政赤字,是对于一个行政区来说,指每年的财政支出大于财政预算的部分,是政府有意识地、有计划地利用预算赤字,以达到经济稳定增长的一种手段。赤字财政理论认为,把财政赤字作为一项政策工具运用,有利于提高社会的投资和消费需求水平,实现充分就业和经济稳定。

三、全国居民人均可支配收入

居民可支配收入是反映居民生活水平的一个重要指标,指城乡居民可用于最终消费支出和其他非义务性支出及储蓄的总和,即居民家庭可以用来自由支配的收入。可支配收入具体构成是:家庭总收入扣除交纳的个人所得税、个人交纳的社会保障费及调查户的记账补贴后的收入。家庭总收入包括所有家庭成员在调查期得到的工薪收入、经营净收入、财产性收入、转移性收入,不包括出售财物和借贷收入。

请阅读图 5-11,对其中的数据进行分析,了解我国居民人均可支配收入及其细分收入状况,再结合自己家庭经济变化,感受国家的进步和发展。

数据分析:____

以上数据变化说明:____

____

四、教育经费投入

教育经费,是指中央和地方财政部门的财政预算中实际用于教育的费用。教育经费包括教育事业费(即各级各类的学校的人员经费和公用经费)和教育基本建设投资(建筑校舍和购置大型教学设备的费用)等。

请阅读图 5-12,对其中的数据进行分析,了解我国教育经费投入状况,再结合自己的求学经历,感受国家对教育的重视及教育政策的利民性。

图 5-11　全国居民人均可支配收入

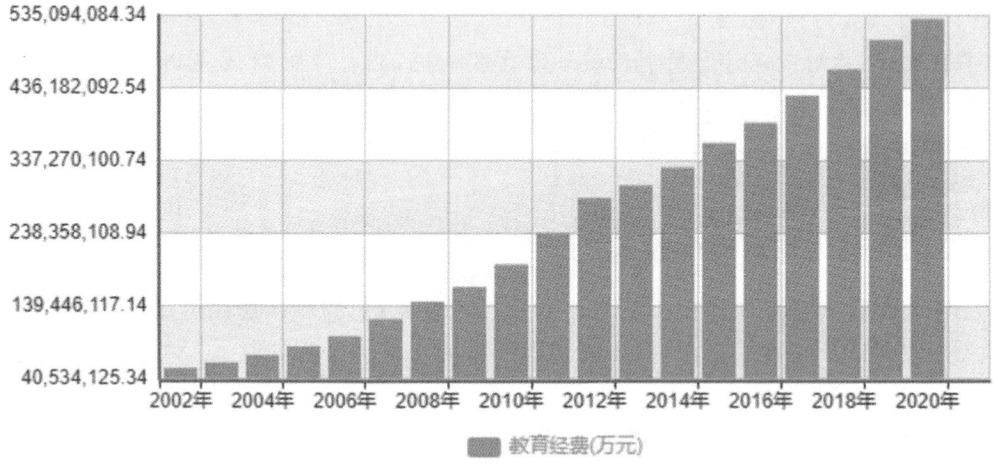

图 5-12　教育经费投入

数据分析：________________

以上数据变化说明：________________

____

知识拓展　国家高度重视教育发展

自 20 世纪 80 年代以来中国政府十分重视教育投入，大幅度地增加了教育经费投入。1980 年全社会教育投资总量仅为 114.15 亿元，到 2000 年则增加到了 3 849 亿元。1993 年，国家制定了《中国教育改革和发展纲要》，提出到 2000 年前，中国国家财政性教育经费支出应该占国民生产总值的 4%。对比世界平均水平的 4.9%，发达国家的 5.1%，欠发达国家的 4.1%，这个目标已经实现，2017年我国财政性教育经费占GDP比例为4.14%，自2012年首次超过4%以来连续6年保持在4%以上。

五、研究与试验发展经费支出

研究与试验发展(R&D)经费支出指统计年度内全社会实际用于基础研究、应用研究和试验发展的经费支出，包括实际用于研究与试验发展活动的人员劳务费、原材料费、固定资产购建费、管理费及其他费用支出。

基础研究指为了获得关于现象和可观察事实的基本原理的新知识(揭示客观事物的本质、运动规律，获得新发展、新学说)而进行的实验性或理论性研究，它不以任何专门或特定的应用或使用为目的。

应用研究指为了确定基础研究成果可能的用途，或是为达到预定的目标探索应采取的新方法(原理性)或新途径而进行的创造性研究。应用研究主要针对某一特定的目的或目标。

试验发展指利用从基础研究、应用研究和实际经验所获得的现有知识，为产生新的产品、材料和装置，建立新的工艺、系统和服务，以及对已产生和建立的上述各项作实质性的改进而进行的系统性工作。

请阅读图5-13，对其中的数据进行分析，了解我国研究与试验发展经费支出状况，感受国家对研究与试验发展的重视。

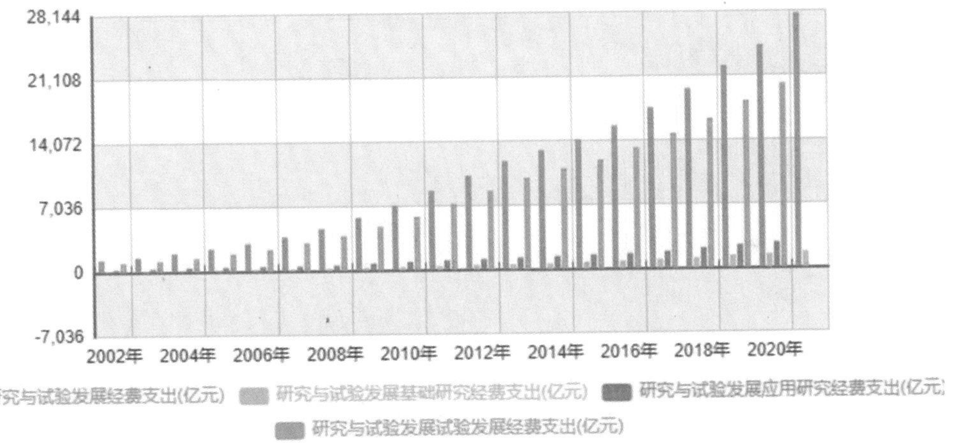

图5-13 研究与试验发展经费支出

数据分析：____________________

以上数据变化说明：____________________

____

六、货物进出口总额

货物进出口，是指我国的货物输出到其他国家或地区，以及其他国家或地区的货物输入到我国的经济活动。货物进出口的对象是有形的、具有价值和使用价值的各种商品，按照《国际贸易标准分类》，它包括初级产品(如食品、主要供食用的活动物、饮料、烟草、非食用原料、矿物燃料、动植物油脂等)和工业制成品(如化学品及有关产品、各种原料制成品、机械及运输设备等)。

请阅读图 5-14,对其中的数据进行分析,了解我国货物进出口状况,把握我国在国际经济体系中的重要作用及地位。

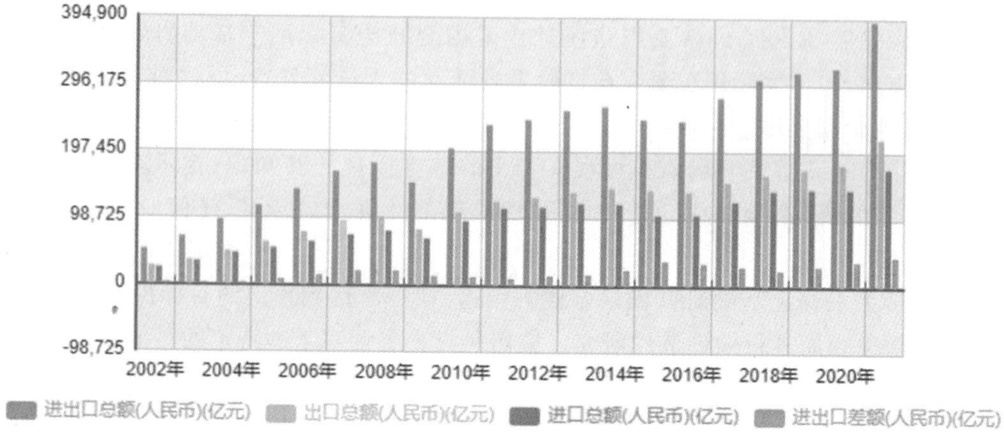

图 5-14 货物进出口总额

数据分析:____________________

以上数据变化说明:____________________

____

任务实施

基于以上六个维度的财政数据阅读和分析，请思考并讨论我国各项财政数据中彰显的“中国自信”。

任务反思

请分析和总结本任务的学习情况，写出你的收获和经验。

第三篇

走进税收

项目六

认知税收

•项目导读

税收是政治与经济的交汇点，体现政治制度及社会变革的深刻性，也展示出经济演进的轨迹。税，伴随着阶级和国家的产生而产生，是引起经济变革和社会转型的推动力，也是政府调节政治、经济和社会生活的杠杆。本项目主要介绍税收的基本概念和基础理论知识，内容包括增值税、企业所得税和个人所得税的税收基本要素、税基和税率等。

•学习内容

1. 税收的含义和分类；
2. 我国的税收制度和现行税种；
3. 增值税、企业所得税和个人所得税的基本要素及法律规定。

•学习目标

(一)专业能力

1. 了解我国的税收制度和现行税种；
2. 掌握增值税、企业所得税、个人所得税的征税对象、税率和纳税人；
3. 了解税收的征收管理规定。

(二)专业素养

1. 形成"依法纳税，诚信遵从"的职业道德；
2. 养成依法进行税务登记和纳税申报的职业意识。

(三)思政目标

1. 培养"依法纳税，诚信遵从"的法治意识；
2. 培养懂法守法、诚信客观的职业素养；
3. 普及学生的税务知识，培养依法纳税的职业意识。

•学习指导

1. 课前通过阅读学习资料，收集与税收和税收制度相关的知识；
2. 课中积极参加分组学习和讨论，完成课堂教学与互动；
3. 课后巩固掌握专业知识，养成相关素养。

任务一　税收和税收制度

任务描述

本任务通过学习税收、税法和税收制度的基本概念，征税对象、纳税人、税率等基本的税制构成要素，税收的分类及我国现行税种，使学生具备基本的税收知识，培养懂法守法的职业素养。

思维导图

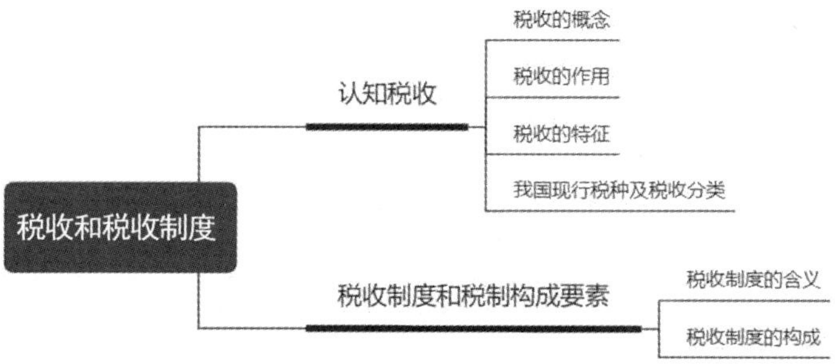

任务内容

引例

根据国家税务总局的数据显示，2021年全年累计新增减税降费约1.1万亿元，允许企业提前享受前三季度政策优惠，并将制造业企业加计扣除比例从75%提高至100%，全国企业增值税发票销售收入同比增长21.2%，企业销售持续稳定恢复。这些税收发展亮点都说明我国财政收入质量不断提高，有力保障了民生。表6-1是国家税务总局发布的2021年十组税收数据。

表6-1　2021年十组税收数据

数据	税收经济发展亮点	重要举措
1	全年累计新增减税降费约1.1万亿元	政策红利持续释放，有力地支持了国民经济持续稳定恢复
2	企业提前享受研发费用加计扣除政策减免税额3 333亿元，有力地促进了企业创新发展	允许企业提前享受前三季度政策优惠，并将制造业企业加计扣除比例从75%提高至100%。数据显示，全国有32万户企业提前享受研发费用加计扣除政策优惠，减免税额3 333亿元。其中，18.6万户制造业企业享受减免税额2 259亿元

续表

数据	税收经济发展亮点	重 要 举 措
3	办理出口退税 1.67 万亿元，助力外贸发展	税务部门整合优化出口退税信息系统，大力推进智慧退税。2021 年，办理出口退税 16 719 亿元，有效缓解出口企业运费上涨等资金压力。增值税发票数据显示，全国出口企业采购金额同比增长 20.1%，两年平均增长 19.7%，比全国企业整体采购水平快 4.8 个百分点
4	新增涉税市场主体 1 326 万户，市场活力进一步增强	2021 年，全国新办且发生过涉税行为的市场主体 1 326 万户，同比增长 15.9%，两年平均增长 12.9%。同时市场主体不断发展壮大，2021 年底，全国增值税一般纳税人达 1 238.1 万户，较 2020 年末增加 110.9 万户
5	全国企业增值税发票销售收入同比增长 21.1%，企业销售持续稳定恢复	增值税发票数据显示，2021 年，全国企业销售收入同比增长 21.1%，两年平均增长 14.2%。其中，高技术产业销售收入同比增长 23.4%，两年平均增长 19.1%
6	制造业及其相关批发业销售收入占比提升 1.2 个百分点，呈稳中有升态势	增值税发票数据显示，2021 年，制造业及其相关批发业销售收入占全国企业销售收入比重比 2020 年提高 1.2 个百分点，反映支持制造业的政策措施落地见效，稳住了制造业发展。同时，制造业企业采购设备两年平均增长 14.3%，比全国水平快 1.3 个百分点，显示较强的发展后劲
7	数字经济核心产业销售收入同比增长 30.7%，发展势头良好	增值税发票数据显示，2021 年，数字经济核心产业销售收入同比增长 30.7%，两年平均增长 22.8%，比全国企业销售收入增速快 8.6 个百分点。其中，智能设备制造同比增长 64.3%，互联网相关服务增长 61.5%，软件开发增长 28.2%
8	税务部门组织税收收入 15.46 万亿元，圆满完成预算目标	2021 年，全国税务部门组织税收收入（已扣除出口退税）完成 154 573 亿元，占全国一般公共预算收入比重达 76.3%，比 2020 年提高 1.5 个百分点，为国聚财职能作用进一步增强
9	税务部门征收社保费收入 6.68 万亿元，民生保障作用增强	2021 年，税务部门征收的社会保险费收入完成 66 838 亿元，同时还组织非税收入和其他收入 19 727 亿元，为民生发展提供了重要保障
10	税收收入占 GDP 比重为 15.1%，呈稳中略降态势	2021 年，我国国民经济持续稳定恢复，随着继续加大减税降费力度，全国一般公共预算收入中的税收收入占 GDP 比重为 15.1%，比 2020 年略降 0.1 个百分点，比“十二五”末的 2015 年（18.1%）下降 3 个百分点，市场主体税收负担进一步减轻

素养提升

减税降费政策“组合拳”助力市场主体恢复元气

在严峻复杂的国际形势及新冠肺炎疫情的冲击下，为维护民生和社会稳定、保住经济基本盘并实现经济正增长，2021 年我国出台了一系列减税降费政策，亮出减税降费政策“组合拳”，有力推动经济持续稳定恢复，主要指标实现了预期目标，表 6-1 的十组数据也反映了我国 2021 年落实减税降费、激发市场活力、培育壮大税源、促进高质量发展等税收经济发展亮点。

为持续帮助市场主体增动力、添活力、减压力，2022 年《政府工作报告》提出实施新的组合式税费支持政策，包括：

——2 退：实施大规模增值税留抵退税，稳定宏观经济大盘；加大出口退税政策支持力度，助力外贸企业缓解困难。

——5 减：减征部分车辆购置税、减征“六税两费”（资源税、城市维护建设税、房产税、城镇土地使用税、印花税（不含证券交易印花税）、耕地占用税和教育费附加、地方教育附加）、企业所得税有优惠、提高研发费用加计扣除比例、设备器具所得税税前扣除。

——1 免：免征部分增值税。

——1 缓：延缓缴纳制造业中小微企业部分税费。

——13 延：延长执行“免征农产品批发市场、农贸市场房产税和城镇土地使用税”“免征城市公交站场等运营用地城镇土地使用税”等 13 项税收优惠政策。

（资料来源：中华人民共和国中央人民政府. 退！减！免！缓！延！今年这些钱你省了吗？[EB/OL]. http://www.gov.cn/fuwu/2022-08/15/content_5705360.htm）

思考

同学们，你认为税收在国民经济发展中的主要作用是什么呢？

______

______

______

一、认知税收

（一）什么是税收

税收是国家为了实现其职能，凭借政治权力，按照法律规定的标准和程序，参与社会产品或国民收入分配，强制、无偿地取得财政收入的一种分配形式。

微课：税收概述

我国制定了一系列税收法律以加强税收征收管理，规范税收征收和缴纳行为，如《中华人民共和国税收征收管理法》《中华人民共和国企业所得税法》《中华人民共和国个人所得税法》等。税收法律的制定是为了保障国家税收收入，保护纳税人的合法权益，促进经济和社会发展。

（二）税收的作用

税收在不同的历史时期发挥着不同的作用，现阶段税收的作用主要表现为以下四点：

1. 税收是国家组织财政收入的主要形式和工具

税收在保证和实现国家财政收入方面起着重要的作用。一方面，由于税收具有强制性、无偿性和固定性的特征，因此税收能保证国家财政收入的稳定；另一方面，税收的征收范围十分广泛，能从多方筹集财政收入。

2. 税收是国家调控经济运行的重要手段

国家可以通过设置税种、调整税目和税率、加成征收或减免税收等方式，有效调节社会生产、交换、分配和消费，促进社会经济的健康发展。

3. 税收具有维护国家政权的作用

国家政权是税收产生、存在和发展的必要条件，而国家政权的存在又依赖于税收的存在。没有税收，国家机器就不可能有效地运转。同时，税收分配也不是按照等价原则和所有权原则分配，而是国家凭借政治权力，对物质利益进行调节，体现了国家支持和限制的倾向，从而达到维护和巩固国家政权的目的。

4. 税收是国际经济交往中维护国家利益的可靠保证

在国际交往中，任何国家对在本国境内生产、经营的外国企业或个人都拥有税收管辖权，这是国家权益的具体体现。我国在建立和完善涉外税法的同时，还同 80 多个国家签订了避免双重征税的协定。这些税收法律规定既维护了国家的权益，又为鼓励外商投资，保护国外企业或个人在华合法权益，发展国家间平等互利的经济技术合作关系，提供了可靠的法律保障。

思考

税收对经济发展的作用是什么呢？

（三）税收的特征

现代税收具有固定性、无偿性、强制性三大特点。

1. 固定性

固定性指税收是以法律形式存在的。在征税以前，税法预先对纳税人、纳税对象、税目、税率、应纳税额、纳税期限等做了具体规定，有一个比较稳定的适用期限，是一种连续性收入，不能讨价还价。固定性包括时间上的连续性和征收比例的固定性。

2. 无偿性

无偿性指税收是国家对纳税人的无偿征收。国家征税以后其收入即为国家所有，不再直接归还纳税人，也无须支付任何报酬。

3. 强制性

强制性指税收法律规定的纳税人必须严格依法纳税，否则将受到法律的制裁，征税人亦如是。

请注意，税收的特征是一个完整的统一体，相辅相成、缺一不可，其中，无偿性是核心，强制性是保障，固定性是对强制性和无偿性的一种规范和约束。

知识拓展　新冠疫情期间的税收减免

在过去的 2020 年，每一个人记忆最深刻的事件，就是一场席卷全球的新冠疫情。在疫情期间，我们既有国家的一线工作者冲锋在前，其实更有国家的税收政策在为我们做坚强的后盾。面对大量企业的停工停产，国家税务总局率先做出税收政策的调整，规定自2020年的3月1日起至2020年的12月31日，减免征收湖北省适用3%征收率小规模纳税人的税收。对于其他省份适用3%征收率，按照1%去减收。同时，通过相关的一些税收优惠政策进行一些税收减免，鼓励企业复工复产。这样也让我们感受到强大的国家力量背后的国家温暖。

知识拓展　小微企业、个体工商户税费优惠政策指引

近年来，党中央、国务院高度重视小微企业、个体工商户发展，出台了一系列税费支持政策，持续加大减税降费力度，助力小微企业和个体工商户降低经营成本、缓解融资难题。小微企业、个体工商户等市场主体成长迅速，已成为我国繁荣经济、扩大就业、改善民生的重要力量。2021年“两会”期间，党中央、国务院根据经济发展形势，进一步加大对小微企业和个体工商户的扶持力度，为广大小微企业和个体工商户发展壮大再添助力。

为了便利小微企业和个体工商户及时了解适用税费优惠政策，税务总局对针对小微企业和个体工商户的税费优惠政策进行了梳理，按照享受主体、优惠内容、享受条件、政策依据的编写体例，从减负担、促融资、助创业三个方面，梳理形成了涵盖27项针对小微企业和个体工商户的税费优惠政策指引内容。

具体包括：

一、减免税费负担

1. 符合条件的增值税小规模纳税人免征增值税。
2. 阶段性减免增值税小规模纳税人增值税。
3. 小型微利企业减免企业所得税。
4. 个体工商户应纳税所得不超过100万元部分个人所得税减半征收。
5. 增值税小规模纳税人减征地方“六税两费”。
6. 符合条件的企业暂免征收残疾人就业保障金。
7. 符合条件的缴纳义务人免征有关政府性基金。
8. 符合条件的增值税小规模纳税人免征文化事业建设费。

二、推动普惠金融发展

9. 金融机构小微企业及个体工商户小额贷款利息收入免征增值税。
10. 金融机构农户小额贷款利息收入企业所得税减计收入。
11. 金融企业涉农和中小企业贷款损失准备金税前扣除。
12. 金融企业涉农和中小企业贷款损失税前扣除。
13. 金融机构与小型微型企业签订借款合同免征印花税。
14. 小额贷款公司农户小额贷款利息收入免征增值税。
15. 小额贷款公司农户小额贷款利息收入企业所得税减计收入。
16. 小额贷款公司贷款损失准备金企业所得税税前扣除。
17. 为农户及小型微型企业提供融资担保及再担保业务免征增值税。

18.中小企业融资(信用)担保机构有关准备金企业所得税税前扣除。

19.账簿印花税减免。

三、重点群体创业税收优惠

20.重点群体创业税费扣减。

21.退役士兵创业税费扣减。

22.随军家属创业免征增值税。

23.随军家属创业免征个人所得税。

24.军队转业干部创业免征增值税。

25.自主择业的军队转业干部免征个人所得税。

26.残疾人创业免征增值税。

27.安置残疾人就业的单位和个体工商户增值税即征即退。

(四)我国现行税种及税收分类

1.我国现行税种

我国现行的税种共有18种,包括增值税、消费税、关税、企业所得税、个人所得税、房产税、车船税、契税、资源税、城镇土地使用税、土地增值税、印花税、耕地占用税、城市维护建设税、车辆购置税、烟叶税、环境保护税、船舶吨税。

1)增值税

增值税是以商品在流转过程中产生的增值额作为计税依据而征收的一种流转税。从计税原理上解释,增值税是对商品生产、流通、劳务服务中多个环节的新增价值或商品的附加价值征收的一种流转税,实行价外税,也就是由消费者负担。有增值才征税,没增值不征税;现实中增值税是对在我国境内销售货物或者加工、修理修配劳务,销售服务、无形资产、不动产以及进口货物的单位和个人取得的增值额和进口金额为计税依据而课征的一种流转税。

2)消费税

消费税适用于生产和进口特定种类的商品,包括烟、酒、高档化妆品、珠宝、鞭炮、焰火、汽油和柴油及相关产品、摩托车、小汽车、高尔夫球具、游艇、奢侈类手表、一次性筷子、实木地板、电池和涂料。按商品的种类,消费税可根据商品的销售价格及/或销售量计算应缴的消费税。

3)关税

关税是海关根据国家制定的有关法律,对进出关境或过境的货物和物品征收的一种商品税。

4)企业所得税

企业所得税是对我国境内的企业和其他取得收入的组织的生产经营所得和其他所得征收的一种所得税。企业所得税纳税人包括以下六类:国有企业、集体企业、私营企业、联营企业、股份制企业、有生产经营所得和其他所得的其他组织。

5)个人所得税

个人所得税是以个人(含个体工商户、个人独资企业、合伙企业中的个人投资者、承租承包者个人)取得的各项应税所得为征税对象所征收的一种税,我国个人所得税的纳税人包括两类:一是在中国境内有住所的个人,或者无住所而一个纳税年度内在中国境内居住累计满183天的个人,为居民个人,需就其全球收入在中国缴纳个人所得税;二是在中国境内无住所且在一个纳税年度内居住没有满 183 天的个人，为非居民个人，仅需就其在中国境内取得的所得缴纳个人所得税。在中国境内每一个纳税年度居住不超过 90 日的无住所个人，其境外雇主支付并且不由中国境内的机构负担的薪酬可免于缴纳个人所得税。

6）房产税

房产税是以房屋为征税对象，以房屋的计税余值或租金收入为计税依据，向房屋产权所有人征收的一种财产税。

7）车船税

车船税是对所有在中华人民共和国境内的车辆和船舶征收的一种税。每年按定额缴纳。通常，载货汽车按其自重定额计税，而汽车、载客汽车和摩托车按单位数量定额计税。船舶则按其净吨位定额计税。

8）契税

土地使用权或房屋所有权的买卖、赠予或交换需按成交价格或市场价格的 3%至 5%缴纳契税。契税的纳税人为受让人。

9）资源税

资源税是以应税资源为课税对象，对在中华人民共和国领域和中华人民共和国管辖的其他海域开发应税资源的单位和个人，就其应税资源销售额或销售量为计税依据而征收的一种税。

10）城镇土地使用税

城镇土地使用税是对在城市、县城、建制镇、工矿区范围内使用土地的单位和个人征收的一种税。其税额是按年以纳税人实际占用的土地面积乘以地方政府核定的每平方米固定税额计算的。

11）土地增值税

土地增值税是对有偿转让国有土地使用权及地上建筑物和其他附着物的产权并取得增值性收入的单位和个人征收的一种税。

12）印花税

印花税是对经济活动和经济交往中书立、领受具有法律效力的凭证的行为所征收的一种税。所有书立、领受“应税凭证”的单位和个人都应缴纳印花税。

13）耕地占用税

耕地占用税是对在中国境内占用耕地建设建筑物、构筑物或从事非农业建设的单位和个人征收的一种税。税额是以纳税人实际占用耕地面积乘以地方政府核定的每平方米固定税额计算，一次性征收。

14）城市维护建设税

城市维护建设税以纳税人实际缴纳的流转税（即增值税及消费税）税额为计税依据，按照一定的税率进行计缴。凡缴纳流转税的单位和个人，都是城市维护建设税的纳税义务人。

15）车辆购置税

车辆购置税是对在中国境内购买、进口、自产、受赠、获奖或其他方式取得汽车、有轨电车、汽车挂车、排气量超过一百五十毫升的摩托车的单位和个人，按车辆的计税价格的 10%征收的一种税。

16)烟叶税

烟叶税是向在中国境内收购烟叶的单位征收的税种。纳税人按烟叶收购金额的 20%向烟叶收购地的主管税务机关申报纳税。

17)环境保护税

中国从 2018 年 1 月 1 日起,对在境内领域及海域直接向环境排放大气污染物、水污染物、固体废物和噪声的企业征收环境保护税。环境保护税采用从量计征,即以应税污染物的当量或者排放量作为计税依据乘以适用税额。

18)船舶吨税

船舶吨税是海关代为对自中国境外港口进入境内港口的船舶征收的一种税。其所适用的税率根据船籍不同分为优惠税率和普通税率。应税船舶按照船舶净吨位和吨税执照期限确定税率,再乘以净吨位计算税额。

思考

在平时的生活中,同学们自己及家庭缴纳过哪些税呢?何时缴纳的呢?

2. 税收分类

税收分类实质上是税种的分类,即按照一定的标准把性质相同或相近的税种划为一类,以便与其他税种加以区别。由于对不同的税种可以按照不同的标准、从不同的角度进行比较研究,这里介绍税收分类的几种主要方法(参见图 6-1)。

图 6-1　税收分类示意图

1)按征税对象的性质划分

按征税对象的性质划分,可将税种分为流转税、所得税、财产税、资源税和行为税五大类。这种分类方式是世界各国在进行税收分类时采用的一种最基本、最重要的方式(见表 6-2)。

表 6-2　税收按征税对象的性质分类

分　类	含　义	现行税种
流转税	以商品或劳务流转额为征税对象的税种的统称。流转税的经济前提是存在商品的交换和劳务的提供,其计税依据是商品流转额或劳务流转额。 商品流转额是指在商品交换过程中发生的交易额。 劳务流转额是指经济主体在向社会提供交通运输、邮政电信、金融保险、文化体育、娱乐服务等劳务服务时所取得的各项劳务性收入额	增值税、消费税、关税
所得税	以所得额为征税对象的税种的统称。纳税人的应税所得通常是指自然人或法人在一定期间内,由于劳动、经营、投资或把财产提供给他人使用而获得的收入,扣除为取得收入所支出费用后的余额。因此,纳税人的应税所得总体上可以分为经营所得、财产所得、劳动所得、投资所得和其他所得	企业所得税、个人所得税
财产税	以财产价值为征税对象的税种的统称。作为征税对象的财产包括不动产和动产两类。不动产是指不能移动或移动后会损失其经济价值的财产,如土地和地上附着物;动产是指除不动产以外的各种能够移动的财产,包括有形动产和无形动产。有形动产包括车辆、船舶等,无形动产包括股票、债券、银行存款等	房产税、车船税
资源税	以资源的绝对收益和级差收益为征税对象的税种的统称。作为征税对象的资源是指那些具有商品属性的自然资源,即具有交换价值和使用价值的资源	资源税、城镇土地使用税、土地增值税
行为税	以某些特定的行为作为征税对象的税种的统称。行为税具有征税对象单一、税源分散、税种灵活的特点。开征行为税,主要是为了加强对某些特定行为的监督、限制和管理,或者是对某些特定行为的认可,从而实现政治或经济上的特定目的或管理上的需要	印花税、耕地占用税、城市维护建设税、车辆购置税、烟叶税、环境保护税等

2)按税收管理和受益权限划分

按税收管理和受益权限的不同,可将税种划分为中央税、地方税及中央与地方共享税(见表6-3)。

表 6-3　税收按税收管理和受益权限分类

分　类	含　义	现行税种
中央税	属于中央财政固定收入,归中央政府支配和使用的税种	消费税、车辆购置税、关税和海关代征的进口环节增值税等
地方税	属于地方财政固定收入,归地方政府支配和使用的税种	土地增值税、耕地占用税、房产税、车船税、契税等

续表

分类	含义	现行税种
中央与地方共享税	属于中央政府与地方政府共同享有,按一定比例分成的税种	增值税、企业所得税、个人所得税、资源税、城市维护建设税和印花税等

3)按税收计征标准分类

按税收计征标准的不同,可将税种分为从价税、从量税和复合税(见表6-4)。

表6-4 税收按计征标准分类

分类	含义	现行税种
从价税	以课税对象的价格作为计税依据,这类税一般实行比例税率或累进税率	增值税、企业所得税等
从量税	以征税对象的重量、件数、容积、面积等数量作为计税依据的税,这类税一般实行定额税率	资源税、车船税、耕地占用税等
复合税	对征税对象采用从价和从量相结合的计税方法征收的一种税	消费税

4)按税收负担能否转嫁划分

按照税收负担的最终归宿,即税负能否转嫁这一标准,税收可分为直接税和间接税(见表6-5)。

表6-5 税收按税收负担能否转嫁分类

分类	含义	现行税种
直接税	税负不能由纳税人转嫁出去,必须由自己负担的各税种	所得税
间接税	税负可以由纳税人转嫁出去,由他人负担的各税种	增值税、消费税、关税等

5)按税收与价格的关系划分

按税收与价格的关系,可将税种分为价内税和价外税(见表6-6)。

表6-6 税收按税收与价格的关系分类

分类	含义	举例
价内税	税收是价格的组成部分,应按含税价格计税	消费税
价外税	税收是价格的附加值,应按不含税价格计税	增值税

两类税种中税收与价格的关系请参见图6-2。

二、税收制度和税制构成要素

(一)税收制度的含义

税收制度的全称为税收法律、法规制度,简称税制。它是国家以税收法律、法规形式确定的税收征收及其管理办法,是明确国家与纳税人之间在征纳税方面的权力责任/权利义务关系的

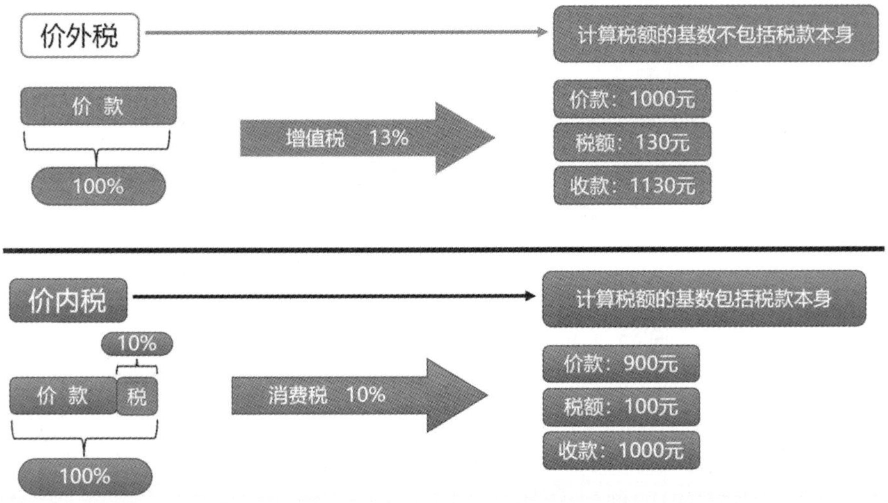

图 6-2　税收与价格的关系

法律规范的总称，反映了国家与纳税人之间的经济关系，是国家财政制度的重要内容。

（二）税收制度的构成

1. 纳税义务人

纳税义务人简称“纳税人”，是根据税法规定直接负有纳税义务并享有纳税人权利的单位和个人。

例如，增值税的纳税人，是指在中华人民共和国境内销售货物或者提供加工、修理修配劳务，销售服务、无形资产或者不动产的单位和个人；企业所得税的纳税人，是指在中华人民共和国境内取得收入的企业和其他组织。

2. 征税对象

征税对象亦称课税对象、征税客体等，它是征税的标的物，用以明确对什么征税的问题。例如，消费税的征税对象是消费税条例所列举的应税消费品，房产税的征税对象是房屋等。

3. 税率

税率是应纳税额与计税依据之间的关系或比例，是计算应纳税额的尺度，体现课税的深度。每种税的税率高低，直接关系到国家财政收入的多少和纳税人税收负担的大小。因此，税率是体现税收政策的中心环节，是构成税制的基本要素。我国现行的税率形式主要有比例税率、定额税率、累进税率等。

1）比例税率

比例税率是指对同一征税对象或者同一税目，不论数额大小，都按规定的同一比例征纳税。我国现行的增值税、城市维护建设税、企业所得税等均采用的是比例税率。

2）定额税率

定额税率又称固定税率，它是指当征税对象为实物时使用的税率，适用于从量计征的税种，通常对那些价格稳定、质量和规格标准比较统一的商品征税。我国现行的车船税，城镇土地使用税，消费税税目中的黄酒、啤酒、成品油均采用的是定额税率。

3）累进税率

累进税率是随着征税对象数量增大而随之提高的税率，一般适用于对所得和财产征税。我国目前实行的累进税率包括超额累进税率和超率累进税率。超额累进税率是把征税对象按数额的大小划分为若干级距，对每个级距部分的数额分别规定相应的差别税率，分别计算税额，各级税额之和为应纳税额。如我国现行的个人所得税中，工资、薪金所得，个体工商户承租经营所得采用的就是超额累进税率。超率累进税率是以征税对象数额的相对率划分若干级距，分别规定相应的差别税率，相对率每超过一个级距，对超过部分就按高一级的税率计算征税。如我国现行的土地增值税采用的就是超率累进税率。

4. 纳税环节

纳税环节是指税法规定的征税对象在从生产到消费的流转过程中应当缴纳税款的环节。例如，流转税一般在生产和流通环节纳税，所得税一般在分配环节纳税。

5. 纳税期限

纳税期限是税法规定的单位和个人缴纳税款的期限，它是税收的固定性、强制性在时间上的体现，指负有纳税义务的纳税人向国家缴纳税款的最后时间限制。例如：企业所得税在月份或者季度终了后 15 日内预缴，年度终了后 5 个月内汇算清缴，多退少补。

纳税人的具体纳税期限，由主管税务机关根据纳税人应纳税额的大小分别核定；不能按照固定期限纳税的，可以按次纳税。我国税法对不同税种依据不同情况规定了各自的纳税期限。超过纳税期限未缴纳税款的，属于欠税，应依法加收滞纳金。纳税期限基本上分为两种：按期纳税和按次纳税。

6. 税额计算

税额的计算是指根据纳税人的生产经营或其他具体情况，对其应税事项，按照国家规定的税率，采取一定的方法计算出纳税人的应纳税额。每种税都明确规定了应纳税额的具体计算公式，但其计算方法基本相同，即：

应纳税额＝计税依据×适用税率(单位税额)

公式中的“计税依据”在具体运用时涉及两个概念：一是计税单位，亦称计税标准、课税单位。它是课税对象的计量单位和缴纳标准，是课税对象的量化。二是计税价格，从价计征的税种、税率一经确定，应纳税额的多少就取决于计税价格。根据计税价格是否包含税款，计税价格又分为含税计税价格和不含税计税价格两种。

7. 纳税地点

纳税地点是指纳税人按照税法的规定向税务机关申报纳税的具体地点，主要是指根据各个税种纳税对象的纳税环节和有利于对税款的源泉进行控制，防止税收流失，便于纳税人缴纳税款而规定的纳税人(包括代征代缴、代扣代缴、代收代缴义务人)的具体纳税地点。税法中规定的纳税地点主要有纳税人的机构所在地、经济活动发生地、财产所在地、报关地等。

8. 减免税

减免税是税法规定的对某些特殊情况给予减轻或免除税收负担的一种税收优惠措施或特殊调节手段。

1)减税和免税

减税是对应纳税额少征一部分税款；免税是对应纳税额全部免征税款。

知识拓展　减免税形式

减免税形式包括税基式减免（通过直接缩小计税依据的方式实现减税免税）、税率式减免（通过直接降低税率的方式实现减税免税）、税额式减免（通过直接减少应纳税额的方式实现减税免税）三种。

2）起征点

起征点又称“征税起点”或“起税点”，是指对征税对象达到一定数额开始征税的起点数额。征税对象的数额达到起征点的就全部数额征税，未达到起征点的则不征税。

3）免征额

免征额是税法规定的课税对象的全部数额中免予征税的数额，是对所有纳税人的照顾。对免征额的部分不征税，仅对超过免征额的部分征税。

9. 法律责任

税收的法律责任是税收法律关系的主体因违反税法所应当承担的法律后果。纳税人和税务人员违反税法的规定，都将依法承担法律责任。税收法律责任分为经济责任、行政责任和刑事责任。

思考

你认为家庭和个人在国家税收中受益最大的方面是什么？

任务实施

1. 描述税收的含义、税收的作用及税收的特征；
2. 描述我国的现行税种；
3. 描述税收制度和税制的构成要素；
4. 调查某一企业需要缴纳的税种，完成调查表(如果行数不够，请自行添加)。

企业税收调查表

企业名称：　　　　　　　　所属行业：

序　　号	纳 税 税 种	税　　率	纳 税 期 限	享受的优惠政策

调查人：

任务反思

请分析和总结本任务的学习情况，写出你的收获和经验。

任务检测

一、单项选择题

1. 我国个人所得税中的工资、薪金所得采取的税率形式为(　　)。

A. 比例税率　　B. 全额累进税率

C. 超额累进税率　　D. 超率累进税率

2. 以下税种属于按税收与价格关系分类的是(　　)。

A. 中央税与地方税　　B. 价内税与价外税

C. 流转税与财产税　　D. 直接税与间接税

3. 以下税种属于按税收计征标准不同分类的是(　　)。

A. 中央税与地方税　　B. 价内税与价外税

C. 流转税与财产税　　D. 从价税、从量税和复合税

二、多项选择题

1. 下列属于税收作用的是(　　)。

A. 是国际经济交往中维护国家利益的可靠保证

B. 是国家调控经济运行的重要手段

C. 是国家组织财政收入的主要形式和工具

D. 具有维护国家政权的作用

2. 下列各项中,属于税收特征的是(　　)。

A. 强制性　　B. 无偿性　　C. 固定性　　D. 灵活性

3. 下列税种中属于从价税的是(　　)。

A. 增值税　　B. 企业所得税　　C. 消费税　　D. 个人所得税

三、判断题

1. 纳税义务人、征税对象、纳税期限是构成税法的三个最基本的要素。(　　)

2. 税收是国家组织财政收入的主要形式和工具。(　　)

3. 减税和免税都是对应纳税额少征一部分税款。(　　)

4. 征税对象就是课税对象、征税客体,是征税的标的物。(　　)

5. 税收的法律责任分为经济责任、行政责任和刑事责任。(　　)

四、简答题

1. 税收的特征是什么?

2. 如何理解税收制度?

任务评价

任务名称：

<table>
<tr><th>项　　目</th><th>内　　容</th><th>自 我 评 价</th></tr>
<tr><td>基本概念</td><td></td><td></td></tr>
<tr><td>知识点</td><td></td><td rowspan="3">A. 能识记知识点
B. 能理解知识点
C. 会应用知识判断分析实际问题
D. 能总结应用心得或进行经验分享</td></tr>
<tr><td>技能</td><td></td></tr>
<tr><td>重难点</td><td></td></tr>
</table>

说明：根据本任务的内容进行填列，并完成自我评价。

任务二　增值税

任务描述

本任务通过学习增值税的基本概念、特点及作用、现行增值税纳税人、征税范围、税率等税制要素的基本规定，增值税一般纳税人、小规模纳税人不同的征收管理办法，增值税的应纳税额计算等，使学生了解增值税的基本知识。

思维导图

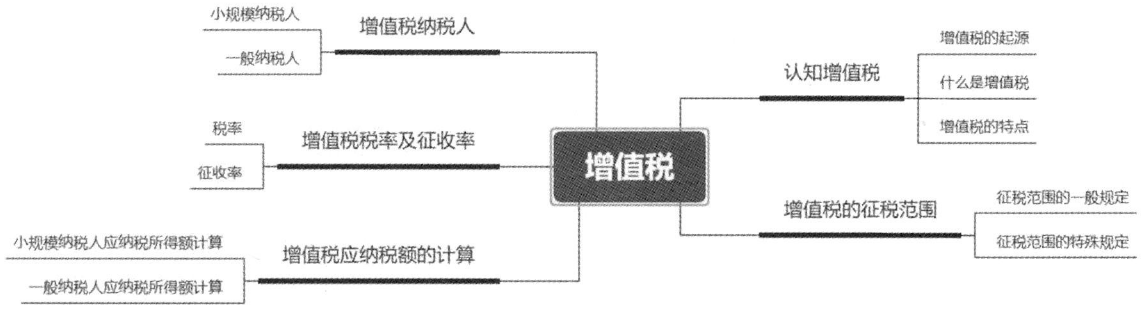

任务内容

引例

图 6-3 是 2021 年全国主要税收收入占比情况。

思考

在我国现行的 18 种税种里面，哪一个税种是我国的第一大税种呢？

一、认知增值税

（一）增值税的起源

增值税是比较年轻的税种，美国耶鲁大学经济学教授托马斯·亚当斯是提出增值税概念的第一人，他于 1917 年在国家税务学会《营业税》报告中首先提出对增值额征税的理论，指出对营业毛利（销售额－进货额）课税比对所得额课税要好得多，这一营业毛利相当于工资薪金、租金、利息和利润之和，相当于增值额。1921 年，托马斯·亚当斯在美国经济季刊发表《联邦所得税的

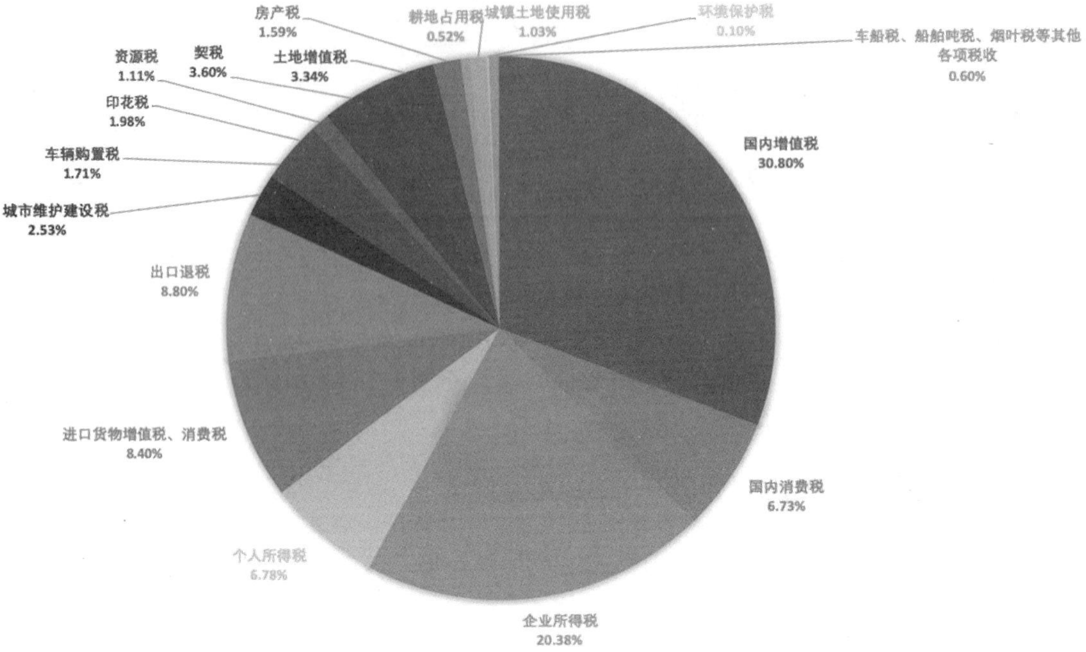

图 6-3　2021 年全国主要税收收入占比情况

基本问题》时进一步提出，将企业负担的租税改为销售额的形态，准许销售税与购入税相互抵扣。可以说，在 1954 年增值税诞生于法国之前的三十多年里，增值税的研究都限于理论层面，其理论与观点都被掩埋在文献中。1954 年，时任法国税务总局局长助理的莫里斯·洛雷积极推动法国增值税制的制定与实施，并取得了成功，被誉为增值税之父。

我国的增值税于 1979 年开始在部分省市试点征收，1983 年 1 月 1 日开始，增值税在全国试行，而正式的法律授权则是在 1984 年，由全国人大授权国务院发布有关税法条例。目前，随着“营改增”，增值税已经成为我国的第一大税种。

阅读材料：“营改增”具体案例

素养提升

增值税改革的时代价值

自 1979 年引进增值税制度以来，我国始终坚持“大国轻税”的理念，减税与完善税制双管齐下、充分配合，不断向现代增值税制度迈进。增值税改革，实现了短期宏观经济稳定目标与中长期税收制度建设目标的有机协调，但它不仅仅是一项税制改革，而是更超越税制完善本身——不仅是减轻负担、纾解民生焦虑的惠民之举，同时也是促进结构调整、催生发展内生动力的有效措施。这是贯彻习近平总书记提出的两个百年奋斗目标，全面建成小康社会，把中国建成富强民主文明和谐美丽的社会主义现代化强国的必然要求。在实现中华民族伟大复兴的中国梦的宏伟蓝图中，为我国的经济建设做出了贡献。

（二）什么是增值税

1. 增值税

增值税是以商品（含应税劳务）在流转过程中产生的增值额作为计税依据而征收的一种流

转税。按照我国增值税暂行条例的规定，增值税是对在我国境内销售货物或者加工、修理修配劳务，销售服务、无形资产、不动产以及进口货物的单位和个人取得的增值额和进口金额为计税依据而课征的一种流转税。

2. 增值额

增值额是指企业和个人在生产经营过程中新创造的那部分价值。从商品的生产经营全过程来看，增值额是该商品在其生产和流通的各个环节发生的增值之和，相当于该商品在实现消费之前最后一个流通环节的销售额。

案例分析

已知某商品经过生产原料、生产产成品、批发和零售四个环节，最终售价 100 元(不考虑税金)。假设生产原料的初始起点金额为 0 元，该商品在每个环节的增值额分别是 30 元、40 元、20 元和 10 元，其合计数恰好等于该商品最后一个环节的销售额 100 元，详情请参见表 6-7。

表 6-7　增值额计算表

单位:元

生产环节	售价	增值额
生产原料	30	＋30
生产产成品	70	＋40(70－30)
批发	90	＋20(90－70)
零售	100	＋10(100－90)

(三)增值税的特点

1. 不重复收税，保持税收中性

增值税仅就纳税人销售额中属于企业创造的、尚未征过税的那部分价值征税，对销售额中其他企业纳税后转移到本企业的那部分价值不再征税，因此克服了重复征税的问题。

税收中性表现在两个方面，一是国家征税使社会所付出的代价以税款为限，尽可能不给纳税人或社会带来其他的额外损失或负担；二是国家征税应避免对市场经济正常运行的干扰，不能使税收超越市场机制而成为资源配置的决定因素。

2. 普遍征收，税基广阔

从增值税征税范围看，对从事商品生产流通和从事应税劳务的所有单位和个人，在商品增值的各个生产和流通环节向纳税人普遍征收，因此增值税税基广阔。

3. 实行税款抵扣制度

现行增值税实行税款抵扣制度，从世界各国来看，一般都实行凭购货发票进行抵扣。我国增值税的一般纳税人也执行税款抵扣制度，采用销项税额扣除进项税额的方法计算应该缴纳的增值税，增值税的专用发票也有专门的抵扣联。

4. 实行价外税

增值税是价外税，即在计税时，作为计税依据的销售额不包含增值税税额。价税分开，有利于发挥价格和税收各自的独特作用，便于消费者对价格和税收进行监督，同时也便于企业根据市场情况确定价格。就增值税而言，价外税制度的实施，可明确各环节所缴纳的增值税，并为增值税抵扣给出依据，且能避免重复征税。

5. 逐环节征税，最终消费者是全部税款承担者

在商品的流转过程中，商品每流通一个环节，每增加一个环节，只要产生增值部分，就需要征收增值税。在上述案例分析中，该货物四个环节的增值额分别是30元、40元、20元和10元，那么逐环节征收的增值税则是按照每个环节的增值额来收取，最终消费者以价税合计的价格购买商品，承担增值税的税款。

知识拓展　增值税留抵退税，为小微企业输血活血

1. 留抵退税是什么？

留抵退税就是把增值税期末未抵扣完的税额退还给纳税人。增值税实行链条抵扣机制，以纳税人当期销项税额抵扣进项税额后的余额为应纳税额。其中，销项税额是指按照销售额和适用税率计算的增值税额；进项税额是指购进原材料等所负担的增值税额。当进项税额大于销项税额时，未抵扣完的进项税额会形成留抵税额。

2. 留抵退税对小微企业发展有什么影响？

2022年我国大力改进增值税留抵退税制度，对留抵税额实行大规模退税。2022年《政府工作报告》提出，预计全年退税减税约2.5万亿元，其中留抵退税约1.5万亿元，退税资金全部直达企业。退税资金全部直达企业，既大力改进增值税留抵退税制度，又有力为企业提供现金流支持、促进消费投资，为市场主体"输血""活血"、纾困解难。同时，财政部下达2022年支持小微企业留抵退税有关专项转移支付财力补助4 000亿元，用于地方保障小微企业增值税留抵退税，为小微企业雪中送炭，激发企业发展活力。

二、增值税的征税范围

（一）征税范围的一般规定

1. 销售货物

货物，是指有形动产，包括电力、热力和气体在内。销售货物，是指有偿转让货物的所有权。有偿，不仅指从购买方取得货币，还包括取得货物或其他经济利益。

2. 销售劳务

劳务，是指加工和修理修配劳务。加工，是指由委托方提供原料及主要材料，受托方按照委托方的要求制造货物并收取加工费的业务。修理修配，是指受托对损伤和丧失功能的货物进行修复，使其恢复原状和功能的业务。

提供加工和修理修配劳务，是指有偿提供加工和修理修配劳务。但单位或个体工商户聘用的员工为本单位或雇主提供加工、修理修配劳务则不包括在内。

3. 销售服务

销售服务，是指提供交通运输服务、邮政服务、电信服务、建筑服务、金融服务、现代服务和生活服务。

(1)交通运输服务，是指利用运输工具将货物或者旅客送达目的地，使其空间位置得到转移

的业务活动。包括陆路运输服务、水路运输服务、航空运输服务和管道运输服务。

(2)邮政服务，是指中国邮政集团公司及其所属邮政企业提供邮件寄递、邮政汇兑和机要通信等邮政基本服务的业务活动。包括邮政普遍服务、邮政特殊服务和其他邮政服务。

(3)电信服务，是指利用有线、无线的电磁系统或者光电系统等各种通信网络资源，提供语音通话服务，传送、发射、接收或者应用图像、短信等电子数据和信息的业务活动。包括基础电信服务和增值电信服务。

(4)建筑服务，是指各类建筑物、构筑物及其附属设施的建造、修缮、装饰，线路、管道、设备、设施等的安装以及其他工程作业的业务活动。包括工程服务、安装服务、修缮服务、装饰服务和其他建筑服务。

(5)金融服务，是指经营金融保险的业务活动。包括贷款服务、直接收费金融服务、保险服务和金融商品转让。

(6)现代服务，是指围绕制造业、文化产业、现代物流产业等提供技术性、知识性服务的业务活动。包括研发和技术服务、信息技术服务、文化创意服务、物流辅助服务、租赁服务、鉴证咨询服务、广播影视服务、商务辅助服务和其他现代服务。

(7)生活服务，是指为满足城乡居民日常生活需求提供的各类服务活动。包括文化体育服务、教育医疗服务、旅游娱乐服务、餐饮住宿服务、居民日常服务和其他生活服务。

4. 销售无形资产

销售无形资产，是指转让无形资产所有权或者使用权的业务活动。无形资产，是指不具实物形态，但能带来经济利益的资产，包括技术、商标、著作权、商誉、自然资源使用权和其他权益性无形资产。技术，包括专利技术和非专利技术。

其中的自然资源使用权，包括土地使用权、海域使用权、探矿权、采矿权、取水权和其他自然资源使用权。

5. 销售不动产

销售不动产，是指转让不动产所有权的业务活动。不动产，是指不能移动或者移动后会引起性质、形状改变的财产，包括建筑物、构筑物等。

转让建筑物有限产权或者永久使用权的，转让在建的建筑物或者构筑物所有权的，以及在转让建筑物或者构筑物时一并转让其所占土地的使用权的，按照销售不动产缴纳增值税。

(二)征税范围的特殊规定

除正常的纳税范围外，经济生活中还有一些特殊的情形也需要缴纳增值税，如视同销售货物或视同发生应税行为，这种情况是指虽然没有收到有偿的货币资金，从销售逻辑上讲也不是完整的，但为了避免增值税的漏洞和销售链条的中断，将它当作销售来处理，以避免漏缴增值税。增值税征税范围的特殊规定主要包括：

1. 视同销售货物

单位或者个体经营者的下列行为，视同销售货物，征收增值税：

(1)将货物交付其他单位或者个人代销；

(2)销售代销货物；

(3)设有两个以上机构并实行统一核算的纳税人，将货物从一个机构移送到其他机构用于销售，但相关机构设在同一县(市)的除外；

(4)将自产或委托加工的货物用于非增值税应税项目;

(5)将自产、委托加工的货物用于集体福利或个人消费;

(6)将自产、委托加工或购进的货物作为投资,提供给其他单位或者个体工商户;

(7)将自产、委托加工或购进的货物分配给股东或投资者;

(8)将自产、委托加工或购进的货物无偿赠送其他单位或个人。

2. 视同销售服务、无形资产或者不动产

下列情形视同销售服务、无形资产或者不动产:

(1)单位或者个体工商户向其他单位或者个人无偿提供服务,但用于公益事业或者以社会公众为对象的除外;

(2)单位或者个人向其他单位或者个人无偿转让无形资产或者不动产,但用于公益事业或者以社会公众为对象的除外;

(3)财政部和国家税务总局规定的其他情形。

需要注意的是,纳税人出租不动产,租赁合同中约定免租期的,不属于视同销售服务。

3. 混合销售

一项销售行为如果既涉及货物又涉及服务,为混合销售。从事货物的生产、批发或者零售的单位和个体工商户的混合销售行为,按照销售货物缴纳增值税;其他单位和个体工商户的混合销售行为,按照销售服务缴纳增值税。

上述从事货物的生产、批发或者零售的单位和个体工商户,包括以从事货物的生产、批发或者零售为主,并兼营销售服务的单位和个体工商户在内。

4. 兼营行为

兼营是指纳税人的经营范围包括销售货物、加工修理修配劳务、服务、无形资产、不动产中的两种或者多种。

纳税人销售货物、加工修理修配劳务、服务、无形资产或者不动产适用不同税率或者征收率的,应当分别核算适用不同税率或者征收率的销售额,未分别核算销售额的,要按照规定从高适用税率或者征收率。

思考

国家规定增值税特殊征税范围的作用是什么呢?

三、增值税纳税人

凡在中华人民共和国境内销售货物、提供应税劳务和应税服务以及进口货物的单位和个人都是增值税纳税义务人。

其中:单位是指企业、行政单位、事业单位、军事单位、社会团体及其他单位,个人是指个体工商户和其他个人。单位租赁或者承包给其他单位或者个人经营的,以承租人或者承包人为纳税人。

根据纳税人年应税销售额的大小和会计核算水平，可以将增值税纳税人划分为一般纳税人和小规模纳税人。

（一）小规模纳税人

小规模纳税人是指年销售额在规定标准以下并且会计核算不健全，不能按规定报送有关税务资料的增值税纳税人。会计核算不健全是指不能正确核算增值税的销项税额、进项税额和应纳税额。根据2018年4月的税法规定，小规模纳税人的认定标准如下：①年应征增值税销售额在500万元及以下；②会计核算不健全，不能按规定报送有关税务资料。

小规模纳税人会计核算健全、能够提供准确税务资料的，可以申请资格认定，成为一般纳税人。

（二）一般纳税人

一般纳税人是指年应税销售额超过规定标准的企业和企业性质单位，且会计核算健全的企业。

区分小规模纳税人和一般纳税人的目的在于：在实践中增值税实行凭专用发票抵扣税款制度，而这就要求纳税人具备健全的会计核算制度并且有效执行。但是实际上增值税纳税人的会计核算水平差异很大，因此进行增值税纳税人的区分可使二者享有不同的税法地位（或称税法待遇）和计税方法。

一般纳税人可以使用增值税专用发票，并可以用“扣税法”抵扣发票上注明的已纳增值税额；小规模纳税人则不得使用增值税专用发票，也不能进行税款抵扣，采用简易计税方法。具体区别请参见图6-4。

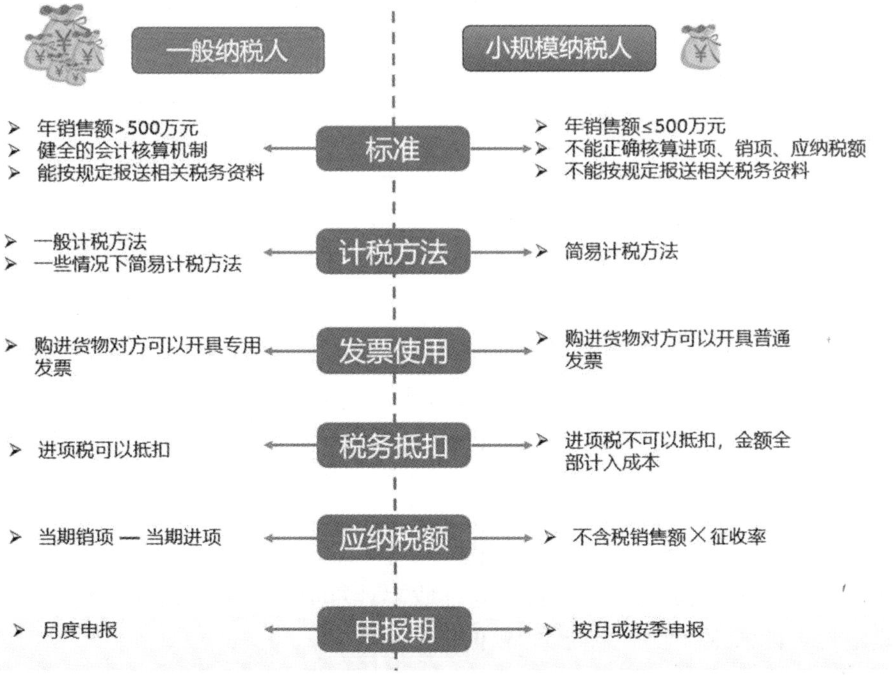

图 6-4　小规模纳税人和一般纳税人的区别

思考

增值税一般纳税人与小规模纳税人在征税过程中有哪些不同?

四、增值税税率及征收率

自2019年4月1日起,我国增值税的税率一共有4档:13%,9%,6%,0%。对小规模纳税人试行征收率,一共2档:3%和5%。

(一)税率

1.基本税率13%

基本税率适用于:

(1)纳税人销售或者进口货物(除适用低税率和零税率的外);

(2)纳税人提供加工、修理修配劳务;

(3)有形动产租赁服务。

2.低税率9%

低税率9%适用于:粮食等农产品;自来水、暖气;图书、报纸、杂志;化肥、农药;食用盐等;销售无形资产、不动产类;交通运输服务;邮政服务;基础电信服务;建筑服务;转让土地使用权。

3.低税率6%

低税率6%适用于现代服务(租赁服务除外);增值电信服务;金融服务;生活服务;销售无形资产。

4.零税率

零税率适用于:

(1)纳税人出口货物、服务、无形资产;

(2)境内单位和个人跨境销售国务院规定范围内的服务、无形资产。

思考

为什么要规定不同的增值税税率呢?

(二)征收率

小规模纳税人经营规模小,而且会计核算不健全,难以按增值税税率计税和使用增值税专用发票抵扣进项税款,因此试行按照销售额与征收率计算应纳税额的简易计税方法。

小规模纳税人的法定征收率为3%,特殊征收率为5%。

思考

请查询小规模纳税人哪些情况下的征收率为3%,哪些情况为特殊征收率5%;除3%和5%

的征收率之外，还有没有其他的减免政策。

五、增值税应纳税额的计算

一般纳税人与小规模纳税人采用不同的增值税计算方法，请参见图 6-5。

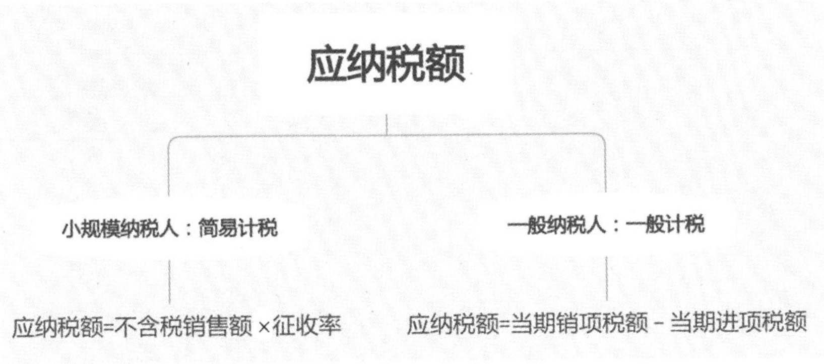

图 6-5　一般纳税人与小规模纳税人增值税的计算方法

（一）小规模纳税人应纳税额的计算

小规模纳税人采用简易计算方法。简易计税方法的应纳税额是指按照销售额和增值税征收率计算增值税税额，并不得抵扣进项税额。应纳税额的计算公式为：

应纳税额＝不含税销售额×征收率

简易计税方法的销售额不包括其应纳税额，纳税人采用销售额和应纳税额合并定价方法的，应按照下列公式计算销售额：

不含税销售额＝含税销售额÷(1＋征收率)

解析

案例分析

假设晓岚奶茶店是增值税小规模纳税人，征收率为 3%，其年度销售额为 309 000 元，其增值税的应纳税额应该为多少？

（二）一般纳税人应纳税额的计算

一般纳税人采用凭增值税专用发票抵扣税款的方法计算应纳税额，其应纳税额为当期销项税额抵扣当期进项税额后的余额。

阅读材料：当期销项税与当期进项税的确定

一般纳税人销售货物或者应税劳务，应纳税额的计算公式是：

应纳税额＝当期销项税额－当期进项税额

销项税额＝不含税销售额×税率

$$不含税销售额 = \frac{含税销售额}{(1+税率)}$$

无论是一般纳税人还是小规模纳税人，在计算应纳税额时计税依据都是销售货物或者应税劳务的销售额。因此，准确核算销售额是正确计算应纳增值税税额的基础。

案例分析

假设某商场为增值税一般纳税人，售卖某种连衣裙，单件的价税合计价格为113元，适用的增值税税率为13%。请问连衣裙的不含税销售额为多少？应纳增值税为多少？

任务实施

1. 描述增值税的特点；

2. 描述增值税的征税范围，并解释其征税范围的一般规定及特殊规定；

3. 讨论增值税一般纳税人与小规模纳税人的区别；

4. 假设甲公司是增值税小规模纳税人，其增值税的征收率为3%，某年度的销售额为618 000元，请计算甲公司增值税的应纳税额；

5. 调查某一企业增值税的缴纳和征收管理情况，完成调查报告。

任务反思

请分析和总结本任务的学习情况，写出你的收获和经验。

任务检测

一、单项选择题

1. 一般纳税人销售的下列货物中,适用9%增值税税率的是(　　)。

A. 肥皂　　B. 中性笔　　C. 杂粮　　D. 水果罐头

2. 小规模纳税人的年应征增值税销售额认定标准为(　　)。

A. 100万元及以下　　B. 300万元及以下

C. 500万元及以下　　D. 700万元及以下

3. 增值税正式成为我国的一个税种是在(　　)。

A. 1979年　　B. 1983年　　C. 1984年　　D. 2017年

4. 按税收管理和受益权限,增值税属于(　　)。

A. 中央税　　B. 地方税

C. 中央与地方共享税　　D. 直接税

二、多项选择题

1. 增值税的税率包括(　　)。

A. 17%　　B. 13%　　C. 9%　　D. 6%

2. 下列各项中,属于现代服务业征收增值税的有(　　)。

A. 广告设计　　B. 有形动产租赁

C. 不动产租赁　　D. 教育医疗服务

3. 属于增值税特殊征税范围的有(　　)。

A. 视同销售　　B. 兼营行为　　C. 混合销售　　D. 销售房地产

三、判断题

1. 税法规定的起征点是对纳税对象中的一部分给予减免,只就减除起征点后剩余的部分计征税款。(　　)

2. 增值税的纳税人分为一般纳税人和小规模纳税人。(　　)

3. 小规模纳税人一经认定,就不能改变。(　　)

4. 增值税对从事商品生产流通和从事应税劳务的所有单位和个人,在商品增值的各个生产和流通环节向纳税人普遍征收。(　　)

5. 对于纳税人出口货物、服务、无形资产,增值税的税率为零。(　　)

任务评价

任务名称：

<table>
<tr><th>项 目</th><th>内 容</th><th>自我评价</th></tr>
<tr><td>基本概念</td><td></td><td rowspan="2"></td></tr>
<tr><td>知识点</td><td></td></tr>
<tr><td>技能</td><td></td><td rowspan="2">A. 能识记知识点
B. 能理解知识点
C. 会应用知识判断分析实际问题
D. 能总结应用心得或进行经验分享</td></tr>
<tr><td>重难点</td><td></td></tr>
</table>

说明：根据本任务的内容进行填列，并完成自我评价。

任务三 企业所得税

任务描述

本任务通过学习企业所得税的基本概念、现行企业所得税纳税人、征税对象、税率等税制要素的基本规定,企业所得税居民纳税人、非居民纳税人不同的征收管理办法,企业所得税的应纳税额计算等,使学生了解企业所得税的基本知识。

思维导图

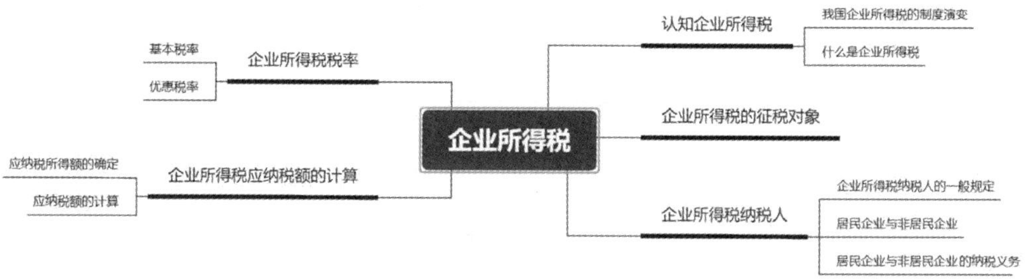

任务内容

引例

在图 6-6 所示的这幅 LOGO 墙当中,有中国的国货之光华为、小米等;也有一些社会团体和行业协会,比如中国消费者协会;还有一些事业单位,比如成都工业职业技术学院。

思考

这些企业、社会团体、行业协会、事业单位需不需要缴纳企业所得税呢?它们是不是企业所得税纳税人呢?

____

____

____

一、认知企业所得税

(一)我国企业所得税的制度演变

1949 年的首届全国税务会议通过了统一全国税收政策的基本方案,其中包括对企业所得和个人所得征税的办法。1950 年,政务院发布了《全国税政实施要则》,规定全国设置 14 种税收,其中

图 6-6 企业 LOGO 墙

涉及对所得征税的有工商业税(所得税部分)、存款利息所得税和薪给报酬所得税等 3 种税收。

自 20 世纪 70 年代末起，中国开始实行改革开放政策，税制建设进入了一个新的发展时期，税收收入逐步成为政府财政收入的主要来源，同时税收也成为国家进行宏观经济调控的重要手段。

为适应中国建立社会主义市场经济体制的新形势，进一步扩大改革开放，努力把国有企业推向市场，按照“统一税法、简化税制、公平税负、促进竞争”的原则，国家先后完成了外资企业所得税的统一和内资企业所得税的统一。

1991 年 4 月，第七届全国人民代表大会将《中华人民共和国中外合资经营企业所得税法》与《中华人民共和国外国企业所得税法》合并，制定了《中华人民共和国外商投资企业和外国企业所得税法》，并于同年 7 月 1 日起施行。

1993 年 12 月 13 日，国务院将《中华人民共和国国营企业所得税条例(草案)》《国营企业调节税征收办法》《中华人民共和国集体企业所得税暂行条例》和《中华人民共和国私营企业所得税暂行条例》进行整合，制定了《中华人民共和国企业所得税暂行条例》，自 1994 年 1 月 1 日起施行。上述改革标志着中国的所得税制度改革向着法制化、科学化和规范化的方向迈出了重要的步伐。

2007 年 3 月 16 日，第十届全国人民代表大会第五次会议通过了《中华人民共和国企业所得税法》，并于 2008 年 1 月 1 日开始施行。内、外资企业从此实行统一的企业所得税法。2017 年 2 月 24 日第十二届全国人民代表大会常务委员会第二十六次会议对《中华人民共和国企业所得税法》进行了第一次修改。2018 年 12 月 29 日第十三届全国人民代表大会常务委员会第七次会议第二次修改了《中华人民共和国企业所得税法》的相关内容。

素养提升

企业吸纳退役士兵就业税费扣减政策

根据《财政部 税务总局关于延长部分税收优惠政策执行期限的公告》(2022 年第 4 号)和《财政部 税务总局 退役军人部关于进一步扶持自主就业退役士兵创业就业有关税收政策的通知》(财税〔2019〕21 号)，招用自主就业退役士兵并与其签订 1 年以上期限劳动合同并依法缴纳社会保险费的企业可享受吸纳退役士兵就业税费扣减政策。具体如下：

优惠内容：2019年1月1日至2023年12月31日，招用自主就业退役士兵，与其签订1年以上期限劳动合同并依法缴纳社会保险费的，自签订劳动合同并缴纳社会保险当月起，在3年(36个月)内按实际招用人数予以定额依次扣减增值税、城市维护建设税、教育费附加、地方教育附加和企业所得税优惠。定额标准为每人每年6000元，最高可上浮50%，各省、自治区、直辖市人民政府可根据本地区实际情况在此幅度内确定具体定额标准。

享受条件：

1. 自主就业退役士兵，是指依照《退役士兵安置条例》(国务院 中央军委令第608号)的规定退出现役并按自主就业方式安置的退役士兵。

2. 本政策中的企业，是指属于增值税纳税人或企业所得税纳税人的企业等单位。

3. 企业与招用自主就业退役士兵签订1年以上期限劳动合同并依法缴纳社会保险费。

4. 企业既可以适用上述税收优惠政策，又可以适用其他扶持就业专项税收优惠政策的，可以选择适用最优惠的政策，但不得重复享受。

5. 企业按招用人数和签订的劳动合同时间核算企业减免税总额，在核算减免税总额内每月依次扣减增值税、城市维护建设税、教育费附加和地方教育附加。企业实际应缴纳的增值税、城市维护建设税、教育费附加和地方教育附加小于核算减免税总额的，以实际应缴纳的增值税、城市维护建设税、教育费附加和地方教育附加为限；实际应缴纳的增值税、城市维护建设税、教育费附加和地方教育附加大于核算减免税总额的，以核算减免税总额为限。

纳税年度终了，如果企业实际减免的增值税、城市维护建设税、教育费附加和地方教育附加小于核算减免税总额，企业在企业所得税汇算清缴时以差额部分扣减企业所得税。当年扣减不完的，不再结转以后年度扣减。

自主就业退役士兵在企业工作不满1年的，应当按月换算减免税限额。计算公式为：企业核算减免税总额=Σ每名自主就业退役士兵本年度在本单位工作月份÷12×具体定额标准。

6. 城市维护建设税、教育费附加、地方教育附加的计税依据是享受本政策前的增值税应纳税额。

(资料来源：国家税务总局.组合式税费支持政策之延续实施的政策——吸纳退役士兵就业税费扣减[EB/OL]. http://www.chinatax.gov.cn/chinatax/c102089/c5181261/content.html)

(二)什么是企业所得税

企业所得税是对我国境内的企业和其他取得收入的组织，就其生产经营所得和其他所得征收的所得税。其中，企业分为居民企业和非居民企业。居民企业，是指依法在中国境内成立，或者依照外国(地区)法律成立但实际管理机构在中国境内的企业；非居民企业，是指依照外国(地区)法律成立且实际管理机构不在中国境内，但在中国境内设立机构、场所的，或者在中国境内未设立机构、场所，但有来源于中国境内所得的企业。

二、企业所得税的征税对象

企业所得税的征税对象是企业取得的各项应税所得。要注意的是，税法规定的应税所得和会计确认的收入是有区别的。如果把企业比作一个装载着各种经济利益的容器，那么会计确认的收入就是企业在生产经营过程当中源源不断流入的各种经济利益的总和，所以会计收入是一个流量的概念。而应税所得是企业生产经营结果的反映，是各类经济利益流入流出的综合结果，是一个净存量的概念，而且应税所得在计算过程中，计算口径也与会计计算的口径不同。因此应税所得和会计利润虽然都是对企业的生产经营结果的反映，但是在一个具体的计算期间期末时点，这两个数值在现实当中很难完全一样。

按照《中华人民共和国企业所得税法》（以下简称《企业所得税法》）的规定，企业所得税的应税所得项目一共有九项，包括销售货物所得，提供劳务所得，转让财产所得，股息、红利等权益性投资所得，利息所得，租金所得，特许权使用费所得，接受捐赠所得及其他所得（见图 6-7）。其他所得包括除了企业前八项以外的全部其他所得。

9项应税所得项目		
销售货物所得	提供劳务所得	转让财产所得
股息、红利等权益性投资所得	利息所得	租金所得
特许权使用费所得	接受捐赠所得	其他所得

图 6-7　企业所得税应税所得项目

三、企业所得税的纳税人

（一）企业所得税纳税人的一般规定

企业所得税的纳税人是在中国境内取得收入的企业和其他组织，包括居民企业和非居民企业，但不包括个人独资企业和合伙企业。

在我国的民法当中将经济主体分为法人和非法人两类，它们所负担的经济责任不同。法人负担的是有限责任，也就是说法人企业在偿还债务的时候，如果企业的财产不足以偿还债务，企业的投资人是不需要以个人的财产来进行债务清偿的；而非法人承担的是无限责任，当企业偿还债务的时候，企业的财产不足以偿还债务，就需要以投资人的个人财产来进行债务的偿还。我们在企业所得税中所说的纳税人必须是具有法人资格的企业和其他组织。由于个人独资企业和合伙企业是不具有法人资格的，因而不能成为我国企业所得税的纳税人。

解析

课堂讨论

个人独资企业和合伙企业应如何缴纳所得税？

（二）居民企业与非居民企业

企业所得税纳税人有两种不同的身份类型，即居民企业和非居民企业。

在我国对企业所得税纳税人身份进行判定的时候，使用的是登记注册地标准和实际管理机构地标准相结合的方法。登记注册地标准的判断依据是企业依法登记注册的地点是否在中国境内；实际管理机构地是指对企业的生产、人员、财务、财产等实施实质性全面管理和控制的实际管理机构所在地点，其标准主要是依据企业的实际管理机构是否在中国境内。

依照以上两个标准，就可以对居民企业进行判定。依据登记注册地标准，按照中国的法律行政法规在中国境内成立的企业组织就是居民企业，也就是常说的中国企业是我国的居民企业；依照外国法律成立但实际管理机构在中国境内的企业和其他组织也是我国的居民企业，也就意味着有一部分的外国企业，如果它的实际管理机构在中国境内，也会成为我国的居民企业。

非居民企业是指依照外国法律成立且实际管理机构不在中国境内，但在中国境内设立了机构、场所或在中国境内未设立机构、场所，但有来源于中国境内所得的企业，请参见图 6-8。

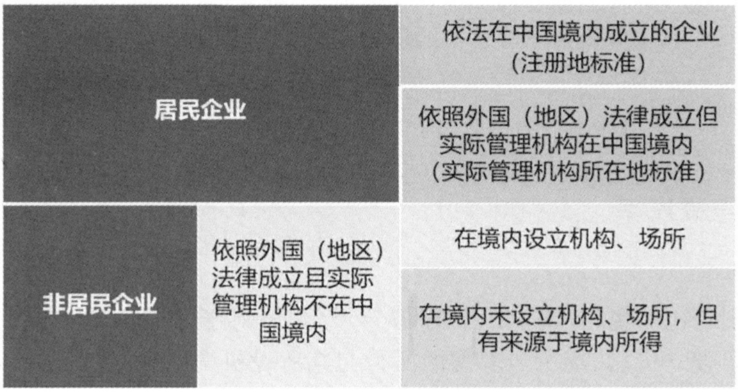

图 6-8　居民企业与非居民企业

根据登记注册地标准和实际管理机构地标准，来看一下企业所得税纳税人身份的判定。第一步，依照登记注册地标准看企业的登记注册地点是否在中国境内，如果是，那么它就是我国的居民企业；如果不是，第二步就用实际管理机构地标准来进行判定，实际管理机构在中国境内的也是我国的居民企业，如果实际管理机构也不在中国境内，但是在我国设立了机构、场所，它将会成为我国的非居民企业。如果没有任何的机构、场所，但是这个企业有来源于中国境内的所得，那么它也会成为我国的非居民企业。

如果一家企业的登记注册地点不在中国境内，实际管理机构也不在中国境内，在中国境内又未设立任何的机构、场所，也没有来源于中国境内的所得，它就不是我国企业所得税的纳税人。企业所得税纳税人身份判定流程图，请参见图 6-9。

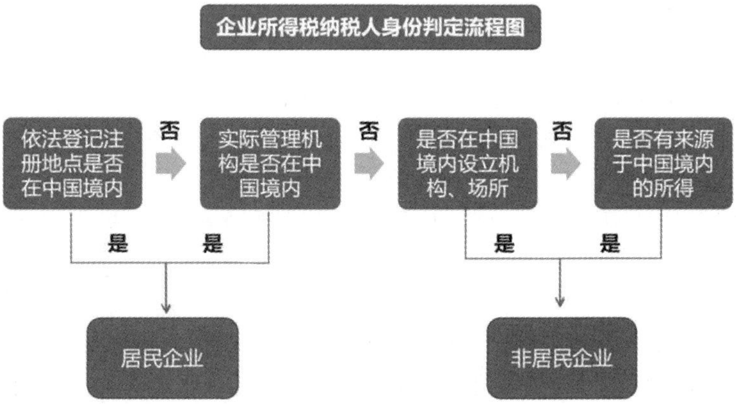

图 6-9　企业所得税纳税人身份判定流程图

（三）居民企业与非居民企业的纳税义务

居民企业和非居民企业是两类不同的纳税身份，它们的主要区别在于纳税义务不同。居民企业负担全面纳税义务，要就其来源于中国境内、境外的全部所得缴纳企业所得税；而非居民企业是负担有限的纳税义务，仅就其来源于中国境内的所得缴纳企业所得税，请参见图 6-10。

居民企业	全面纳税义务	就其来源于中国境内、境外的所得缴纳企业所得税
非居民企业	有限纳税义务	一般就其来源于我国境内的所得纳税

图 6-10　居民企业与非居民企业的纳税义务示意图

四、企业所得税税率

（一）基本税率

企业所得税实行比例税率，基本税率为 25%。但是，对于非居民企业在中国境内未设立机构、场所的，或者虽设立机构、场所但取得的所得与其所设机构、场所没有实际联系的，其来源于中国境内的所得适用税率为 20%。

（二）优惠税率

为照顾众多小微企业的实际困难，对符合条件的小微企业，减按 20%的税率征收企业所得税。

为鼓励高新技术企业的发展，对国家需要重点扶持的高新技术企业减按 15%的税率征收企业所得税。

非居民企业在中国境内未设立机构、场所的，或者虽设立机构、场所但取得的所得与其所设机构、场所没有实际联系的，其来源于中国境内的所得适用税率为 20%，但实际征税时，减按 10%的税率征收企业所得税。

五、企业所得税应纳税额的计算

（一）应纳税所得额的确定

应纳税所得额，是企业每一纳税年度的收入总额，减除不征税收入、免税收入、各项扣除以及允许弥补的以前年度亏损后的余额。其计算公式为：

应纳税所得额＝收入总额－不征税收入－免税收入－各项扣除项目额
－准予弥补的以前年度亏损额

为了确定应纳税所得额，必须分别确定收入总额和各项应从收入总额中减除的项目的金额。

1. 收入总额

依据我国《企业所得税法》的规定，企业以货币形式和非货币形式从各种来源取得的收入，为收入总额。收入总额包括销售货物收入，提供劳务收入，转让财产收入，股息、红利等权益性投资收益，利息收入，租金收入，特许权使用费收入，接受捐赠收入，其他收入。

2. 不征税收入

依据我国《企业所得税法》的规定，不征税收入包括：

(1)财政拨款；

(2)依法收取并纳入财政管理的行政事业性收费、政府性基金；

(3)国务院规定的其他不征税收入。

3. 准予扣除项目

我国《企业所得税法》第八条明确规定：企业实际发生的与取得收入有关的、合理的支出，包括成本、费用、税金、损失和其他支出，准予在计算应纳税所得额时扣除。

请注意，可以扣除的“税金”是指各项税金及附加，包括消费税、资源税、土地增值税、关税、房产税、车船税、印花税、城市维护建设税及教育费附加等，但缴纳的企业所得税和增值税不得扣除。

4. 免税收入

免税收入是指属于企业的应税所得但是按照税法规定免予征收企业所得税的收入。主要包括：

(1)国债利息收入；

(2)符合条件的居民企业之间的股息、红利等权益性投资收益；

(3)在中国境内设立机构、场所的非居民企业从居民企业取得与该机构、场所有实际联系的股息、红利等权益性投资收益；

(4)符合条件的非营利组织的收入；

(5)非营利组织其他免税收入。

需要注意的是：第一，企业取得的各项免税收入用于支出所形成的各项成本费用，除另有规定外，可以在计算应纳税所得额时扣除。

第二，不征税收入和免税收入都是企业“收入”，但不征税收入属于“非营利性活动”带来的经济收益，理论上不应列为应税所得的范畴，其本身就不负有纳税义务；而免税收入属于应税收入的组成部分，是国家为了实现某些经济和社会目标，在特定时期对特定项目取得的经济利益给予的税收优惠。也就是说，不征税收入是本身就不负有纳税义务的收入；而免税收入是本来应当纳税，但国家免除其纳税义务的收入。

5. 不得扣除项目

按《企业所得税法》规定，不得扣除的项目包括：

(1)向投资者支付的股息、红利等权益性投资收益款项；

(2)企业所得税税款；

(3)税收滞纳金，是指纳税人违反税收法规，被税务机关处以的滞纳金；

(4)罚金、罚款和被没收财物的损失，是指纳税人违反国家有关法律、法规规定，被有关部门处以的罚款，以及被司法机关处以的罚金和被没收财物的损失；

(5)超过规定标准的捐赠支出；

(6)赞助支出，是指企业发生的各种非广告性质的赞助支出；

(7)未经核定的准备金支出，是指企业未经国务院财政、税务主管部门核定而提取的各项资产减值准备、风险准备等准备金；

(8)企业之间支付的管理费、企业内营业机构之间支付的租金和特许权使用费，以及非银行企业内营业机构之间支付的利息；

(9)与取得收入无关的其他支出。

(二)应纳税额的计算

按照《企业所得税法》的规定,企业的应纳税所得额乘以适用税率,减除依照本法关于税收优惠的规定减免和抵免的税额后的余额,为应纳税额。其计算公式为:

应纳所得税额=应纳税所得额×税率-减免税额-抵免税额

案例分析

假设某企业被认定为高新技术企业,2021 年度取得的应纳税所得额为 1 000 万元,准予减免的税额为 5.3 万元,则其应纳所得税额为:

应纳所得税额=(1 000×15%-5.3)万元=144.7 万元

知识拓展　健全防控体系,打击国际逃避税,维护国家税收权益

经济全球化的深入发展,跨国企业全球一体化的经营模式,各国税制之间的差异,再加上避税地、低税地的存在,以及一些国家为吸引外来投资实施的税收竞争,为跨国企业实施国际避税提供了空间和土壤。与此同时,现有国际税收规则体系落后于全球经济和商业发展的步伐,特别是在数字经济和无形资产等领域,现有规则对跨国企业避税难以有效规制。国际逃、避税行为不仅损害了各国的税收主权,侵蚀了各国的税基,也有损于税收公平和良好的商业环境,增大了世界经济进一步复苏的难度。

为了防止跨国企业通过不良税收筹划侵蚀我国税基,国家税务总局着力健全管理、调查、服务"三位一体"的反避税防控体系,加大了打击国际逃避税的力度,切实维护了国家税收权益。自 2015 年以来,我国已与有关国家和国际组织开展专项情报交换 450 份,开展专项反避税调查立案 250 件,预计补缴税款 600 多亿元。

国家税务总局坚持健全制度保障和创新方式、方法两手抓,全力打击国际逃避税。一方面,结合《税收征管法》的修订,国家税务总局制定出台了《一般反避税管理办法(试行)》《关于非居民企业间接转让财产企业所得税若干问题的公告》《关于企业向境外关联方支付费用有关企业所得税问题的公告》等文件,修订了《特别纳税调整实施办法(试行)》,为反避税工作建立健全法规制度提供了保障。另一方面,国家税务总局不断创新反避税方法。对汽车、奢侈品和制药行业实施全国联查,实现反避税调查从传统购销交易向股权和无形资产等交易类型的拓展;积极研究无形资产、市场溢价等反避税难点问题,建立分行业、分地区、分年度、分投资国的跨国企业利润水平指标监控体系;对纳税人实施分类管理,制定科学有效的风险应对策略,防止跨国企业侵蚀我国税基;依托信息化平台,加强情报交换,拓展国际税收信息来源,共同打击国际逃避税行为。

《中共中央关于制定国民经济和社会发展第十三个五年规划的建议》提出,推动国际经济治理体系改革完善,积极引导全球经济议程,促进国际经济秩序朝着平等公正、合作共赢的方向发展。我国税务部门将以此为遵循,按照中央全面深化改革领导小组第 17 次会议审议通过的《深化国税、地税征管体制改革方案》的部署,适应经济全球化的趋势和我国构建开放型经济新体制的要求,进一步参与国际税收规则制定,主动服务对外开放战略,让"大国税务"的形象更加清晰,让中国税务的声音更加响亮。

(资料来源:国家税务总局网站)

任务实施

1. 描述企业所得税的征税对象及纳税人。

2. 描述企业所得税的税率及优惠税率。

3. 假设某企业的企业所得税税率为25%，2021年度取得的应纳税所得额为800万元，准予减免的税额为5万元，请计算其2021年度的应纳所得税额；如果该企业2022年度被认定为高新技术企业，2022年度取得的应纳税所得额同样为800万元，请计算其2022年度的应纳所得税额。

4. 调查某一企业的企业所得税缴纳和征收管理情况，完成调查报告。

任务反思

请分析和总结本任务的学习情况，写出你的收获和经验。

任务检测

一、单项选择题

1. 企业所得税的基本税率是(　　)。

A. 33%　　B. 30%　　C. 25%　　D. 20%

2. 企业所得税正式成为我国的一个税种是在(　　)。

A. 1979 年　　B. 1983 年　　C. 1984 年　　D. 1991 年

3. 对国家需要重点扶持的高新技术企业,其所得税税率为(　　)。

A. 25%　　B. 20%　　C. 15%　　D. 10%

二、多项选择题

1. 根据《企业所得税法》的规定,企业所得税的纳税义务人包括(　　)。

A. 集体企业　　B. 个人独资企业　　C. 股份制企业　　D. 外商投资企业

2. 企业缴纳的下列税金中,在计算企业所得税应纳税所得额时准予扣除的有(　　)。

A. 企业所得税　　B. 消费税　　C. 房产税　　D. 增值税

3. 以下属于《企业所得税法》规定的不征税收入的是(　　)。

A. 财政拨款

B. 依法收取并纳入财政管理的行政事业性收费

C. 政府性基金

D. 国债利息收入

三、判断题

1. 根据《企业所得税法》规定,企业分为居民企业和非居民企业。(　　)

2. 国债利息收入属于《企业所得税法》规定的不征税收入。(　　)

3. 居民企业在中国境内和境外的所得都是企业所得税的征税对象。(　　)

4. 企业所得税的应纳税所得额,就是企业取得的全部收入。(　　)

任务评价

任务名称：

<table>
<tr><th>项　　目</th><th>内　　容</th><th>自 我 评 价</th></tr>
<tr><td>基本概念</td><td></td><td rowspan="2"></td></tr>
<tr><td>知识点</td><td></td></tr>
<tr><td>技能</td><td></td><td rowspan="2">A. 能识记知识点
B. 能理解知识点
C. 会应用知识判断分析实际问题
D. 能总结应用心得或进行经验分享</td></tr>
<tr><td>重难点</td><td></td></tr>
</table>

说明：根据本任务的内容进行填列，并完成自我评价。

任务四　个人所得税

任务描述

本任务通过学习个人所得税的概念，个人所得税的纳税人、税率、征税对象等基本税制要素，个人所得税的税基和计算方法，使学生掌握个人所得税基本知识。

思维导图

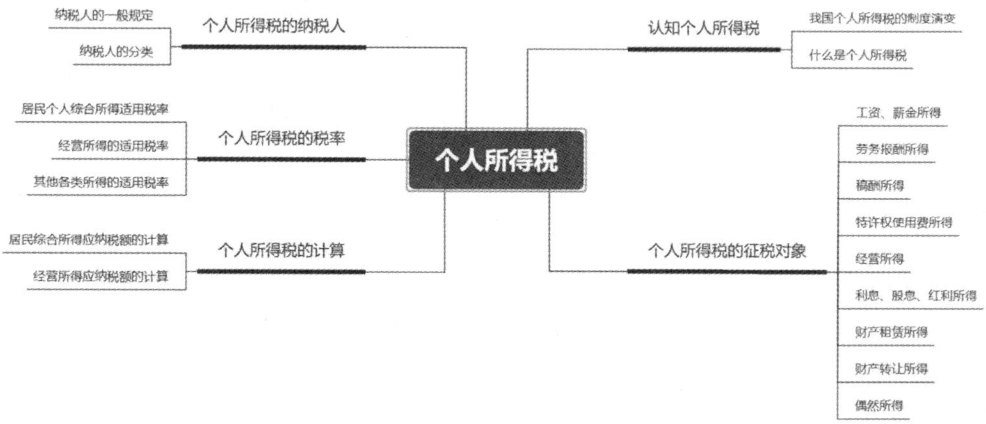

任务内容

引例1

小明和小强同在一家外企工作，月收入相同。小明的妻子是全职太太，孩子每月需要开销一千元以上，双方家里有四位老人要赡养，每月赡养费至少两千元；小强的家庭没有要小孩，夫妻双方的父母各自都有丰厚的退休工资。

思考

小明和小强缴纳的个人所得税一样吗？为什么？

引例2

张、王、李都是两口之家，家庭月收入均为 10 000 元。张家夫妻每人月收入均为 5 000 元；王家一人月收入 4 000 元，一人月收入 6 000 元；李家一人收入 10 000 元，另一人无收入。

按照目前的个人所得税税法，张家不需要缴纳个人所得税，王家需缴纳30元，李家则需要缴纳290元。

思考

三个家庭在个人所得税的缴纳上为什么会存在不同呢？

一、认知个人所得税

（一）我国个人所得税的制度演变

在改革开放前相当长的时期里，我国对个人所得不征税。党的十一届三中全会以后，我国开始实行对外开放政策，随着对外经济交往的不断扩大，来华工作、取得收入的外籍人员日益增多。为了维护国家的税收权益，第五届全国人民代表大会于1980年9月通过了《中华人民共和国个人所得税法》（以下简称《个人所得税法》），开征个人所得税，统一适用于中国公民和在我国取得收入的外籍人员。1986年，国务院发布了《中华人民共和国城乡个体工商业户所得税暂行条例》和《中华人民共和国个人收入调节税暂行条例》。这样，我国对个人所得的征税制度就形成了个人所得税、城乡个体工商业户所得税和个人收入调节税三税并存的格局。

我国社会主义市场经济体制改革的目标确定后，为了统一、规范和完善对个人所得的课税制度，第八届全国人民代表大会常务委员会在对三部针对个人所得课税的法律、法规进行修改、合并的基础上，于1993年10月31日公布了修正后的《个人所得税法》，自1994年1月1日起施行。国务院于1994年1月28日发布了《中华人民共和国个人所得税法实施条例》（以下简称《个人所得税法实施条例》）。之后，根据我国国民经济和社会发展的情况，全国人民代表大会常务委员会于1999年8月30日、2005年10月27日、2007年6月29日、2007年12月29日、2011年6月30日对《个人所得税法》进行了五次修正，国务院相应地对《个人所得税法实施条例》进行了三次修订。2018年8月31日第十三届全国人民代表大会常务委员会第五次会议通过《关于修改〈中华人民共和国个人所得税法〉的决定》，对《个人所得税法》进行第七次修正，自2019年1月1日起施行。2018年12月18日国务院令第707号第四次修订了《个人所得税法实施条例》，自2019年1月1日起与修正后的《个人所得税法》同步施行。

素养提升

重点群体创业税费扣减政策

享受主体：建档立卡贫困人口、持《就业创业证》（注明"自主创业税收政策"或"毕业年度内自主创业税收政策"）或《就业失业登记证》（注明"自主创业税收政策"）的人员，具体包括：

1. 纳入全国扶贫开发信息系统的建档立卡贫困人口。

2. 在人力资源社会保障部门公共就业服务机构登记失业半年以上的人员。

3. 零就业家庭、享受城市居民最低生活保障家庭劳动年龄内的登记失业人员。

4. 毕业年度内高校毕业生。高校毕业生是指实施高等学历教育的普通高等学校、成人高等学校应届毕业的学生；毕业年度是指毕业所在自然年，即1月1日至12月31日。

优惠内容：自2019年1月1日至2025年12月31日，上述人员从事个体经营的，自办理个体工商户登记当月起，在3年（36个月）内按每户每年12000元为限额依次扣减其当年实际应缴纳的增值税、城市维护建设税、教育费附加、地方教育附加和个人所得税。限额标准最高可上浮20%,各省、自治区、直辖市人民政府可根据本地区实际情况在此幅度内确定具体限额标准。

享受条件:纳税人实际应缴纳的增值税、城市维护建设税、教育费附加、地方教育附加和个人所得税小于减免税限额的,以实际应缴纳的增值税、城市维护建设税、教育费附加、地方教育附加和个人所得税税额为限;实际应缴纳的增值税、城市维护建设税、教育费附加、地方教育附加和个人所得税大于减免税限额的,以减免税限额为限。

政策依据:《财政部 税务总局 人力资源社会保障部 国家乡村振兴局关于延长部分扶贫税收优惠政策执行期限的公告》(2021 年第 18 号)、《财政部 税务总局 人力资源社会保障部 国务院扶贫办关于进一步支持和促进重点群体创业就业有关税收政策的通知》(财税〔2019〕22 号)。

(资料来源:国家税务总局. 组合式税费支持政策之延续实施的政策——重点群体创业税费扣减[EB/OL]. http://www.chinatax.gov.cn/chinatax/c102089/c5181077/content.html)

(二)什么是个人所得税

个人所得税是以个人(含个体工商户、个人独资企业、合伙企业中的个人投资者、承租承包者个人)取得的各项应税所得为征税对象所征收的一种税,是国家通过税收调节个人收入的一种手段。

二、个人所得税的征税对象

按照现行《个人所得税法》规定,个人所得税的征税对象一共分为 9 类。

1. 工资、薪金所得

工资、薪金所得是指个人因任职或者受雇而取得的工资、薪金、奖金、年终加薪、劳动分红、津贴、补贴以及与任职或者受雇有关的其他所得。

对于工资、薪金所得的判定,可以注意两个关键词,一个是非独立,另一个是雇佣,意思是工资、薪金所得一定是在单位进行非独立劳动并且被单位雇佣所获得的收入。

工资、薪金所得中有一些项目是不予征收个人所得税的,包括:①独生子女补贴;②执行公务员工资制度未纳入基本工资总额的补贴、津贴差额和家属成员的副食品补贴;③托儿补助费;④差旅费津贴、误餐补助;⑤外国来华留学生领取的生活津贴费、奖学金。

2. 劳务报酬所得

劳务报酬所得包含的内容非常广泛,包括设计、装潢、安装、制图、化验、测试、医疗、法律、会计、咨询、讲学、翻译、审稿、书画、雕刻、影视、录音、录像、演出、表演、广告、展览、技术服务、介绍服务、经纪服务、代办服务以及其他劳务取得的所得。

思考

个人兼职取得的收入应按照“工资、薪金所得”还是“劳务报酬所得”缴纳个人所得税?

---

3. 稿酬所得

稿酬所得是指个人因其作品以图书、报刊等形式出版、发表而取得的所得。

4. 特许权使用费所得

特许权使用费所得是指个人提供专利权、商标权、著作权、非专利技术以及其他特许权的使用权取得的所得。

5. 经营所得

经营所得是指个人从事生产、经营活动获得的所得。包括：个体工商户从事生产、经营活动取得的所得；个人独资企业投资人、合伙企业的个人合伙人来源于境内注册的个人独资企业、合伙企业生产、经营的所得；个人依法从事办学、医疗、咨询以及其他有偿服务活动取得的所得；个人对企业、事业单位承包经营、承租经营及转包、转租取得的所得；个人从事其他生产、经营活动取得的所得。

6. 利息、股息、红利所得

该类所得是指个人拥有债权、股权等而取得的利息、股息、红利所得。

7. 财产租赁所得

财产租赁所得是指个人出租不动产、机器设备、车船以及其他财产取得的所得。

8. 财产转让所得

财产转让所得是指个人转让有价证券、股权、建筑物、土地使用权、机器设备、车船以及其他财产取得的所得。

9. 偶然所得

偶然所得是指个人得奖、中奖、中彩以及其他偶然性质的所得。

三、个人所得税的纳税人

（一）个人所得税纳税人的一般规定

按照个人所得税税法的规定，个人所得税的纳税义务人包括中国公民、个体工商户、个人独资企业、合伙企业投资者、在中国有所得的外籍人员（包括无国籍人员）和中国香港、中国澳门、中国台湾同胞。

（二）个人所得税纳税人的分类

依据在中国境内有无住所和居住时间两个标准，将个人所得税的纳税人划分为居民个人与非居民个人，分别承担不同的纳税义务，具体请参见图 6-11。

类别	判断标准	征税范围
居民纳税人	满足之一： 1.在中国境内有住所 2.在中国境内无住所，但是在一个纳税年度内，在中国境内住满183天 （纳税年度，是指自公历一月一日起至十二月三十一日止）	境内所得 + 境外所得 （全球）
非居民纳税人	满足之一： 1.在中国境内无住所且不居住 2.在中国境内无住所且在一个纳税年度内居住不满183天	境内所得

图 6-11　个人所得税的纳税人

其中：居民个人是指在中国境内有住所，或者无住所而在一个纳税年度内在中国境内居住累计满 183 天的个人。居民个人需要承担的是全面纳税义务，就其来源于中国境内的所得和来源于境外的所得缴纳个人所得税。

非居民个人是指在中国境内无住所又不居住，或者无住所而一个纳税年度内在中国境内居住累计不满 183 天的个人。非居民个人需要承担的是有限纳税义务，仅就来源于中国境内的所得缴纳个人所得税。

阅读材料：个人所得税所得来源地的确认

思考

1. 假设在我国境内无住所的某外籍人员 2020 年 9 月 20 日来华工作，2021 年 3 月 30 日结束工作离境，则该外籍人员是我国的居民个人还是非居民个人呢？

---

2. 美籍华人张某，在成都有一套公寓，张某委托其成都的亲戚将公寓出租，张某亲戚以每月租金 4 000 元、租期一年的条件与王某签订了租房协议，并一次收取了一年的租金。请问张某是否需要缴纳个人所得税呢？

四、个人所得税的税率

1. 居民个人综合所得适用税率

居民个人的综合所得，包括工资、薪金所得，劳务报酬所得，稿酬所得和特许权使用费所得，适用 3%～45%的七级超额累进税率，参见图 6-12。

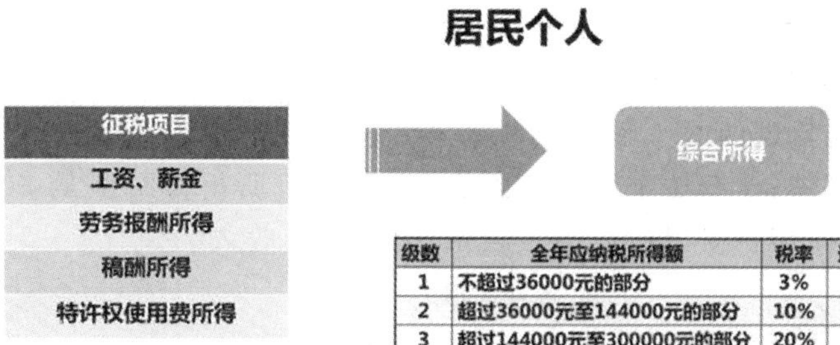

级数	全年应纳税所得额	税率	速算扣除数
1	不超过36000元的部分	3%	0
2	超过36000元至144000元的部分	10%	2520
3	超过144000元至300000元的部分	20%	16920
4	超过300000元至420000元的部分	25%	31920
5	超过420000元至660000元的部分	30%	52920
6	超过660000元至960000元的部分	35%	85920
7	超过960000元的部分	45%	181920

微课：个人所得税——综合所得

图 6-12　居民个人综合所得税税率

2. 经营所得的适用税率

纳税人的经营所得，适用 5%～35%的 5 级超额累进税率，参见图 6-13。

3. 其他各类所得的适用税率

纳税人的利息、股息、红利所得，财产租赁所得，财产转让所得，偶然所得，适用比例税率，税率为 20%。

五、个人所得税的计算

个人所得税的税基是应纳税所得额，即从取得的收入中扣除规定费用后的余额。

个人所得税的计算方法有三种：按年计征、按月计征、按次计征。本书主要介绍居民个人按

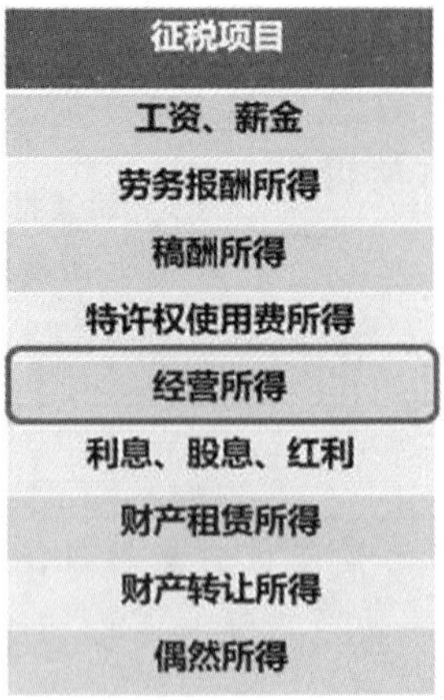

级数	全年应纳税所得额	税率	速算扣除数
1	不超过30000元的部分	5%	0
2	超过30000元至90000元的部分	10%	1500
3	超过90000元至300000元的部分	20%	10500
4	超过300000元至500000元的部分	30%	40500
5	超过500000元的部分	35%	65500

图 6-13　纳税人经营所得税税率

年计征的个人所得税计算，包括综合所得和经营所得。

（一）居民综合所得应纳税额的计算

居民综合所得应纳税额的计算公式为：

应纳税额＝应纳税所得额×适用税率－速算扣除数

＝(每一纳税年度的收入额－费用 60 000 元－专项扣除－专项附加扣除－依法确定的其他扣除)×适用税率－速算扣除数

1. 收入额的确定

每一纳税年度的收入额包括工资、薪金、劳务报酬和特许权使用费收入。按《个人所得税法》的规定，工资、薪金按全额计算确定收入；稿酬所得按稿酬的 80%减按 70%计算收入；劳务报酬、特许权使用费所得按总额×(1－20%)计算收入。

阅读材料：个人所得税的专项附加扣除

2. 各类扣除

1）基本减除费用

按《个人所得税法》的规定，综合所得的基本减除费用为 6 万元/年。

2）专项扣除

按照国家规定的范围和标准缴纳的基本医疗保险、基本养老保险、失业保险等社会保险费和住房公积金等。

3）专项附加扣除

专项附加扣除包括子女教育费用、继续教育费用、大病医疗费用、住房贷款利息或住房租金、赡养老人费用、婴幼儿照护费用。

4）依法确定的其他扣除

依法确定的其他扣除包括企业年金、职业年金和个人购买符合国家规定的商业健康保险等。

思考

请结合专项附加扣除的规定，想想自己的父母在申报个人所得税时，扣除了哪些专项附加扣除项目呢？

知识拓展　个人所得税减免税优惠

1. 免税项目

下列各项个人所得，免征个人所得税：

(1) 省级人民政府、国务院部委和中国人民解放军军以上单位，以及外国组织、国际组织颁发的科学、教育、技术、文化、卫生、体育、环境保护等方面的奖金。

(2) 国债和国家发行的金融债券利息。

(3) 按照国家统一规定发给的补贴、津贴。

(4) 福利费、抚恤金、救济金。

(5) 保险赔款。

(6) 军人的转业费、复员费、退役金。

(7) 按照国家统一规定发给干部、职工的安家费、退职费、基本养老金或者退休费、离休费、离休生活补助费。

(8) 依照有关法律规定应予免税的各国驻华使馆、领事馆的外交代表、领事官员和其他人员的所得。

(9) 中国政府参加的国际公约、签订的协议中规定免税的所得。

(10) 国务院规定的其他免税所得。

其中，依照有关法律规定应予免税的各国驻华使馆、领事馆的外交代表、领事官员和其他人员的所得，是指依照《中华人民共和国外交特权与豁免条例》和《中华人民共和国领事特权与豁免条例》规定免税的所得。

2. 减征项目

有下列情形之一的，可以减征个人所得税，具体的减征幅度和期限，由省、自治区、直辖市人民政府规定，并报同级人民代表大会常务委员会备案：

(1) 残疾、孤老人员和烈属的所得。

(2) 因自然灾害遭受重大损失的。

国务院可以规定其他减税情形，报全国人民代表大会常务委员会备案。

3. 综合所得的个人所得税计算案例

案例分析

假设已婚人士小李(独生子女)在四川成都上班，月收入 20 000 元，“五险一金”专项扣除为 2 000 元/月，每月房租 4 000 元，有一个子女上小学，李某的父母健在并且均已年满 60 岁。

解析

要求：请计算小李本年应缴纳的个人所得税。(无其他扣除项目，不考虑其他因素。)

(二)经营所得应纳税额的计算

经营所得的应纳税所得额,是以每一纳税年度的收入总额减除成本、费用以及损失后的余额。

经营所得应纳税额的计算公式为:

应纳税额=应纳税所得额×适用税率-速算扣除数

=(全年收入总额-成本、费用、损失)×适用税率-速算扣除数

个体工商户业主、个人独资企业投资者、合伙企业个人合伙人以及从事其他生产、经营活动的个人,以其每一纳税年度来源于个体工商户、个人独资企业、合伙企业以及其他生产、经营活动的所得,减除费用6万元、专项扣除以及依法确定的其他扣除后的余额,为应纳税所得额。

案例分析

假设晓岚奶茶店是个人合伙企业,2021年度的收入为30万元,各项成本费用等合计为15万元,该企业的投资人没有其他综合所得,自行缴纳社保每月1 500元,申报专项附加扣除为每月2 000元。则2021年度应纳的个人所得税为:

2021年度应纳税所得额=(300 000-150 000-60 000-1 500×12-2 000×12)元

=48 000元

2021年度应纳税额=(48 000×10%-1 500)元=3 300元

假设2021年已预缴全年个人所得税3 000元,则在2022年度进行汇算清缴时补缴税款:

(3 300-3 000)元=300元

思考

假设晓岚奶茶店2021年度的年收入为100万元,成本费用等为50万元,其他条件不变,请问应交多少个人所得税?

任务实施

1. 描述个人所得税及其征税对象；
2. 描述个人所得税的纳税人分类及税率；
3. 描述个人所得税的专项附加扣除政策；
4. 调查某一位家人的个人所得税申报和缴纳情况，完成调查报告。

任务反思

请分析和总结本任务的学习情况，写出你的收获和经验。

任务检测

一、单项选择题

1. 在中国境内有住所，或者无住所而一个纳税年度内在中国境内居住累计满(　　)天的个人，为居民个人。

A. 30　　B. 90

C. 183　　D. 365

2. 下列所得中，应缴纳个人所得税的是(　　)。

A. 劳动分红　　B. 独生子女补贴

C. 差旅费津贴　　D. 国债利息收入

3. 个人所得税中，工资、薪金执行(　　)的七级超额累进税率。

A. 3%～35%　　B. 3%～45%

C. 5%～35%　　D. 5%～45%

二、多项选择题

1. 下列各项中，按照“劳务报酬所得”项目缴纳个人所得税的是(　　)。

A. 会计服务收入　　B. 提供商标权的使用权取得的收入

C. 法律服务收入　　D. 技术服务收入

2. 下列各项中，在计算个人所得税的应纳税所得额时，不得扣除费用的有(　　)。

A. 利息、股息、红利所得　　B. 财产租赁所得

C. 财产转让所得　　D. 偶然所得

3. 以下属于个人所得税专项附加扣除的是(　　)。

A. 子女教育　　B. 继续教育

C. 住房租金　　D. 赡养老人

三、判断题

1. 对于居民个人的经营所得，目前《个人所得税法》规定应执行3%～45%的七级超额累进税率。(　　)

2. 个人所得税的纳税人分为居民纳税人和非居民纳税人。(　　)

3. 个体工商户取得的经营所得，应按税法的规定缴纳个人所得税。(　　)

4. 对个人取得的股息收入，应按年缴纳个人所得税。(　　)

任务评价

任务名称：

<table>
<tr><th>项　　目</th><th>内　　容</th><th>自 我 评 价</th></tr>
<tr><td>基本概念</td><td></td><td rowspan="4">A. 能识记知识点
B. 能理解知识点
C. 会应用知识判断分析实际问题
D. 能总结应用心得或进行经验分享</td></tr>
<tr><td>知识点</td><td></td></tr>
<tr><td>技能</td><td></td></tr>
<tr><td>重难点</td><td></td></tr>
</table>

说明：根据本任务的内容进行填列，并完成自我评价。

拓展任务　税制改革中的中国力量

任务描述

通过解读分析红色革命时期的税制改革、新中国建立初的税制改革、改革开放以来的税制改革、迈入新时代的税制改革与发展方向，引导学生思考、分析和总结，共同找寻税制背后隐藏的政治制度变迁和经济演进轨迹，探索税制改革中的“中国力量”，找到归属感和幸福感。

思维导图

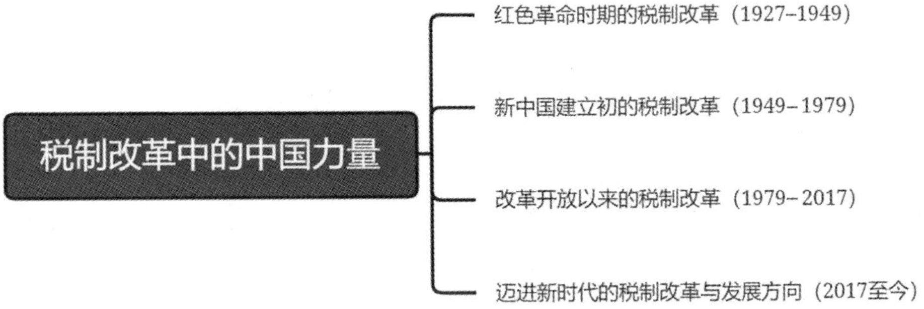

任务内容

引例

我国个人所得税改革历程如表 6-8 所示。

表 6-8　我国个人所得税改革历程

时　　间	重要政策举措
1980 年 9 月	公布《中华人民共和国个人所得税法》，我国个人所得税制度方始建立
1986 年 9 月	发布《中华人民共和国个人收入调节税暂行条例》，规定对公民个人收入统一征收个人收入调节税
1993 年 10 月	通过《关于修改〈中华人民共和国个人所得税法〉的决定》的修正案，规定不分内、外，所有中国居民和有来源于中国所得的非居民，均应依法缴纳个人所得税
1999 年 8 月	通过《关于修改〈中华人民共和国个人所得税法〉的决定》，把个税法第四条第二款“储蓄存款利息”免征个人所得税项目删去，开征个人储蓄存款利息所得税
2002 年 1 月	个人所得税收入实行中央与地方按比例分享

续表

时　　间	重要政策举措
2003 年 10 月	公布《我国居民收入分配状况及财税调节政策》报告，建议改革现行的个人所得税税制，适度提高个人所得税免征额，同时对中等收入阶层采取低税率政策
2005 年 7 月	国务院总理温家宝 26 日主持召开国务院常务会议，讨论并原则通过了《中华人民共和国个人所得税法修正案(草案)》
2005 年 8 月	在京举行的全国人大常委会第十七次会议首次审议个人所得税法修正案草案
2005 年 10 月	再次审议个人所得税法修正案草案，会议表决通过全国人大常委会关于修改个人所得税法的决定，费用扣除额 1 600 元于 2006 年 1 月 1 日起施行
2007 年 6 月	第十届全国人民代表大会常务委员会第二十八次会议通过《关于修改〈中华人民共和国个人所得税法〉的决定》，对个人所得税法进行了第四次修正
2007 年 12 月	第十届全国人大常委会第三十一次会议表决通过了关于修改个人所得税法的决定。个人所得税费用扣除额自 2008 年 3 月 1 日起由 1 600 元提高到 2 000 元
2008 年 3 月	新修订的《中华人民共和国个人所得税法》和《中华人民共和国个人所得税法实施条例》实施，将工资、薪金所得减除费用标准由 1 600 元/月提高到 2 000 元/月
2009 年 8 月	国家税务总局颁发《关于明确个人所得税若干政策执行问题的通知》，取消“双薪制”计税办法
2011 年 2 月	国务院总理温家宝同海内外网友进行在线交流表示，我们将提高个人所得税工薪所得费用扣除标准，这是我们今年给老百姓办的第一件实事
2011 年 3 月	国务院常务会议讨论通过个人所得税法修正案草案，会议认为要提高工资薪金所得减除费用标准，调整工资薪金所得税率级次级距。将现行工薪的 9 级超额累进税率修改为 7 级，取消 15%和 40%两档税率，扩大 5%和 10%两个低档税率的适用范围
2011 年 6 月	通过全国人大常委会关于修改个人所得税法的决定。根据决定，个税费用扣除额将从现行的 2 000 元提高到 3 500 元
2018 年 8 月	通过关于修改个人所得税法的决定，决定自 2019 年 1 月 1 日起施行，但“起征点”提高至每月 5 000 元等部分减税政策，从 2018 年 10 月 1 日起先行实施

思考

从我国个人所得税的改革过程中，你看到了什么？

____

____

____

一、红色革命时期的税制改革(1927—1949 年)

红色革命时期：中国共产党领导红色革命指导建立新中国的时期，包括土地革命时期、抗日战争时期、解放战争时期，时间跨度为 1927 年 10 月建立井冈山革命根据地到 1949 年 10 月 1 日中华人民共和国成立。

总基调：符合中国国情的税收体系探索。

重要事件：

——1927年，各红色革命根据地陆续建立，共产党宣布废除旧政府的一切苛捐杂税，工农红军的供给由打土豪、摊派、募捐等形式获得。

——1928年，中共六大通过《十大政治纲领》关于“取消一切军阀地方政府的一切苛捐杂税，实行统一累进税”的决议，逐步建立起税收制度。税收种类包括：农业税、出口税、货物税、佣金税、屠宰税等。基本原则：主要负担放在剥削者身上，贫苦者减免税。

知识拓展　统一累进税

统一累进税指的是我国第二次国内革命战争时期，在中央苏区曾经开征过的一种税。这种税把商业税、农业税、工业税等合并征收，采用累进税制。主要对剥削阶级征税，对被剥削阶级与劳苦阶层的人民免税。

——1931年，《中华苏维埃共和国暂行税则》规定，征收农业税、工业税、营业税和关税。

——1937年，卢沟桥事变爆发，共产党在“抗日民族统一战线”方针下，在全国范围内建立了19个根据地。在抗战中，各个根据地先后开征公粮税、货物税、营业税、所得税、盐税、烟酒税、土产税、矿产税、屠宰税、印花税、牲畜税、筵席税等，税种较前期有所增加，但贯彻“合理负担”原则，各个根据地自定税则征税。

——1940年，中共中央正式作出关于实施统一累进税的决定，实施“统筹统支、按收入多少规定纳税多少、有力出力有钱出钱、合理负担”的原则，更好地调节和照顾各阶层和阶级之间的利益，促进了根据地经济的健康发展。

——解放战争时期，随着解放区不断扩大，1947—1948年对新区（解放战争中被解放的地区）和老区（在日本投降之前解放的地区）分别实行不同的税收政策。老区在农业税方面废除统一累进税，改按比例税率征收农业税或公粮，降低工商业税的税率；新区采取“原封接收、逐步改造”的方针，基本沿用旧税制。

——1949年初开始，共产党领导的各大行政区相继试行统一税制，建立以直接税、间接税、农业税为主体的税收体系。

二、新中国建立初的税制改革（1949—1979年）

总基调：计划经济下的中国税制初建。

重要事件：

——1949年11月，财政部召开第一次全国税务会议，拟定《全国税政实施要则》，作为整理与统一全国税政的基本准则。

——1950年1月，政务院发布政策，构建涵盖税收政策、税收制度和税务组织机构的新中国税收框架。

——1950年12月至1951年9月，政务院发布了《屠宰税暂行条例》《印花税暂行条例》《利息所得税暂行条例》《特种消费行为税暂行条例》《城市房地产税暂行条例》《车船使用牌照税暂行条例》等多个税制文件。

——1952 年 12 月，政务院颁布《关于税制若干修正及实行日期的通告》和《商品流通税试行办法》。实施后，一度引起物价波动、抢购、停业等混乱局面。1953 年 1 月，毛泽东对新税制提出严厉批评，认为“公私一律平等纳税”口号是“右倾机会主义”。他认为新中国成立后应触动私有财产，逐步由新民主主义向社会主义过渡。

——1953 年，根据“保证税收，简化税制”原则对税制进行修正，将税种简化为 14 种，1958 年进一步简化为 9 种，形成以流转税为主体的税收格局。

知识拓展　流转税

流转税，又称流通税，指以纳税人商品生产、流通环节的流转额或者数量以及非商品交易的营业额为征税对象的一类税收，是商品生产和商品交换的产物，各种流转税（如增值税、消费税、关税）是政府财政收入的重要来源。

——1973 年进一步简并，对国营企业只征收工商税、集体企业只征收工商税和工商所得税，税种从 9 种降为 7 种，严重削弱了税收经济杠杆作用，同时也使得税收在组织财政收入方面受到局限和束缚。

三、改革开放以来的税制改革（1979—2017 年）

总基调：市场经济下的中国税制改革。

改革开放动摇了计划经济，催生多种经济成分、经营方式和所有制形式，原有的税制因税种少、内容旧，难以适应新形势，税制改革十分紧迫。

重要事件：

——两步“利改税”变革：1983 年实行第一步，对国营企业由原来上缴利润改为征收所得税，目的是通过税收规范国家与国营企业的利润分配关系，调动企业生产经营积极性；1984 年实行第二步，对工商税制进行全面改革，确立流转税和所得税为主体税种，其他各税相互配合的复合型税制体系。

——1993 年，中国开始建立社会主义市场经济体制，大力发展市场经济。邓小平认为：中央财政收入也仍然必须在国民生产总值中占有相当的比重，否则中央财力下降到合理界限以下，就意味着中央调控全局的经济能力下降。在这一思想指导下，党的十四届三中全会决定，把地方财政包干体制改为在合理划分中央与地方事权基础上的分税制，建立中央税收和地方税收体系（中国分税制改革的由来）。

——1994 年，是中国税制改革的分水岭。按照中央改革精神，中央和地方之间形成分税制框架。国家税务总局在省以下组建中央和地方两套税务机构，分别负责征收中央税、地方税以及中央地方共享税。新的税制体系共有 5 大类 20 个税种：流转税类（增值税、消费税、营业税）；所得税（企业所得税、外商投资企业与外国企业所得税、个人所得税）；特定目的税类（固定资产投资方向调节税、城市维护建设税）；资源税类（资源税、城镇土地使用税）；财产及行为税类（车船使用税、房产税、印花税、屠宰税、筵席税、土地增值税、证券交易税、契税、耕地占用税、遗产与赠与税）。

知识拓展 1994 年税制改革的重要意义

1994 年的税制改革，中国初步建立了适应市场经济体制要求且与国际接轨的新税制，逐渐形成一个涵盖流转税类、财产税类、行为税类、资源税类、所得税类等税种的相对完整的税制结构，有力促进了改革开放和经济社会发展，在中国税制改革上具有里程碑意义。

——2005 年 12 月，全国人大常委会第十九次会议通过了《关于废止〈中华人民共和国农业税条例〉的决定》，国家主席胡锦涛随即签署了第 46 号国家主席令公布了这个决定，自 2006 年 1 月 1 日不再征收农业税。自此，农业税彻底退出历史舞台，中国工商业已经开始反哺农业。

——2007 年 3 月，《中华人民共和国企业所得税法》通过，统一内外资企业所得税，税率由 33％降为 25％。

——2009 年 1 月 1 日，增值税转型全面实施，购进固定资产的进项税额允许抵扣，实现了由生产型增值税向消费型增值税的转变。

——2012 年 1 月 1 日，《中华人民共和国车船税法》正式颁布实施。同时，“营改增”在上海首先拉开帷幕，交通运输业和现代服务业开始“营改增”试点工作。2012 年 9 月起，“营改增”试点扩大，逐步全面推行到各行各业。

——2016 年 5 月 1 日零时，温州商人陈生在北京民族饭店开具了中国餐饮住宿业首张增值税专用发票，征收了 66 年的营业税告别中国税收舞台。

知识拓展 营改增

营改增，即营业税改增值税，是指以前缴纳营业税的应税项目改成缴纳增值税。它是党中央、国务院根据经济社会发展新形势，从深化改革的总体部署出发做出的重要决策，目的是加快财税体制改革、进一步减轻企业赋税，调动各方积极性，推动服务业尤其是科技等高端服务业发展，促进产业和消费升级、培育新动能、深化供给侧结构性改革。根据英国《经济学人》杂志的评价：我国全面实施扩大增值税征收范围的政策，完成了 20 年来规模最大的一次税制改革。

四、迈进新时代的税制改革与发展方向（2017 年至今）

总基调：新形势下的中国税制完善。

十九大报告明确提出“深化税收制度改革，健全地方税体系”这一未来我国税收体制改革的新任务。

立足全局看税改——要将税收体制改革提升到国家发展战略层面，必须坚持 6 个基本方略，即必须与发挥税收在国家治理中的地位相匹配、必须与落实税收法定原则相结合、必须与新经济发展方略相结合、必须与互联网大数据相衔接、必须与现代财税体系构建相衔接、必须与国际税收趋势相吻合。

突出重点促转型——我国社会主要矛盾和经济发展模式正发生巨大转变，要顺应我国社会主要矛盾的变化，将改革重点转向满足人民对美好生活的需要，促进更加平衡、更加充分地发展上来，有力支撑经济发展转型升级。

优化经济结构税当先——目前国内以 PPP 为重要的投资创新方式，在境外以“一带一路”为重要方式，这两个路径双管齐下，着力拉动经济结构优化。在这其中，税收发挥着不可替代的激励作用，所以在税制改革设计上要与国家发展战略相匹配。

任务实施

讨论与总结以下问题：

1.红色革命时期税制的主要特征是什么？对后来中国的税制建立与改革有什么样的作用和影响？

2.新中国建立初税制的主要特征是什么？对后来的税制改革有什么样的作用和影响？

3.改革开放以来税制改革的主要特征是什么？对后来的税制改革有什么样的作用和影响？

4.迈进新时代后我国税制改革主要特征是什么？对后来的税制改革有什么样的作用和影响？

5.思考我国红色革命至今税制改革中彰显的“中国力量”，完成总结报告。

任务反思

请分析和总结本任务的学习情况，写出你的收获和经验。

参考文献

[1] 罗兰.财务机器人对高职会计专业教学模式影响的探讨[J].陕西教育(高教),2022(02):74-75.

[2] 杨悦.财务机器人时代高职财会课程体系构建之变革[J].会计师,2022(01):98-100.

[3] 谢晓丹,马玲玲.财务机器人时代传统财务工作者的转型研究[J].市场周刊,2022,35(01):136-138.

[4] 王晓媛.财务机器人在企业账务管理及核算中的应用研究[J].微型电脑应用,2021,37(11):82-85.

[5] 李宜静.财务机器人的应用现状与改进措施[J].上海商业,2021(11):22-24.

[6] 贺顺.基于财务共享服务中心的财务机器人应用研究[J].财会通讯,2021(19):139-144.

[7] 张营.数字化时代下的财务升级转型——财务机器人引发的财务变革及思考[J].全国流通经济,2021(27):184-186.

[8] 钱倩.财务机器人在企业财务活动中的应用[J].财会通讯,2021(14):117-120.

[9] 张莎.基于 RPA 技术下财务机器人共享中心的建设和实践[J].质量与市场,2021(11):22-24.

[10] 王燕霞.区块链下企业会计信息系统重构探讨[J].财会通讯,2020(15):146-149.

[11] 庞琦,涂建明,朱渊媛.基于区块链框架的会计信息系统重构[J].新会计,2019(09):6-10.

[12] 傅元略.智慧会计:财务机器人与会计变革[J].辽宁大学学报(哲学社会科学版),2019,47(01):68-78.

[13] 沈潇潇.人工智能背景下注册会计师的信息化转型[J].财会学习,2018(21):100+102.

[14] 余应敏,王彩淋.财务机器人对会计行业的影响及其应对策略[J].会计之友,2018(07):54-56.

[15] 方军.区块链超入门[M].2 版.北京:机械工业出版社,2021.

[16] 贾英昊,江泽武.区块链浪潮:连接技术与应用[M].北京:机械工业出版社,2019.

[17] 冒志鸿,陈俊.区块链实战——从技术创新到商业模式[M].北京:中信出版社,2020.

[18] 刘兴亮.区块链在中国:它将如何颠覆未来[M].北京:中国友谊出版公司,2019.

[19] 朱嘉明.未来决定现在:区块链·数字货币·数字经济[M].太原:山西人民出版社,2020.

[20] 王腾鹤,赵昌宇.一本书读懂区块链[M].北京:机械工业出版社,2019.

[21] 蔡昌.中国税史[M].北京:中国财政经济出版社,2016.

[22] 何丹,钱跃东,毛洺.极简企业史——中国商业文明的一种记忆(1978—2018)[M].北京:中国经济出版社,2018.

[23] 张维迎. 理解公司:产权、激励与治理[M]. 上海:上海人民出版社,2014.
[24] 王雰. 管理学基础[M]. 北京:清华大学出版社,2015.
[25] 罗伯特·里尔登,珍妮特·伦兹,加里·彼得森,等. 职业生涯发展与规划[M]. 侯志瑾,等,译. 北京:中国人民大学出版社,2010.
[26] 贾宁. 贾宁财务讲义[M]. 北京:中信出版社,2020.
[27] 何绍茂. 华为战略财务讲义[M]. 北京:中信出版社,2020.
[28] 赵威. 财务报告编制与分析[M]. 2 版. 北京:人民邮电出版社,2018.
[29] 全国税务师职业资格考试教材编写组. 税法(Ⅰ)[M]. 北京:中国税务出版社,2021.
[30] 盖地. 税务会计(微课版)[M]. 2 版. 北京:人民邮电出版社,2021.